XYY201501 中央司法警官学院校级科研项目



# 论罪犯观

孟庆丰 著

中国人民公安大学出版社
·北 京·

**图书在版编目（CIP）数据**

论罪犯观/孟庆丰著. —北京：中国人民公安大学出版社，2019.2
ISBN 978-7-5653-3545-7
Ⅰ.①论…　Ⅱ.①孟…　Ⅲ.①犯罪分子—监督改造—研究—中国
Ⅳ.①D926.74

中国版本图书馆CIP数据核字（2019）第010768号

**论罪犯观**

孟庆丰　著

出版发行：中国人民公安大学出版社
地　　址：北京市西城区木樨地南里
邮政编码：100038
经　　销：新华书店
印　　刷：涿州市新华印刷有限公司

版　　次：2019年2月第1版
印　　次：2019年2月第1次
印　　张：19
开　　本：787毫米×1092毫米　1/16
字　　数：302千字

书　　号：ISBN 978-7-5653-3545-7
定　　价：60.00元

网　　址：www.cppsup.com.cn　www.porclub.com.cn
电子邮箱：zbs@cppsup.com　zbs@cppsu.edu.cn

营销中心电话：010-83903254
读者服务部电话（门市）：010-83903257
警官读者俱乐部电话（网购、邮购）：010-83903253
公安业务分社电话：010-83905672

# 作者简介

孟庆丰，男，1937 年 12 月生，黑龙江省青冈县人。1957 年，考入沈阳农学院（现为沈阳农业大学）在土壤农化专业就读。1961 年大学本科毕业后，被分配到辽宁省公安厅劳改局，从此之后，一直在司法战线上工作。历任锦州监狱政委，辽宁省监狱管理局副局长、局长，辽宁省司法厅副厅长，中央司法警官教育学院院长、研究员，中国监狱学会常务理事、学术委员会委员。1992 年，被司法部授予一级警监警衔。

多年来，孟庆丰为我国罪犯改造事业的发展，做出了不懈的努力。

在担任辽宁省监狱管理局副局长和局长期间，孟庆丰受中国企业升级管理办法的启发，探索性地提出了对罪犯实行按改造表现进行分级，对不同级别的罪犯给予不同待遇的升级管理办法。以这种基本思路为主导，在辽宁省监狱系统推行了中国式的累进处遇办法。之后，辽宁在全国监狱系统中又率先实行了罪犯的规范化管理，同时结合累进处遇制度对服刑人员实行分类教育。这些改革创新举措经过全省监狱系统广大民警的共同努力，有效地提升了辽宁的罪犯改造工作水平。

孟庆丰在司法工作实践中，还致力于对罪犯改造和司法警官学院发展方向的理论研究，先后在各级报刊上发表了许多学术论文，主要有：《毛泽东罪犯改造理论的特点及伟大贡献》《关于试行累进处遇制的构想与实践》《坚持党的基本路线，把劳改单位的思想政治工作提高到一个新水平》《迎接知识经济挑战，探索适应时代需要的办学思路》，等等。其中，1992 年与李炳军合著的《关于试行累进处遇制的构想与实践》一文，获司法部“中国劳改工作特色理论研究”有奖征文一等奖。

# 代 序*

庆东同志：

大作收到后即开始拜读，断断续续二十来天，算是粗浅地浏览一遍。总的感觉，你下了很大功夫，看了很多资料，也动了很多脑筋。整个译著框架比较合理，结构比较严密，论述颇有新意，并有一定深度，给了我较多的有益启示。不足之处是，篇幅较长，重复较多，文字尚需简练。例如，文稿多次提到“外因是变化的条件，内因是变化的根据，外因通过内因起作用”。这本是一个常识性问题，一再反复阐释，似无必要。但瑕不掩瑜，本译著研究是成功的，是可以通过的。

我主要做了些个别措词和标点符号的勘误、修正等技术性工作，随时作了些记载，现将当时的记录及与之有关的文稿原件送上，供参考。让我略感欣慰的是，尽管我的意见谈不上严谨、系统，但总算没有“跨年债”。

看了作者简介，今年你是整整八十大寿。估计你的寿辰已过，请允许我以迟来的但又是发自衷心的祝贺。顺祝

新年快乐，阖家幸福安康

王明迪 手札

2017年12月29日

---

* 王明迪，原司法部监狱局局长，原中国监狱学会常务副会长，中国监狱学界知名专家，本书特邀学术顾问。本书初稿完成后曾两次请其帮忙审核把关，他都欣然接受了邀请。这是他看过本书二稿后给笔者的回信，信中除了对本书作了一些正面的评价外，还指出书稿的一些不足。现将其作为“代序”全文刊出，供读者参考。

# 序*

第 1 页

孟庆丰同志在辽宁省监狱系统工作三十余年，在担任省监狱管理局领导职务期间分管管教工作，积累了丰富的改造罪犯工作的实践经验。后调任中央司法警官学院任院长期间及退休后，对监狱学科进行了深入的研究探讨。他博览群书，积淀了深厚的理论功底。他所著《论罪犯观》一书，是监狱学科第一本关于罪犯观的理论专著。在书中，作者以毛泽东关于罪犯改造理论及其辩证唯物主义思想为指导思想，本着“罪犯是可以认识、可以改造”的基本理念，借鉴哲学、刑法学、犯罪学、社会学、心理学等理论研究成果，在掌握有关罪犯改造的大量资料的基础上，深入论述了罪犯观的理论根据，全面介绍了我国改造各类罪犯的实践经验，以及新世纪我国改造罪犯的方法、手段

原稿纸 20×15=300　　51276

* 兰洁，原中国监狱学会副会长兼秘书长，中国政法大学教授，法学、监狱学专家，本书特邀学术顾问。本书初稿完成后曾请她在学术观点上帮忙把关，她看过初稿后对本书如何修改提出了很好的意见。现在刊出的是她看过本书二稿后写给笔者的信，信中她为了鼓励笔者、鞭策笔者，热情地作了一些正面评价，不足问题省略了。现将它作为“序”全文刊出，供读者参考。

发展创新的实践。并对罪犯改造的第一要义、核心内容、基本要求、改造罪犯的根本方法，进行了深入的论述，进一步揭示了罪犯改造的原理和规律。全文立意新颖，论述充分，内容丰满。正如孟庆丰同志所说，罪犯改造理论在监狱学科中有着重要的地位，对于健全和完善我国监狱学理论，指导我国监狱的罪犯改造工作有其特殊的意义。特别是孟庆丰同志对我国改造罪犯工作给予的极大关注和始终不渝，及其对监狱学理论研究的执着精神，令人敬佩。愿这本巨著早日面世。

王浩

2018年3月21日

原稿纸 20×15=300　　51276

# 目 录

## 下篇　综述篇



## 附　　录

# 导 论

罪犯观理论在监狱学中有其重要的地位，罪犯观的理论研究对于健全和完善我国监狱学理论，指导我国监狱罪犯改造工作有其特殊的意义。我们应该以毛泽东罪犯改造理论及其辩证唯物主义思想为指导，本着“罪犯是可以认识、可以改造”的基本理念，认真研究罪犯观理论。

## 一、罪犯观理论的概念和研究对象

罪犯概念有广义和狭义的两种。广义的罪犯概念，是指具有我国法律明文规定的犯罪行为，并被人民法院依法判处一定刑罚的受刑人。包括被判处管制、拘役、有期徒刑、无期徒刑、死刑和附加刑中的罚金、没收财产、附加剥夺政治权利等刑罚的受刑人。狭义的罪犯概念，是指被人民法院依法判处死刑缓期二年执行、无期徒刑、有期徒刑，在监狱内执行刑罚的受刑人。[①] 监狱学中罪犯观理论所用的罪犯概念是狭义的罪犯概念。罪犯观是人们对罪犯总的根本的看法，是关于罪犯的世界观和方法论，是对罪犯存在的反映，属于意识范畴，是世界观的组成部分。社会实践是罪犯观的本源，罪犯观产生于社会实践，并随着社会实践的发展而不断发展完善。

罪犯观有形而上学、唯心主义罪犯观和辩证唯物主义罪犯观两种根本对立的类型，我们反对形而上学、唯心主义罪犯观，主张辩证唯物主义罪犯观。

唯心主义罪犯观认为罪犯是“非人”,[②] 罪犯是“天生的”“孤立的”

---

① 夏宗素:《监狱学基础理论》，法律出版社 1998 年版，第 134 页。

② 王利器:《盐铁论校注》，中华书局 1992 年版，第 584 页。

"静止不变的"，认为罪犯是不可以改造的。

辩证唯物主义罪犯观则与此完全相反，认为罪犯是人，罪犯的犯罪行为是后天习得的，不是天生的；罪犯与周围世界有着密切联系，不是孤立存在的；罪犯是发展变化的，不是静止不变的；罪犯的发展变化内因是根据，外因是条件；认识和改造罪犯依赖于社会实践。

罪犯观是在一定历史条件下形成的，罪犯观的形成和发展受社会经济、政治、文化发展状况的影响和制约。辩证唯物主义罪犯观孕育于18、19世纪，形成于20世纪中后期。

罪犯观理论的研究对象是罪犯及与罪犯密切相关的各个方面。对罪犯这个研究对象，要结合相关情况进行全面而深入的研究。我们先要研究罪犯是什么，有哪些特征，其本质特征是什么，其本质特征可不可以改造等认识罪犯的问题；同时还要深入研究罪犯改造的客体是什么，谁是罪犯改造主体，什么是罪犯矫正技术，以及罪犯改造三要素如何运行才能取得良好的改造效果等罪犯改造问题；还要深入研究罪犯刑满回归社会后能否适应社会需要等回归社会问题。

## 二、罪犯观理论的研究任务和总体思路

罪犯观理论的研究任务是根据毛泽东罪犯改造理论及其辩证唯物主义思想，揭示辩证唯物主义罪犯观的主要内容及其理论体系，充实和丰富监狱学的基础理论，发展和繁荣监狱学的理论研究。

罪犯观理论的研究总体思路体现在本书的篇章结构、理论体系构成上，主要有以下几点：

### （一）以毛泽东罪犯改造理论及其辩证唯物主义思想为指导，揭示辩证唯物主义罪犯观的主要内容及其理论体系

毛泽东罪犯改造理论[①]是马克思列宁主义的基本原理同中国罪犯改造的具体实践相结合产生的理论体系，是被实践证明了的关于认识罪犯和改造罪犯的正确的理论原则和经验总结，是马克思主义中国化的理论研究成

① 关于此理论已出版过一些著作。王耿心：《毛泽东劳动改造思想研究》，社会科学文献出版社1993年版；辛国思：《毛泽东改造罪犯理论研究》，人民出版社2006年版。

果的组成部分，是以毛泽东为代表的老一辈无产阶级革命家集体智慧的结晶，是我们宝贵的精神财富。

罪犯观理论研究是以毛泽东罪犯改造理论为指导，按照以下理论观点展开的。

1. 罪犯是人的观点

用这个理论观点，结合中国罪犯改造的实际，揭示罪犯具有人的一般属性，是罪犯观的立论基础；揭示罪犯特有的本质属性是罪犯的人身危险性，罪犯的本质属性是可以转化、可以改造的，是罪犯改造理论的立论基础；揭示罪犯与其周围世界有着密切联系，是建立罪犯改造社会支持系统的立论基础。

2. 罪犯改造就是转变犯罪本质的观点

用这个理论观点，结合犯罪学、心理学等学科相关理论研究成果，揭示罪犯改造客体是改造其本质属性，揭示罪犯改造的核心是改造罪犯的人身危险性。这两个揭示为罪犯改造指明了方向。

3. 外因是变化的条件，内因是变化的根据的观点

用这个理论观点，结合中国罪犯改造的实际，揭示罪犯改造由外因性和内因性两类主体构成；揭示罪犯改造两类主体的人员组成，并界定了其各自的职责，从而揭示罪犯改造实践活动的承担者和发动者，健全罪犯改造实践活动的动力系统。

4. 改造罪犯要有好的政策方法的观点

用这个理论观点，结合中国改造罪犯实际，揭示如何建立罪犯改造的政策、手段和方法等罪犯矫正技术，为发展健全罪犯矫正技术指明方向。

5. 矛盾是事物发展动力的观点

用这个理论观点，结合中国改造罪犯的实践，研究罪犯改造两类主体的关系。研究罪犯改造主体、客体和罪犯矫正技术三者之间的关系及其相互作用，进而揭示罪犯改造三要素之间形成良性运行格局是改造好罪犯的必要条件，实现改造罪犯的基本要求。

6. 要启发罪犯的觉悟，要他们自觉改造的观点

用这个理论观点，结合中国改造罪犯的实践，分析研究改造罪犯的方法，揭示改造罪犯的根本方法是启发罪犯的觉悟，教育引导罪犯成为其自

我改造的主体，改变罪犯改造的传统模式。

7. 把罪犯改造成为新人的观点

用这个理论观点，结合中国罪犯改造实践，分析罪犯刑满回归社会的形势，揭示罪犯回归社会目标及实现回归社会目标的主要措施。

通过上述的分析研究，可以系统地梳理毛泽东罪犯改造理论的要点，并用这些要点，结合中国改造罪犯实际，系统地揭示辩证唯物主义罪犯观的主要内容及其理论体系。

（二）按照理论来源于实践的观点，总结好中国改造罪犯的实践经验

中国改造罪犯的实践是罪犯观理论的根据，更是罪犯观真理性的检验标准，所以在实践篇的写作过程中坚持了如下原则。

1. 全面性原则

这一原则要求我们必须对中国罪犯改造的实践做全面的分析研究，不能只凭某一历史时期的罪犯改造实践作为依据，而要以中国各个历史时期的罪犯改造实践作为依据。不能凭某些罪犯的改造实践作为依据，而要以罪犯整体改造的实践作为依据。

2. 可靠性原则

分析研究引用的事实资料必须是可靠的，能够找到第一手资料的就不用第二手资料；找不到第一手资料而选取的第二手资料必须是客观的、有一定权威性的资料。

3. 历史性原则

对每个历史时期的罪犯改造实践资料的采集和分析研究，必须站在时代的高度，突出时代的特点。如 21 世纪以来，我国的监狱工作正处在战略调整期和创新发展期。对这个特定的历史时期，我们侧重分析研究国家和司法部的战略调整和战略布局情况，使人们能从时代特征中了解罪犯改造的全局。

4. 特色性原则

每个历史时期的罪犯改造实践都突出了中国特色，这样更便于对新中国成立以来总的罪犯改造实践作系统的总结。

由于坚持了上述各项原则，在本书的最后一章系统地总结出中国罪犯改造实践的五个方面的特色，从而对中国罪犯改造实践的经验总结有了更

为理性的概括。

### （三）积极吸纳相关学科的最新研究成果，充实罪犯观的理论研究，使研究成果更科学可靠

罪犯观的理论研究坚持以毛泽东罪犯改造理论为指导与吸纳相关学科最新研究成果相结合，两者不是相互排斥关系，而是相互补充、相互支撑的关系。毛泽东的罪犯改造理论及其辩证唯物主义思想是我们认识罪犯、改造罪犯的锐利思想武器，为罪犯观的研究提供了世界观和方法论指导，而相关学科最新研究成果则是对具体问题作出的科学结论。二者是一般原理与具体原理的辩证统一关系。但在引用相关学科的研究成果时要尽量翔实、客观。所谓翔实，是指引用的资料必须是完整的，能反映所研究问题原貌的，而不是支离破碎的，更不是只言片语，让人不得要领的。所谓客观，是指引用原作者的理论观点，不能把别人的评论加进去，以免引起混乱，使人辨不清真伪。

## 三、罪犯观理论的研究方法

罪犯观理论的研究方法主要有以下几种。

### （一）唯物辩证法的研究方法

主要包括四个方面：

（1）运用事物普遍联系和运动发展的观点分析研究罪犯，揭示罪犯是什么，罪犯的本质特征是什么，罪犯的本质特征在一定条件下是可以转化、可以改造的。

（2）运用对立统一规律分析研究罪犯内部，即罪犯自身存在的矛盾。罪犯是个矛盾的统一体，在罪犯内部构成的各个因素之间，在罪犯与外部的联系之间都存在矛盾。对立统一规律指出："事物或现象内部都存在着既相互依赖又相互排斥的对立面，这两个方面既统一又斗争，由此推动事物的发展和转化。"运用这个理论和方法，结合中国罪犯改造的实践，找出并分析研究在罪犯改造过程中罪犯内在诸矛盾中的主要矛盾。这个主要矛盾就是罪犯从入监到刑满出监始终存在着是走重新做人道路还是走继续犯罪道路的矛盾和斗争，即重新做人倾向与继续犯罪倾向的矛盾和斗争。

在一定条件下，当罪犯的重新做人倾向战胜其继续犯罪倾向，成为矛盾的主要方面，处于主导地位时，罪犯就转化成为新人了。在此基础上，还要运用这一对立统一规律分析研究上述主要矛盾在罪犯改造的多个阶段中的不同表现形式和特点，以及如何正确处理。

（3）运用对立统一规律和量变质变规律研究分析罪犯改造的实质，揭示改造罪犯的根本方法。对立统一规律揭示，罪犯改造的实质就是转换罪犯内在矛盾的主要方面，改变罪犯的本质属性，实现罪犯本质的转化。事物的量变质变规律指出，“事物、现象由于内部矛盾所引起的发展是通过量变和质变的互相转化而实现的”。所以要运用这个规律来研究罪犯改造中的量变和质变是如何互相转化的。在改造之初，继续犯罪倾向是矛盾的主要方面，起主导作用，随着改造工作的不断深入，处于次要矛盾方面的重新做人倾向逐渐增加，同时，对立方面的继续犯罪倾向逐渐减少。当重新做人倾向积累到一定程度而继续犯罪倾向逐渐消失时，矛盾的主要方面就会由继续犯罪倾向转化成重新做人倾向，罪犯就改造成新人了，实现了质变。这里还有一个较为重要的规律，就是在罪犯改造总的量变过程中会多次发生部分的质变，为最后质变做积累。在罪犯根本性质改变之前，在罪犯改造过程的各个阶段都会发生比较次要性质的、阶段性的、部分的质变。上个阶段部分质变未完成，就无法顺利进入下个阶段。罪犯改造各个阶段的部分质变会促进罪犯改造总的量变，并且为整个罪犯改造实现根本性的质变创造条件，因而对罪犯在改造中的发展变化具有重要意义。因此，我们应该根据这样的量变质变规律认真细致地研究罪犯改造的各个阶段矛盾表现的不同内容、特点和形式，并且认真研究如何处理这些矛盾。可以说，量变质变规律告诉我们，要经过较长时间、各个方面扎扎实实努力之后才能完成罪犯改造的目标。

事物的对立统一规律和量变质变规律，揭示改造罪犯的根本方法是启发罪犯的觉悟，教育引导罪犯成为自我改造主体，不断激化其重新做人倾向，使其由量变转化为质变；同时要积极调动罪犯外因性主体的积极性，不断教育引导罪犯积极进行自我改造，充分发挥外因性罪犯改造主体的推动作用；使罪犯改造内因性主体与外因性主体很好结合，充分发挥两类罪犯改造主体的作用，实现罪犯改造“1+1>2”的效应。

（4）运用否定之否定规律，揭示罪犯改造的前进性和复杂性。反映在罪犯发展变化中的否定之否定规律，只需要一个否定之否定周期就可以清楚地看出其前进、上升的趋势。第一次否定是由一般公民做人的积极因素被否定，转变为罪犯，是在罪犯入监之前实现的；第二次否定是在罪犯入监经过改造之后由罪犯转变为一般公民实现否定之否定。但这个两次否定的运动过程不是简单的周而复始，而是螺旋式上升、波浪式前进的。因为经过改造的守法公民与入监前的守法公民相比较，他们消除了犯罪倾向，确立了重新做人的倾向，以新我取代了旧我，实现了适应社会、有利于社会的做人目标。从其全过程来看，是一个经过一段曲折之后走向了适应社会潮流的前进过程。从罪犯进入否定之否定的阶段来看，即从罪犯入监改造过程来看，也是一个曲折前进的过程。在这个过程中肯定方面和否定方面始终是作为两种对立的力量互相斗争着。其肯定方面是重新犯罪的消极因素；否定方面是重新做人的积极因素。重新做人的积极因素是符合社会发展潮流的、有生命力的，终将战胜对方取得支配地位，达到罪犯自身的否定。但其过程不会是一帆风顺的。第一，重新做人因素的产生和发展，都意味着对继续犯罪因素的否定，必然受到抵制和对抗；第二，重新做人因素，开始的时候总是很弱小，而且在以后与对立面的斗争不会停止，有时会出现继续犯罪因素成为矛盾的主要方面，处于支配地位，因而引发新一轮否定之否定规律的运行。所以，这就注定了在罪犯改造过程中的否定之否定是一个曲折发展的过程。

总之，罪犯改造就是通过罪犯内在矛盾的运动进行的自己否定自己，通过自我否定消除重新犯罪因素，为重新做人因素的成长扫除障碍，实现自身的质变，以新我取代旧我。

### （二）以毛泽东罪犯改造理论为指导，运用辩证唯物主义思想研究探索建立中国特色的罪犯改造理论

所谓中国特色罪犯改造理论必须坚持下列原则：

（1）这种理论必须符合中国国情，符合中国罪犯实际。

（2）这种理论必须继承和发扬中国传统文化和现代文化，必须反映中国特色社会主义价值观。

（3）这种理论必须符合中国的现行法律、法规，不能与中国的现行法

律、法规相悖。

本书所研究的罪犯观理论都是按照上述原则获得的研究成果，是具有中国特色的罪犯改造理论。

### （三）广泛运用常规研究方法，力求罪犯观理论具有真实性、可靠性和科学性

常规研究方法主要有以下几种：

（1）文献收集、分析方法。笔者在写作前大量收集历史文献资料和各相关学科近期的相关研究成果。并在写作过程中不断充实新的相关资料，尽量做到“言之有物，言之有据”。

（2）演绎推理方法。即由一个命题推导出另一个命题的研究方法。本书“罪犯观的内容”中有六个部分采用演绎推理的方法。如对“罪犯是人”的论断，就是从人的社会性是“人区别于动物的重要属性”这一命题出发，以罪犯具有社会属性为论据，而推导出罪犯是人的结论。

（3）直接推理方法。笔者在写作过程中对比较简单的一些论题，采用的是直接推理方法。如对“罪犯具有主观能动性”的命题，就是从“人具有主观能动性”的命题直接推导出来的。

（4）历史的方法和对比分析的方法。本书对历史上国外学者及其作品的评价是采用历史分析的方法和对比分析的方法得出的结论。在本书第六章中对中国罪犯改造实践所概括的五个中国特色，是通过与西方国家罪犯矫正方法的对比分析得出的结论。

## 四、罪犯观理论研究的学术价值和应用价值

罪犯观理论研究的学术价值有以下两个方面：

### （一）罪犯观研究有利于加强监狱学基础理论建设

《监狱学总论》指出：“监狱学是研究监狱作为国家的刑罚执行机关，对被判处有期徒刑、无期徒刑、死刑缓期两年执行的罪犯执行刑罚与实施改造的理论与实践及其运行发展规律的科学。”简言之，监狱学是研究如何执行刑罚和如何改造罪犯的理论与实践的科学。监狱是由两类人群构成的统一体，一类人群是罪犯，另一类人群就是监狱人民警察。按照毛泽东

的说法，后一类人群是为前一类人群服务的，即监狱民警服务于对罪犯的教育改造。要服务好就要了解服务对象、认识服务对象。进一步讲如何正确认识罪犯是监狱工作实践和理论的核心问题。因此，科学认识罪犯是做好监狱工作的基础和理论保障。

科学认识罪犯问题，即罪犯观问题已引起监狱民警和一些学者的关注。有些监狱民警多年从事这方面的研究，其中有不少人相继提出了一些很有见地的观点。也有一些学者很早就从事这方面的研究，有的已经在其他专著中撰写了这方面的内容，这些宝贵的资料是我们大家共同的精神财富，为我们今后深入研究罪犯观问题创造了有利条件。

笔者认为，罪犯改造对象问题，即罪犯改造客体问题在罪犯观中处于核心地位，它是需要改造论、可改造论、改造目标论的落脚点，是自我改造论、综合改造论的根据。同时目前我国学界对这一问题分歧较大，有“改造罪犯思想说”、“犯罪心理矫治说”、“人格改造说”、“消除犯因性差异说”，等等。因此，罪犯改造客体问题既是罪犯观的重点又是罪犯观的难点。在学术上，罪犯观问题可以百花齐放、百家争鸣，甚至可以长期争论。但在实际工作层面上，在罪犯改造实践过程中却一刻也不能没有正确的理论指导，指导理论多元化势必给广大基层民警在指导理论的选择上造成困难，甚至会引起混乱。我们一定要积极开展这项研究，并持续深入地进行这项研究，用以指导实践。在研究方法上，最好能采用实证研究的方法进行研究，通过解剖各类罪犯个案的方法，综合分析的方法，深入开展调查研究。只要发挥群体优势，大家同心协力，经过几年的努力，这一课题就会取得丰硕成果。笔者期望中国监狱工作协会在这方面能够多做些工作。

### （二）罪犯观研究为“罪犯学”及早问世创造条件

龙勃罗梭开创了“犯罪人”研究的新纪元，犯罪人学派着重研究身体的外部特征与犯罪的关系，20 世纪初兴起的现代犯罪生物学派则着重研究身体素质与犯罪的关系。近代犯罪学自 19 世纪末诞生以来，几乎所有研究和理论都是围绕着犯罪人而展开的。犯罪学不仅研究犯罪概念、犯罪人本质属性、犯罪人分类，而且运用实证研究方法，对犯罪人进行了多方面的研究，如社会人口学特征研究、犯罪生涯研究、犯罪人的个性特征研究、犯罪人生活方式研究等。这些研究的共同视角是研究犯罪人这些方面的特征与犯罪的关系。而监狱学是研究刑罚执行机关执行监禁刑罚与改造罪犯这一特殊现象及其规律的科学。《监狱学总论》指出，“对罪犯的研究，应该成为监狱学科的重要组成部分”。笔者认为，监狱学研究罪犯与犯罪学研究犯罪人有不同的视角。监狱学研究罪犯及其特征是以改造罪犯为视角，研究罪犯特征与改造罪犯的关系。通过对罪犯及其各方面特征的研究，分析罪犯个体改造的有利因素、不利因素，为罪犯改造指明方向。因此研究罪犯应该成为监狱学的重要内容。罪犯研究的重要性与其目前在监狱学科所处地位很不相称。罪犯研究这一部分只列为《监狱学总论》的一篇（共十篇），并没有分支学科与之相对应，这是很不合理的，但又是很无奈的事情。因为到目前为止，我国罪犯研究仍不充分，无论其深度或广度都很不足，成立分支学科的时机尚不成熟，但从罪犯研究的重要性来说，将来罪犯研究应该升格为“罪犯学”研究，“罪犯学”应列为监狱学重要的分支学科。

罪犯观理论研究的应用价值，主要有以下几个方面。

1. 罪犯观研究为在监狱开展“个体化改造”做了理论准备。

所谓个体化改造，就是指以罪犯个体为改造单元对罪犯实施改造的实践活动，是对我国实施的分类教育、分类改造的深入和发展，使罪犯改造的针对性更强、更有效。罪犯观的罪犯改造客体论指出，罪犯改造客体应以消除个体致罪因素为中心，以矫正个体人格品质欠缺为着重点，这就为罪犯个体化改造指明了方向。

笔者大力倡导罪犯个体改造模式，有以下几点考虑。

（1）实行个体化改造模式能推动罪犯真正成为自我改造主体。罪犯是自我改造主体，在我国理论界早就达成共识，但在实际工作中只能是口头号召罪犯做自我改造主体，没有制度、措施做保障，很难落到实处。实行罪犯个体化改造模式，则能从制度上、措施上保障罪犯成为自我改造主体，能充分调动罪犯改造积极性，提高罪犯改造质量。

（2）实行罪犯个体化改造模式能从根本上改变监狱民警被动工作的局面。在常规罪犯改造模式下，监狱民警常常处于被罪犯牵着走的被动局面，而实行罪犯个体化改造模式后，则会形成监狱民警推动罪犯进行自我改造的良好氛围，工作由“要罪犯积极改造”转变为“罪犯要积极改造”，由被动变为主动。这样做不仅大大减轻了监狱民警负担，而且减少了很多事务性工作，有利于提高工作效率。

（3）有利于上级领导机关调整对监狱民警的“高压”政策。在常规罪犯改造模式下，基层民警工作负担重，事务性工作多，有些教育管理工作不到位，存在一定的监管安全隐患，监管安全事故频发。监狱上级领导机关迫于社会舆论压力，对监狱民警实行严厉的责任追究制度，动辄解除职务或给予严厉的行政处分，甚至追究刑事责任。实行个体化改造模式，罪犯成为自我改造主体，当然也是责任主体。在发生监管安全事故后，比如罪犯脱逃后到社会上作案杀人了，笔者认为，罪犯是自我改造主体，他不思悔改到社会上作案杀人，这个责任应当由罪犯个人承担，直接管理他的民警不应承担连带责任。难道社会上发生凶杀案还要追究凶手家长的连带责任吗？显然不能。罪犯脱逃了，直接管理民警不是没有责任，他只应当承担管理不当造成罪犯脱逃的责任，不应当承担罪犯脱逃后又作案的责任。推行罪犯个体化改造模式后，随着责任主体的改变和整个改造形势的变化，我们相信监狱上级领导机关会逐步将对监狱民警实行的“高压”政策调整为“激励监狱民警积极作为”的激励政策，我们期待这一天早日到来。

2. 辩证唯物主义罪犯观是我们国家制定监狱法律法规、罪犯改造方针政策、罪犯改造宏观规划和工作指导意见的重要理论根据。

3. 辩证唯物主义罪犯观是监狱系统改造罪犯的指导思想，是监狱系统进行理论创新、制度创新、运行模式创新的重要理论根据。

4. 辩证唯物主义罪犯观是监狱广大民警教育管理罪犯的理论武器，是谋划教育改造罪犯对策和方法的重要依据；是广大社会人士科学认识罪犯、正确对待罪犯、支持罪犯改造的行动指南。

按照理论研究全面性、科学性和创新性的要求，本书还有颇多不足、不完善和不妥之处。在本书定稿期间，党的十九大胜利召开。因此，今后我们应该认真贯彻好党的十九大精神，以习近平新时代中国特色社会主义思想为指导，根据新时代、新形势和新任务的要求，进一步做好罪犯观的理论研究。作者愿和监狱系统理论工作者和实际工作者一道，继续深化和全面展开罪犯观理论的研究和探讨，努力为建立健全罪犯观理论、监狱学理论献智献力。

# 上篇　理论篇

为了建立和完善具有中国特色的罪犯观理论，应以马克思主义、毛泽东改造罪犯理论为指导，在认真总结我国罪犯改造工作实践的基础上，积极探索如何科学地认识罪犯的存在及其在改造中发展变化的规律。同时要构建一个完整系统的辩证唯物主义罪犯观的理论体系，其内容包括：科学认识罪犯；科学评价罪犯；正确对待罪犯；改造罪犯的理论、方法；罪犯回归社会的保护等。这个理论体系要体现马克思辩证唯物主义的世界观和方法论，体现毛泽东改造罪犯的思想、理论、观点和方法。

# 第一章　罪犯观的内容

辩证唯物主义罪犯观内容主要由科学认识罪犯、科学评价罪犯和正确对待罪犯等部分组成。

## 第一节　科学认识罪犯

科学认识罪犯是一个多层次的复杂开放体系，这个体系主要包括以下几方面的内容。

### 一、罪犯是人

自古就有罪犯是“非人”“人类以外的人”[1]之说，而且在中国，从奴隶社会、封建社会直至半封建半殖民地社会，监狱在相当长的历史时期内重刑主义占统治地位，刑罚极端残酷，仅“肉刑”就有许多种。即使在狱制改良时期，监狱折磨人、羞辱人的刑罚宗旨也始终没有变。当时的统治阶级仍然肆意摧残罪犯的肉体和心灵，仍然没有把罪犯当人来对待。因此，确认罪犯是不是人的命题，不仅仅是个学术问题，而且是一个事关如何对待罪犯的行刑政策问题，是罪犯观要回答的首要问题。

人区别于动物的各种特性、属性的总和称之为“人性”。不同学派对其有不同的解释。辩证唯物主义认为人性是人的社会属性和自然属性的统一。社会属性是人性的现实基础与决定因素，它反映了人与动物的根本区别。人的社会属性由以生产关系为基础的人的各种社会关系的总和所决

① 邵名正：《罪犯论》，中国政法大学出版社 1989 年版，第 6 页。

定。[①] 罪犯都是在社会中生活的，每个人都有其特定的生产关系、民族关系、血缘关系、教育关系、政治关系、生活关系等社会关系，离开这些社会关系他们将无法生存。罪犯之所以发生犯罪行为，除了个体因素之外也有社会因素。犯罪学的研究表明，有些犯罪与社会形态，社会政治、经济、文化的弊端和缺陷有关；有些犯罪与学校教育、家庭环境等社会影响有关。因而罪犯的社会属性是显而易见的，罪犯是人，这是毫无疑义的。古代统治阶级代表人物说罪犯不是人，是基于他们仇恨或恐惧罪犯的心理而编造的谎言，是他们实行残酷刑罚肆意残害罪犯的借口，并非罪犯真的不是人。因此，罪犯是人的命题亦可称为罪犯之“人的特性论”。罪犯既然具有人的特性，人所具有的一般属性、依法享有的权利、现实需要和人的差异性，罪犯同样拥有。罪犯观明确罪犯是人，主要包括以下内容。

（一）罪犯仍然享有人权

我国宪法赋予罪犯以公民的法律地位，[②] 宪法规定的我国公民享有的人权条款，罪犯除了被依法剥夺和被限制行使的权利之外，仍享有其他人权。我国监狱法还规定了罪犯在关押改造期间应享有特殊权利。这些特殊权利主要有：人格不受侮辱权、人身安全和合法财产不受侵犯权、通信权、接见权、生活保障权、受教育权、申诉辩护权、检举控告权、接受合法钱款和物品权等。做好罪犯人权保障工作不仅有利于罪犯身心健康发展，而且能促进罪犯改造。罪犯人权保障工作具有以下鲜明特点：一是感受性深。罪犯依法享有的各项权利，都属于罪犯的切身利益。这些切身利益得到保障，罪犯感受最深，其受触动也最大。因此，最容易激发其对人民政府的感激之情，最容易激活其改恶从善的进取之心，能最大限度地调动罪犯改造的积极性。二是对比性强。中国旧社会监狱，包括国民党统治时期的监狱，罪犯毫无权利可言。不仅人格尊严不断受到践踏，人身安全也毫无保障。监狱当局可以任意处罚罪犯，刑罚之残酷令人毛骨悚然。至于最低生活保障更是无从谈起，食不果腹、衣不蔽体是监狱里罪犯生活的

① 冯锲：《哲学大辞典》，上海辞书出版社 2007 年版，第 158 页。

② 司法部劳改局、中国法学会研究部：《专家学者和知名人士谈〈中国改造罪犯的状况〉》，法律出版社 1992 年版，第 42 页。

常态。而在新中国成立后的监狱，罪犯依法享有的权利任何人不得侵犯。两相比较形成强烈对比。这种对比使罪犯心灵受到强烈撞击，从中悟出国家对他们实行人道主义政策的真谛，感化他们坚定选择走重新做人的人生道路。三是亲和力大。罪犯都是有罪之身，他们过去的犯罪行为给社会造成严重危害，给被害人造成了难以弥补的伤害。他们入狱后监狱及其民警仍然尊重他们的人格，仍然把他们当人来对待。这种教育人、挽救人政策对他们产生了强大亲和力。这种亲和力化解了罪犯戒备心理和抗改造心理，消除了心理障碍。顽危犯由此转变了改造态度，大多数罪犯增强了改造信心。这些特点表明罪犯权利保障具有感化教育罪犯、促进罪犯改造的功能。罪犯改造工作实践说明，罪犯权利保障工作的指导思想是要把罪犯当人来对待；罪犯权利保障工作的根本宗旨是要充分发挥其感化教育罪犯、促进罪犯改造的功能作用；监狱广大民警的重要职责是要认真做好罪犯权利保障工作。

（二）罪犯具有各种基本需要

人是自然属性与社会属性的融合。人既有自然属性需要、社会属性需要，也有自然属性与社会属性相融合的需要。罪犯是人，也同样具有这些需要。监狱满足罪犯各类基本需要，要有利于罪犯身心健康发展、有利于实现罪犯改造的根本目的；有利于实现统筹兼顾、区别对待、积极引导的基本原则。其中统筹兼顾是指满足罪犯各种需求要统筹安排，既不能顾此失彼，也不能不考虑同时期当地城乡居民实际生活水平。区别对待是指对罪犯的各种需求要采取不同的对策，不能采用一种方式。积极引导是对罪犯的各种需求不能放任自流，要结合实际对罪犯进行教育、引导，使其有利于罪犯身心健康发展，有利于罪犯改造，而不是适得其反。

对罪犯衣、食、住、用等自然属性需要，按照美国著名心理学家马斯洛提出的需要层次理论，这些需要属于罪犯生理需要和安全需要，是低层次的需要。这些需要得不到满足，就无法激发罪犯较高层次的需要。罪犯这些需要是必须得到满足的，但其满足既不能高于当地城乡居民平均水平，也不能低于当地城乡居民最低生活保障水平。满足罪犯这些需要时，要结合实际对罪犯进行基本国情教育和党的教育人、挽救人的政策教育。对于罪犯的情感交流需求、人际交往需求、亲情会见需求、通信需求、阅览读书需求、社会信息需求等社会属性需求，是人的正常需求。满足罪犯这些社会性需求，既能有效地消除罪犯的孤独感、被社会抛弃感等消极心理，又能促进罪犯重新社会化。监狱应积极创造条件满足这些需求，并建立相应制度规范这些需求。

对于特殊群体的罪犯还有改恶从善的需求，如积极端正改造态度、真诚认罪悔罪、深挖犯罪根源、认真矫正个体做人缺陷、积极帮助他犯、爱惜公共财物、在劳动中积极改造自己、遵守监规纪律、积极为国家和社会做贡献等均源于改过自新、积极向上的需求。监狱及其民警应大力倡导、积极扶持、精心培养，并适时给予表扬和鼓励，为其营造良好的氛围促其健康发展。

对罪犯畸形需求，则采取心理评估、心理咨询、认知指导、心理治疗和药物治疗等方法调整其需求结构，矫正过度需求，激发高层次需求。

（三）罪犯个体之间具有差异性

人具有差异性，不同的个体除了相貌不同之外，在理想、信仰、观点、道德、需要、气质、性格、能力、认知、情感、意志等内在素质上同样存在差异。罪犯在不同个体之间也存在这些差异，其突出表现就是罪犯的犯罪活动各不相同，有的犯此种罪，有的犯彼种罪；犯罪个体犯罪原因也不尽相同，有的犯罪是基于报复，有的犯罪是基于贪利，有的犯罪是基于道德感缺失，有的犯罪是由于情感失控，有的犯罪是由于畸形需求，有的犯罪是由于对社会不满，等等；犯罪的社会危害性也有危害程度的不同。至于罪犯入监后其表现更是五花八门，有的积极，有的消极，有的伺机闹事，有的自伤自残，等等。这些事实证明，罪犯个体之间具有差异性特征。这种差异性特征要求我们对罪犯实行差异性改造，即实行“一把钥匙开一把锁”的个体化改造模式。只有这样，才能实现改造效果最大化。这种个体化改造模式对于广大监狱民警来说并不陌生。过去我们改造“伪满洲国”皇帝溥仪、大贪污犯王灿文以及改造许许多多顽危犯的实践，就是个体化改造模式的成功范例。但当时只是停留在个案应用阶段，没有全面推广。我们现在提出的个体化改造模式，则是要在全体罪犯中实行。这无疑是一项大工程，对其运行方法、机制、体制等需要进行深入研究，在此基础上制定有效的实施方案。实施方案尽管要付出大量的人力、物力和财力，但其改造效果也将是最好的。

## 二、罪犯是需要改造之人

这个论题是回答罪犯有哪些主要特征，与普通人相区别的本质特征是什么。对罪犯的本质特征，不同学科有不同的观点，即使同一学科，由于研究的视角不同，也有不同观点。我们将以监狱学的视角来回答这一问题。监狱学视野下的罪犯特征主要有以下几点。

### （一）受惩罚性特征

罪犯特征与罪犯概念有关。狭义罪犯概念表明，罪犯既是犯罪行为实施者，又是刑罚的承担者。这一重要特征体现了犯罪与刑罚的因果关系。犯罪是受刑罚的原因，刑罚是犯罪的法律后果；犯了罪就要受到刑罚，没有犯罪便不会受到刑罚。由于犯罪是一种能给犯罪人带来物质利益与精神满足的行为，作为最严厉的法律制裁措施与遏制犯罪手段的刑罚，理所当然地要以剥夺犯罪人的权益，对其施加痛苦，其表现为给造成损失与痛苦者以损失与痛苦。① 由此可见，刑罚的惩罚性是对刑罚质的规定性，国家对罪犯判处刑罚就是依法对罪犯进行惩罚。因此，有无依法应受惩罚的犯罪行为，即犯罪行为应受惩罚性是罪犯与普通公民相区别的重要特征。

### （二）在监内执行刑罚特征

被法院依法判处刑罚的人很多，刑罚的种类也很多。监狱收押的罪犯是被法院判处刑罚并在监狱中执行刑罚的狭义罪犯。在监狱中执行刑罚的罪犯有以下几个特点。

1. 人身自由被依法剥夺。罪犯在受刑期间只能在监狱中生活和活动。罪犯不经允许擅自超越监狱警戒线即构成脱逃罪，将依法受到处罚。

2. 罪犯其他民主权利被依法剥夺或被限制。依据刑法的规定，对判处死刑、无期徒刑的罪犯，剥夺政治权利终身；在死刑缓期执行减为有期徒刑，或者无期徒刑减为有期徒刑时，应当把附加剥夺政治权利的期限改为三年以上十年以下；对于危害国家安全的罪犯附加剥夺政治权利；对于

① 樊凤林：《刑法通论》，中国政法大学出版社 1994 年版，第 79 页。

被判处故意杀人、强奸、放火、爆炸、投毒、抢劫等严重罪行的罪犯，可以附加剥夺政治权利；被判处有期徒刑的罪犯既有附加剥夺政治权利的，又有没有附加剥夺政治权利的。刑法中规定的剥夺政治权利是剥夺下列权利：选举权和被选举权；言论、出版、集会、结社、游行、示威、自由的权利；担任国家机关职务的权利；担任国有公司、企业、事业单位和人民团体领导职务的权利。

3. 对罪犯执行监禁刑罚是强制性的。我国《监狱法》第 4 条规定："监狱对罪犯应当依法监管，根据改造罪犯需要，组织罪犯从事生产劳动，对罪犯进行思想教育、文化教育、技术教育。"第 7 条第 2 款规定："罪犯必须严格遵守法律、法规和监狱纪律，服从管理，接受教育，参加劳动。"按照这些规定，监狱依法对罪犯进行管理教育是强制性的。

以上特点是被法院判处监禁刑罚的罪犯与被法院判处非监禁刑罚罪犯的重要区别。

### （三）需要改造特征

罪犯是被依法判处监禁刑罚的犯罪人，是犯罪人的重点人群，犯罪人所具有的人身危险性特征，罪犯亦明显具有。人身危险性是随着刑事实证学派的崛起而产生的一个概念，其意是指"犯罪人的社会危险状态"，有的称为"社会危险性"。① 人身危险性问题在我国刑法理论界过去遭受过非难，现在人身危险性的概念已经得到我国刑法学界的普遍承认，一般将其界定为再犯可能性。② 关于人身危险性的内容，我国刑法学界认识不尽一致。一些学者认为，"犯罪人的个人情况是测定犯罪人再犯可能性即人身危险性的根据"。③ 另一些学者对此说并未完全认同。争论双方比较接近的观点，是认为个人情况包括以下两种情况。

1. 个人犯罪情况，包括：犯前情况，如是否有犯罪记录，是偶犯还是惯犯，是一般累犯还是特殊危险的累犯；犯中情况，主要包括犯罪动机、犯罪手段、犯罪的环境和条件、犯罪造成的损害结果、犯罪对象的情况；犯后情况，主要包括是否坦白、悔罪、自首等。

---

① 陈兴良：《刑法哲学》，中国政法大学出版社 1997 年版，第 137 页。
② 陈兴良：《刑法哲学》，中国政法大学出版社 1997 年版，第 139 页。
③ 陈兴良：《刑法哲学》，中国政法大学出版社 1997 年版，第 140 页。

2. 个人中性特征，主要包括以下几点：(1) 年龄、性别、家庭、婚姻、职业、文化等。(2) 犯罪者的世界观和政治思想、知识和道德水平；性格、能力、气质和心理特点等。(3) 犯罪者的犯罪原因、生活经历、社会关系等。(4) 犯罪者的一贯表现。[①]

上述犯罪者个人情况中，既包含再犯的主要因素，也包含再犯的相关因素。这些因素中的世界观、价值观、能力、气质、性格、道德感缺乏和认知能力低下等，都是罪犯需要改造的重要内容，其他内容也都与罪犯改造内容有关。由此可见，罪犯的人身危险性，即罪犯再犯的可能性，就是监狱学视野下的罪犯需要改造性。监狱对罪犯执行刑罚过程就是矫正罪犯需要改造性、消除罪犯再犯可能性的过程。罪犯人身危险性与罪犯需要改造性二者的中心内容是同一的，只是视角不同而已。

在上述罪犯三个特征中，受惩罚性特征是罪犯的行为特征；在监内执行刑罚特征是刑罚执行方式特征；需要改造性特征是罪犯的人身特征。在行为特征与人身特征的关系中，罪犯的行为特征是由罪犯的人身特征决定的。犯同样罪行，需要改造性大的，受惩罚的力度就大；需要改造性小的，受惩罚的力度就小。在刑罚执行方式特征与人身特征的关系中，人身特征决定刑罚执行方式特征，需要改造性大的就在监内执行刑罚；需要改造性小的，就在监外执行刑罚。因此，上述罪犯三个特征中，罪犯的人身特征，即罪犯需要改造性特征是罪犯的本质特征，其他两个特征都是由罪犯需要改造性特征派生的。所以，本命题亦可称之为罪犯需要改造论。

## 三、罪犯是可以改造之人

这个论题是回答罪犯究竟可不可以改造，改造罪犯的条件是什么。这是世界范围的重大理论问题。对这个问题，不同时代不同背景的学者作出了不同的回答。中国无产阶级革命家、战略家、理论家毛泽东根据辩证唯物主义宇宙观和新中国改造各类罪犯的实践，提出了“人是可以改造的”著名论断。这一论断亦可称之为罪犯可改造论。罪犯可改造论系统地解读

① 陈兴良：《刑法哲学》，中国政法大学出版社 1997 年版，第 141 页。

了这一世界性理论难题，科学地界定了其深刻的内涵。其要点如下。

（一）罪犯“可改造论”是有条件的

毛泽东提出的罪犯是可以改造的命题是有条件的，其决定条件有两点。其一，监狱作为刑罚执行和罪犯改造的主体，要有好的改造罪犯的政策和方法。毛泽东主张对罪犯采取教育的政策、改造罪犯成为新人的政策，即教育人、改造人的政策。这一政策通常表述为监狱工作方针。我国在新中国成立初期实行“惩罚管制与思想改造相结合，劳动生产与政治教育相结合”的方针；1964 年后实行“改造与生产相结合，改造第一、生产第二”的方针；1995 年后实行“惩罚与改造相结合，以改造人为宗旨”的方针。这些方针所体现的都是教育罪犯、改造罪犯的根本政策，其教育人、改造人的基本精神是一贯的，只是根据不同历史时期对罪犯改造工作提出了不同的要求。前两项方针的表述都提到了监狱生产，是由于监狱的经费在很大程度上要依赖监狱的生产收入，而在监狱财政保障体制确立后便适时将改造人提到了“宗旨”的高度。其二，罪犯作为自我改造的主体，要有改造的主动性和积极性。第一个决定条件是罪犯改造的外在条件，是外因。第二个决定条件是罪犯的主观因素，是内因。改造罪犯要积极创造这两个条件，并使其紧密结合。

（二）罪犯“可改造论”有质的规定性

质是哲学概念，是指事物本质属性或内在规定性，是由事物的内部矛盾决定的。它把该事物、现象和过程同所有其他的东西区别开来，并使这种区别具有明显的确定性和稳定性。[①] 罪犯“可改造论”这种质的规定性有如下几点。

1. 罪犯“可改造论”是指罪犯经过改造要实现质的改变。质变是事物根本性质的变化，即是事物由一种质态向另一种质态的飞跃。[②] 罪犯“可改造论”是指把罪犯由消极因素转变为积极因素，由破坏因素转变为有利因素；由有罪之人转变为新人，使罪犯发生质变。毛泽东曾指出，罪犯是“消极因素，破坏因素，是积极因素的反对力量”，改造罪犯就是把

---

① 冯锲：《哲学大辞典》，上海辞书出版社 2007 年版，第 97 页。

② 刘延勃、张长弓、马乾乐、张念丰：《哲学辞典》，吉林人民出版社 1983 年版，第 417 页。

消极因素转变为积极因素，把破坏因素转变为有利因素；并强调对于反动阶级实行专政，并不是说要把一切反动阶级的分子统统消灭掉，而是要改造他们，使他们成为新人。罪犯改造既不是主张对罪犯进行单纯行为矫正，单纯惩罚和威慑，更不是主张对罪犯简单剥夺犯罪能力或将其流放到无人居住的荒岛，而是主张采取各种办法使其发生根本性、整体性转化，使他们成为新人。

2. 罪犯“可改造论”指罪犯改造不是一朝一夕就可以完成的，而是要有一个长期的渐进过程。意识形态思想方面是可以改造的，但时间要长；对罪犯采取教育的政策，采取帮助他们的方法，慢慢来，不性急，一年、两年、八年、十年，绝大多数是可以进步的。

3. 罪犯“可改造论”是指罪犯改造要从强迫改造转化为自觉改造。毛泽东指出，对罪犯改造，只有压服不行；要做人的工作，要在政治上启发人的觉悟，发挥他的积极性；要他们自觉改造，不能只靠强迫、压服。

（三）罪犯“可改造论”具有量的规定性

量是指事物存在的规模和发展的程度，是可以用多少、大小、高低、长短、轻重、快慢等数量来表示的规定性。[①] 罪犯“可改造论”是坚持事物发展变化的“两点论”，不是“一点论”。即认为罪犯既不是全部都可以改造，也不是全部不可以改造，而是认为大多数罪犯是可以改造，只有少数罪犯是改造不好的。毛泽东多次指出，“至死不变，愿意带着花岗岩头脑去见上帝的人，肯定是有的，那也无关大局”“有一部分是没有希望的，是要反对我们到底的”“在无产阶级专政的条件下，一般说是可以把人改造过来的，只有个别人改造不过来，那也不要紧”；同时他旗帜鲜明地指出，“罪犯中的大多数在长时间内是可以改造的”“意识形态、思想方面是可以改造的，但时间要长，这讲的是它的大多数”“百分之九十五以上的人是可以改造的，宣统皇帝、日本战犯都可以改造，日本战犯大多数改造好了，回国后只有一个反对我们的”。毛泽东提出的罪犯“可改造论”的“两点论”不是均衡论而是重点论。这是他

① 刘延勃、张长弓、马乾乐、张念丰：《哲学辞典》，吉林人民出版社 1983 年版，第 639 页。

与西方学者的重要区别。

可改造论的上述内涵表明，罪犯作为可以改造之人有以下几个特点。

1. 罪犯在实行好的政策方法的前提下是可以改造的。

2. 罪犯是可以发生根本性变化的人，即是可以彻底改造的人。

3. 罪犯的大多数是可以改造的。

## 四、罪犯是不容易改造之人

这个论题是回答改造好罪犯并不是很容易的，由于罪犯个体致罪因素是复杂的，既有观念层面的心理因素，又有非观念层面的心理因素，如情绪、情感、意志、需要、动机等方面的因素；既有心理因素又有生理因素等。而且个体致罪因素是动态的、发展变化的，既有以往的个体致罪因素，又有现实的致罪因素。因此，改造罪犯绝不是很容易就能做好的。“不容易改造”的内涵主要有以下几点。

### （一）罪犯改造要有诸多过程

罪犯投入监狱改造要经历一系列转化过程。罪犯从入监开始，要从不适应改造环境和改造生活到适应；从不认罪到认罪；从漠视犯罪根源到深挖犯罪根源；从不消除致罪因素到认真消除致罪因素、认真悔改；从蔑视劳动到获得一技之长等。而且每个过程的转化都有一个从量变到质变的过程，没有量变的积累就发生不了质变。因此，改造好罪犯是很不容易的。监狱广大基层民警要遵循罪犯改造规律，坚持做艰苦细致的罪犯转化工作。

### （二）罪犯改造经历的时间要长

监狱关押的罪犯，一般都是罪行较重的，他们的个体致罪因素有些人已经转化为犯罪意识、犯罪恶习。人的思想意识的转变是在人们的社会实践中经过无数事实的改变才能逐步改变，人的陋习、恶习的转变更需要长时间的磨炼。因此，罪犯犯罪意识和犯罪恶习的转变花费的时间要长，要经过一年、二年、八年、十年甚至更长的时间，才能把他们改造成为守法公民和合格的社会成员。

广大监狱民警长期奋战在罪犯改造工作第一线，他们认真执行监狱工作方针、政策，爱岗敬业，勇于探索，长于奉献，是人民的坚强卫士。在当前罪犯构成和思想状态都发生很大变化的新形势下，要用毛泽东改造罪犯理论武装头脑，积极探索罪犯改造规律，认真总结改造罪犯犯罪思想意识、犯罪恶习的新鲜经验，耐心细致地做好罪犯的转化工作，为党和国家的监狱事业做出新的贡献。

（三）罪犯改造会出现反复

在罪犯改造的社会实践中，罪犯改造的社会环境、监狱环境和罪犯的家庭状况都会发生一些变化，罪犯的思想、心态、情绪情感都会相应地发生一些变化。因此，罪犯在长期的改造过程中，出现一些反复是难以避免的。我们的监狱民警要把罪犯改造出现的反复看做是罪犯改造的常态，客观地分析出现反复的原因，帮助罪犯化解矛盾、排除干扰，教育罪犯增强改造信心，把罪犯改造工作出现的反复转化为罪犯改造的动力。

通过上述简要的解读，罪犯是不容易改造之人，是指罪犯要经过长时间，有时会有反复的复杂过程，才能将其改造成为新人。这个论题又可称之为罪犯“不容易改造论”。

## 五、罪犯是需要有改造目标之人

这个论题着重回答罪犯的改造目标是什么，即应该把罪犯改造成什么样的人。“目标”一词是想要达到的境地和标准。罪犯改造目标是罪犯经过改造要达到的做人标准，是评价监狱及其民警教育改造罪犯工作的检验标准。这一命题亦可称之为罪犯改造目标论。罪犯改造目标论的内涵主要有以下几点。

1. 罪犯改造目标是指罪犯经过改造后要达到的标准，即罪犯经过改造回归社会后要达到的标准，不是改造过程中的标准。如新中国成立初期提出的要把罪犯改造成为新人的标准，就是指罪犯经过改造之后要达到的重新做人的标准。

2. 罪犯改造目标是指罪犯发生了根本性、整体性变化的质变标准，不是罪犯经过改造发生部分变化、局部变化的标准。

3. 罪犯改造目标是宏观层面的改造目标，是总的方向、总的目标，不是一时一事的目标。

根据罪犯改造目标的内涵，罪犯改造目标的设定要体现以下几点要求。

(1) 既要满足社会广大民众对罪犯改造成效的期待，又要便于罪犯了解和把握。

(2) 要充分体现罪犯经过改造要实现质变的要求，即要体现罪犯从违法犯罪的罪人转变为不违法犯罪的新人。

(3) 罪犯改造目标的指向性必须清晰、明确，不能含混不清。

新中国成立以来，随着国内经济、政治、文化、社会发展形势变化以及罪犯构成和整个改造形势的变化，我国在不同历史时期提出了不同的罪犯改造目标。新中国成立初期提出要把罪犯改造成为新人的罪犯改造目标；1962 年在“劳动改造管教队工作细则”试行草案中，提出要把人民内部犯法分子改造成为具有社会主义道德品质的劳动者的罪犯改造目标；1981 年在“第八次全国劳改工作会议纪要”中，提出要把罪犯改造成为拥护社会主义制度的守法公民和对社会主义建设的有用之材的罪犯改造目标；1994 年制定的《中华人民共和国监狱法》中，提出要把罪犯改造成守法公民的罪犯改造目标。这些罪犯改造目标在特定的历史条件下，对罪犯改造工作都起了重要的指导作用，总的效果是好的。

当前正在执行的“把罪犯改造成为守法公民”的罪犯改造目标，其立法宗旨是要把罪犯改造成为不违法犯罪的守法公民，这无疑是完全正确的。但这一立法宗旨可以有多种表述方式。目前这种表述方式还有一些不尽如人意的地方。其一，守法公民的表述容易使人误解罪犯之所以犯罪就是单纯的法律问题。现代犯罪学理论指出，罪犯犯罪原因是多元的，既有社会原因，也有罪犯个体原因；导致个体犯罪的原因中，既有观念层面的原因，也有非观念层面的原因；在观念层面的原因中，除法律意识的因素之外，还有人生观、价值观、道德观等因素。其二，“守法公民”的表述容易使人误解只要增强了守法意识，养成了守法习惯，罪犯就可以不再违法犯罪了，但事实并非如此。一些基层单位的调查显示，有一些罪犯在监内改造表现很好，认罪悔罪，遵纪守法，积极参加劳动；有很多人在监内还做了不少改恶从善的好事。但刑满回归社会以后，由于缺乏生产技能，长期找不到工作，没有生活来源，又重新犯罪了；有些罪犯刑满回归社会后受到种种歧视，有不少问题得不到公平对待，在原犯罪同伙的诱惑之下又重新走上犯罪道路。鉴于以上这些情况，笔者建议在以后修改《中华人民共和国监狱法》时，对罪犯改造目标要做适当的修改。笔者的修改意见是：把罪犯改造成为有社会适应能力、不违法犯罪的合格社会成员。这个罪犯改造目标由总目标和标志性目标两部分构成。其总目标，即方向性目标是把罪犯从不合格的社会成员改造成为合格的社会成员。合格社会成员是社会学、犯罪学通用的一个概念，是指通过社会教化和个人努力学习，把人从不知不识的生物人教化成为具有群体和社会文化的社会人，达到群体和社会认为其合格的社会角色。[①] 社会成员按照其实现社会化的程度划分，分为不合格、合格、良好、优秀等几个档次。罪犯经过改造之后成为合格者，既不是良好，更不是优秀档次，而是罪犯经过努力可以达到的做人档次。标志性目标是实现总目标的标志或条件，由两个标志组成：一是有社会适应能力，是人立足于社会、服务于社会的重要标志。是人实现社会化要达到的适应社会要求的各种能力，包括生活技能、生产工作技能（即谋生手段）；践行社会行为规范能力、社会主流价值观内化为行为准则能力；抗挫折、抗诱惑等自我调节、自我控制能力等。二是有不违法犯罪的人品，是不危害社会的标志。包括消除犯罪思想意识、矫正犯罪恶习等。这两个标志是相辅相成、缺一不可的。

以上是关于罪犯应该有什么样的改造目标的认识。有了这个认识，就可以确认罪犯是需要有改造目标之人，应该具有以下两个特点：一是罪犯是需要确定总的改造目标之人；二是罪犯是需要重新选择做人标准的人。

## 六、罪犯是需要改造其特定客体之人

这个论题着重回答罪犯改造的客体是什么。客体是哲学范畴，是指主体实践活动和认识活动的对象。这个概念有不同学派之争，辩证唯物主义认为，客体是人的实践和认识的对象和结果。客体具有多种形式，可以分为自然客体、社会客体以及物质形式、物质载体表现出来的精神客体。还

---

① 王思斌：《社会学教程》（简明版），北京大学出版社2012年版，第28页。

包括主体的对象性活动和作为认识和改造对象的自我。[①] 罪犯改造客体是指罪犯改造的社会实践活动对象。因此，本命题亦可称之为罪犯改造客体论。罪犯改造客体论的内涵主要有以下几点。

（一）罪犯改造客体是复合形态的客体

罪犯改造对象首先是人，是罪犯个体。刑罚执行机关改造罪犯的一切信息，包括改造政策、手段和方法等，都是由罪犯来接收、体验、消化和选择的。从这个意义上说，罪犯是改造对象是名副其实的。但我们说的改造罪犯不是在肉体上把他们通通消灭掉，而是要改造他们身上承载着的精神客体。这些精神客体才是我们要改造的直接对象，而罪犯及其承载着的精神客体是相互依存共处一体的。因此，罪犯改造客体是由罪犯及其承载着的精神客体组成的复合形态的客体。

（二）罪犯改造客体是由破旧立新两个对立要素组成的客体

“改造”一词的原意是另制、重制；引申为从根本上改变旧的，建立新的。[②] 罪犯改造是包括改变罪犯旧的系统，建立新的系统的社会实践活动，是破旧立新两种活动的对立统一。现代犯罪学理论指出，犯罪是由犯罪原因引起的，犯罪原因和犯罪现象之间是因果关系。要消除犯罪现象就要消除犯罪原因。按照改造概念的引申含义，罪犯改造，既需要消除致罪因素系统，又需要建立、健全遏制犯罪因素系统。因此，罪犯改造客体是由罪犯致罪因素系统和遏制犯罪因素系统组成的破旧立新系统。这个系统构成罪犯改造的直接客体，即罪犯承载着的精神客体。

（三）罪犯改造客体是由多元要素组成的复杂系统

罪犯改造客体是由罪犯自身存在的主要矛盾决定的。中国改造罪犯的实践证明，罪犯从入监到出监始终存在着是走继续犯罪道路还是走改恶从善、重新做人道路的矛盾和斗争，即犯罪倾向和重新做人倾向的矛盾和斗争。这个主要矛盾在罪犯改造的不同时段有着不同的表现形式。这些不同表现形式的矛盾所指向的对象，就是不同时段的罪犯改造客体构成要素。罪犯改造的时段分为入监期、改造初期、深入改造前期、深入改造后期、

---

① 冯锲：《哲学大辞典》，上海辞书出版社 2007 年版，第 30 页。

② 夏征农：《辞海》，上海辞书出版社 1983 年版，第 1079 页。

出监期等。有多少个时段就有多少个罪犯改造客体要素。在入监期，罪犯的主要矛盾表现为是接受惩罚还是逃避惩罚的矛盾，该时段的罪犯改造客体构成要素是罪犯服刑改造态度。在改造初期，罪犯的主要矛盾表现为认罪悔罪和不认罪不悔罪的矛盾，该时段的罪犯改造客体构成要素是罪犯认罪悔罪态度。在深入改造前期，罪犯的主要矛盾表现为积极消除个体致罪因素、认真悔改和不消除个体致罪因素、不思悔改的矛盾，即悔改和不悔改的矛盾，该时段的罪犯改造客体构成要素是对待个体致罪因素态度。在深入改造后期，罪犯的主要矛盾表现为积极矫正个体人格品质欠缺和不矫正个体人格品质欠缺、不积极改造的矛盾，该时段的罪犯改造客体构成要素是对待个体人格品质欠缺态度。在出监期，罪犯的主要矛盾表现为积极接受适应社会生活培训和消极等待的矛盾，该时段的罪犯改造客体构成要素是适应社会生活态度。

如上所述，罪犯改造客体是由不同时段的改造客体要素构成的系统所组成。以往的各种罪犯改造客体理论，通常都是指罪犯深入改造期的罪犯改造客体，没有把深入改造期以前的罪犯改造客体要素纳入其中。而实际上，如果不解决这些前期改造客体要素的改造问题，罪犯的改造是不可能进入深入改造期的。实践证明，我们应该把深入改造期之前的罪犯改造客体要素纳入罪犯改造客体系统。

可见，罪犯的服刑改造态度、认罪悔罪态度、对待个体致罪因素态度、对待个体人格品质欠缺态度、适应社会生活态度等要素，构成罪犯改造客体系统。各构成要素均涵盖于破旧立新的对立统一之中。罪犯改造客体系统的结构，是各构成要素按入监到出监的时序排列，上个序列要素得不到改造进入不了下一个序列。各构成要素在系统中的作用和地位各不相同。服刑改造态度是系统的门槛要素，是系统的起点；认罪悔罪态度是否定旧我的要素，是系统的转折点和重要环节；对待个体致罪因素态度是否定旧我、重塑新我的关键要素，是系统的中心环节；对待个体人格品质欠缺态度是需要矫正的人格要素，是改造个体致罪因素的着重点；适应社会生活态度是出监要素，是系统融入社会的输出口。在这一结构框架下的罪犯改造客体系统的整体功能是弃恶扬善、破旧立新，该系统的目的是实现罪犯改造。

罪犯改造实践活动的运行模式，概括起来就是以罪犯改造目标为导向，以转变罪犯服刑改造态度为起点，以转变罪犯认罪悔罪态度为转折点，以消除罪犯个体致罪因素、激励罪犯个体遏制致罪因素为中心，以矫正罪犯人格品质欠缺、培养健康人格为着重点，以实现罪犯重新社会化、提高社会适应能力为出发点和落脚点的活动。

通过上述对罪犯改造客体、罪犯改造实践活动的界定，罪犯作为需要改造的特定客体之人有哪些特征就有了明确答案。主要包括以下几点。

1. 罪犯是需要消除个体致罪因素，激励遏制犯罪因素之人。

2. 罪犯是需要矫正个体致罪思想意识，培养遏制犯罪思想意识之人。

3. 罪犯是需要重新社会化，矫正人格品质欠缺，培养健全人格之人。

## 七、罪犯是其自我改造的主体之人

这个论题是回答谁是罪犯改造的主体，罪犯本身是不是罪犯改造的主体。主体是指实践活动和认识活动的承担者。主体的概念，哲学不同学派有不同的解释。辩证唯物主义认为，主体是人；主体是有头脑能思维、从事社会实践活动和认识活动的个人或社会集团；主体可以分为个人主体、集团主体、社会主体等；正因为主体是在劳动实践过程中形成和发展的，才使主体具有意识性、自觉能动性和社会性。[①] 罪犯是自我改造的主体，是指罪犯本身是自我改造社会实践的承担者。

罪犯改造有强制改造与罪犯自我改造之分。在罪犯强制改造活动中，刑罚执行机关及其民警是改造罪犯的主体。其承担着如下职能：第一，建造适于监禁改造罪犯场所。第二，营建适于监禁改造罪犯的设施、环境，如警戒设施、安全设施、生产设施、生活设施、教育文化设施、医疗保健设施、环境建设设施等。第三，正确执行监管法律、政策和监狱各项纪律。第四，组织罪犯进行生产劳动，并对罪犯进行职业培训、社会角色培训，提高其社会适应能力。第五，对罪犯进行管理教育，指导监督罪犯进行自我改造。而在罪犯自我改造活动中，罪犯是其自我改造的主体。因此，本命题称之为罪犯自我改造主体论。罪犯是自我改造主体的内涵，主

① 冯锲：《哲学大辞典》，上海辞书出版社 2007 年版，第 30 页。

要有以下几点。

（一）罪犯是隐蔽性较大的主体

罪犯强制改造与罪犯自我改造是同时并存、交叉进行的两个活动。在罪犯改造初期，罪犯强制改造势头较大，罪犯自我改造势头较弱。这一时期刑罚执行机关及其民警在强制改造实践活动中的主体地位表现突出，罪犯在自我改造实践活动中主体地位处于隐蔽状态，显现得不明显，以致有些民警片面地认为他们是罪犯改造的唯一主体，罪犯只是被改造的对象，并不清楚罪犯始终都是自我改造的主体。至于罪犯自身，在改造初期只感受到强制改造的存在，并没有感受到自我改造的存在。只认可自己是被改造对象，并没认可自己是自我改造的主体。随着罪犯改造实践活动的深入，罪犯自我改造活动逐步强化，罪犯的主体地位日益显露。新中国改造罪犯经验证明，罪犯从入监到出监的整个改造过程，只有不断强化罪犯自我改造活动，不断强化罪犯在自我改造中的主体地位，才能最终把罪犯改造成为守法公民。

（二）罪犯是主观能动性较差的主体

人作为改造自然、改造社会的主体，通常具有较高的主观能动性。但判处监禁的罪犯一般都犯有较重罪行，他们已经实施的犯罪行为表明已经形成了具有倾向性的犯罪意识或习性。[①] 受这种状态的影响，罪犯入监后很长一段时间内缺乏自我改造的主观能动性。新中国改造罪犯的实践证明，教育改造罪犯始终都要把增强罪犯自我改造的主观能动性放在首位。增强罪犯自我改造的主观能动性是要教育罪犯实现三个转变：一是教育罪犯转变改造态度，使罪犯由抗拒改造、消极改造转变为接受改造，这是调动罪犯自我改造主观能动性的起点。二是教育罪犯转变对待自己罪行的态度，从不认罪不悔罪转变为积极认罪悔罪。实践证明，这是调动罪犯自我改造主观能动性的关键，也是整个罪犯改造过程的关键。三是要教育罪犯正确处理个人与社会、个人与他人的关系，使罪犯从反社会的生活态度转变为亲社会的生活态度。实践证明，这是罪犯自我改造主观能动性发生根本性改变的标志。

① 许章润：《犯罪学》（第二版），法律出版社 2004 年版，第 386 页。

（三）罪犯是有意识性的主体

罪犯是活生生的人，罪犯同普通人一样，不仅有本能和直觉，而且有理性和意识。① 罪犯的理性和意识，不仅使罪犯能够观察和认识自然和社会，并在一定条件下选择性接受外界环境和社会规范的影响和制约。教育改造罪犯必须尊重人类意识形成的规律和行为定型的规律，重在启发人的觉悟，增强自我意识。针对罪犯个体形成犯罪心理的主要因素和思想障碍进行疏导、引导，教育罪犯实行三个彻底决裂：一是与犯罪道路彻底决裂。罪犯从入监到出监一直存在着走继续犯罪道路还是走改恶从善、重新做人道路的矛盾和斗争。刑罚执行机关通过对罪犯进行认罪悔罪教育，教育罪犯深刻认识其所犯罪行的严重性和危害性，使其坚定地与犯罪道路彻底决裂，坚定地选择改恶从善的人生道路。二是与犯罪的思想意识和人格品质欠缺彻底决裂。结合罪犯所犯罪行，教育罪犯认清其致罪的思想意识因素和人格品质欠缺，引导罪犯正确认识这些因素，消除思想障碍，铲除形成犯罪心理的精神支柱，培养健康人格。三是与非理性需求和冲动行为彻底决裂。有些罪犯的致罪原因除了世界观、价值观等观念因素之外，还有非理性的需求因素和难以自制的情感或本能冲动的因素。对这类罪犯除了进行政治思想教育之外，还要进行人的社会性方面的教育，使其认清人和动物的重要区别，维护做人的尊严，与这些非理性的需要和冲动行为彻底决裂，做一个有理性、有道德的人。

通过上述对罪犯改造主体内涵的界定，罪犯作为自我改造主体之人的特征应该包括以下几点。

1. 罪犯是需要强化自我改造主体意识之人。
2. 罪犯是需要增强自我改造主观能动性，实现三个转变之人。
3. 罪犯是需要增强理性意识，实现三个彻底决裂之人。

## 八、罪犯是有犯罪倾向之人

这个论题是回答罪犯应该怎样改造，为什么应该那样改造的问题。犯

① 许章润：《犯罪学》（第二版），法律出版社2004年版，第330页。

罪学的理论指出，投入监狱改造的罪犯，一般都有较重罪行、具有犯罪倾向，[1] 改造难度较大。罪犯是有犯罪倾向之人的内涵主要有以下几点。

（一）罪犯是需要综合使用和择优使用罪犯矫正技术之人

投入监狱改造的罪犯不仅罪行较重，犯罪的倾向性较大，而且他们的犯罪倾向性形成因素是多元的，既有思想观念因素、心理心态因素，也有生理因素；既有人格因素，也有认知因素、成瘾性因素等多元因素，改造难度较大。单一的改造手段和措施很难奏效。需要教育改造、劳动改造、犯罪习性矫正、犯罪心理矫治等多种罪犯矫正技术综合使用。而且目前矫正技术正处在创新发展期，国内外矫正技术也是良莠不齐。有些矫正技术滞后于实际需要；有些矫正技术效果显著，有些矫正技术效果不佳。我们对国内外的罪犯矫正技术还需要精心筛选，择优使用。

（二）罪犯是需要进行一体化改造之人

罪犯强制改造与罪犯自我改造是相互依存的两个领域的改造活动。罪犯强制改造是罪犯自我改造的条件和外部动力；罪犯自我改造的实际需要，将影响罪犯强制改造的内容和形式。罪犯自我改造是罪犯改造的核心，是罪犯改造的内动力。二者相辅相成、共处一体。只要罪犯强制改造，不要罪犯自我改造，是没有改造效果的改造，是走过场的改造。只要罪犯自我改造，不要罪犯强制改造，是无法进行的改造，是纸上谈兵的改造。由于投入监狱改造的罪犯大多数犯罪倾向性较大，改造这些罪犯既需要有强制性的一面，又需要有罪犯主观能动性的一面。因此实行罪犯强制改造与罪犯自我改造相结合的一体化改造方式是最好的选择。

（三）罪犯是需要监内改造与社会帮教相结合的方式实施改造之人

罪犯在监内改造中的某些心理障碍和思想障碍，有社会方面因素。监狱受其职能的局限和地域的局限，对这些有社会因素的心理障碍和思想障碍的解决，和改造期间罪犯家庭出现的新情况、新问题等实际问题的解决，颇感力不从心，罪犯改造需要社会参与。我国 20 世纪 80 年代中期北京市首创由监狱管理局与城区人民政府签订帮教协议，运用社会力量帮助

---

① 冯锲：《哲学大辞典》，上海辞书出版社 2007 年版，第 33 页。

教育罪犯的方法，在全国各地相继推广，并在实践中不断完善。运用社会力量帮助教育罪犯的方法，主要包括以下几点。

1. 帮助对罪犯进行认罪悔罪教育。监狱对一些有罪不认、长期申诉的罪犯，邀请当地公检法机关结合案情对罪犯进行法制教育、认罪教育。邀请被害单位、被害人到监狱揭露、控诉罪犯犯罪行为对被害者造成的伤害和痛苦，唤醒罪犯的良知，帮助罪犯打开不认罪的心结。

2. 帮助罪犯排忧解难。罪犯在监内改造期间时常会遇到家庭生活难以为继、子女失学、妻子提出离婚等问题，形成罪犯不安心改造的心理。监狱机关通过社会帮教渠道，向当地政府反映这些情况，并邀请当地党政机关领导到监狱向罪犯作形势、政策、前途报告，召集属地罪犯座谈会，面对面回答罪犯关心的热点问题，承诺帮助罪犯排忧解难，解决后顾之忧。

3. 开展为罪犯送温暖活动。邀请共和国老战士、英模向罪犯作先进事迹报告；邀请社会学、心理学工作者、原单位领导到监狱与罪犯谈心、交流，帮助罪犯解决思想障碍和心理障碍；邀请共青团、妇联工作人员和志愿者与罪犯结对帮教，开展联欢活动；邀请在社会上作出成绩和贡献的刑释人员向罪犯作回归社会生活的体验报告。通过这些丰富多彩的送温暖活动，向罪犯表达社会的关爱，增强罪犯的改造信心。

4. 搭建罪犯情感交流平台。采取多种有效形式组织罪犯亲友进行帮教。除开展常态化的通信、接见之外，还特别邀请罪犯的亲属、好友、老师等到监狱参观、座谈，会见罪犯，与罪犯进行情感交流，帮助罪犯分析犯罪原因和应该吸取的教训，鼓励罪犯积极改造，以满足罪犯归属感和亲情关爱的需要。

5. 签订帮教协议建立帮教组织。监狱机关与所在地政府及其相关部门分别签订帮教协议；狱方与罪犯亲属、罪犯本人签订帮教合同；狱方与社会志愿者、罪犯本人签订帮教合同等。各地政府或在政法委、综治委或在司法行政部门设立专门机构，建立帮教组织，使社会帮教活动正规化、常态化。①

运用社会力量帮助教育罪犯的方法，弥补了监内教育改造的不足，而

---

① 中国监狱学会：《中国监狱学会20年》，法律出版社2006年版，第231页。

且由于社会人士的广泛参与，彰显了其强大的生命力。但是社会帮教只是一种补充形式。监狱教育改造罪犯具有系统教育优势、科学管理优势、专业人才优势、改造手段、方法等优势，罪犯改造还要充分发挥监狱机关的主导作用，加强罪犯的监内改造。因此，罪犯是需要监内改造与社会帮教相结合，以监内改造为主导方式改造之人。

因此，本命题亦可称之为罪犯改造手段综合论、监内改造与社会帮教结合论。

## 九、罪犯是有社会致罪因素之人

这个论题是回答怎样才能有效巩固罪犯监内改造成果问题。犯罪学的研究指明，整体犯罪现象原因除了犯罪个体原因之外，还有犯罪的自然原因、文化原因和社会原因。具体犯罪行为原因除了犯罪个体因素之外，还有学校教育、家庭教育、社会传媒的影响等社会因素。而罪犯在监内服刑改造，只能消除或减少个体致罪因素，不能消除罪犯致罪的社会因素。这些社会致罪因素如果不能消除或者不能有效控制，有些罪犯刑满回归社会以后，在这些社会致罪因素的刺激下还可能重新犯罪。即或这些人不重新犯罪，在这些社会因素刺激下，社会上其他人还有可能犯罪。可见罪犯监内个体改造有一定的局限性。

罪犯是有社会致罪因素之人的内涵主要有以下两点。

### （一）罪犯是需要个体改造与社会改造同步改造之人

社会改造，即社会学中有计划的社会变迁。在社会学中，“社会变迁”是一个表示一切社会现象，特别是社会结构发生变化的动态过程及其结果的范畴。有计划的社会变迁，是指人类有意识、有目的地参与和控制社会变迁。有计划的社会变迁已成为现代社会变迁的主要形式。[①] 通常有计划的社会变迁是通过制订中、长期社会发展规划和短期社会发展计划，选择和调整社会经济制度、政治制度、社会组织管理制度、社会价值观念和生活方式；根除阻碍社会发展的种种弊端；消除犯罪的经济根源和社会根源，实现社会变迁的良性发展。有计划的社会变迁，即社会改造，是促进

① 郑杭生：《社会学概论新修》，中国人民大学出版社 1994 年版，第 378 页。

社会协调发展，消除社会隐患，避免社会失范的治本性制度建设。因此，罪犯个体改造要与社会改造相结合，罪犯个体改造与社会改造同步运行。这既是巩固罪犯监内改造成果的需要，也是预防社会上其他人员犯罪的需要。中国改造战犯的实践证明，没有当时轰轰烈烈的社会改造和社会进步，很难彻底解决战犯不认罪问题，很难转变战犯旧的思想意识和价值观念。存在决定意识，陈旧的经济基础和社会基础彻底瓦解了，反映旧的经济基础和社会基础的旧的思想意识退出了历史舞台，改造这些旧的思想意识就比较容易了。这一重要实践是罪犯个体改造要与社会改造同步运行的根据。

（二）罪犯是需要刑罚预防与社会预防同步实施之人

犯罪的刑罚预防，是指国家司法机关运用刑罚方法，揭露犯罪，惩罚和改造罪犯，从而预防再犯，并儆戒虞犯，教育全体社会成员的一项特殊的强制措施和防范手段。[①] 刑罚预防犯罪的功能主要表现在两个方面。

1. 对已经犯了罪的罪犯进行教育改造促使其改善自身的不良心理结构，消除犯罪的邪念，使他们不至于再犯罪。

2. 对社会上受到犯罪诱惑的人具有震慑作用，使他们慑于犯罪受刑之苦而放弃犯罪冲动，对这些人起遏制犯罪作用。

刑罚预防功能也有一定的局限性。刑罚并不能消除产生犯罪的社会根源和经济根源，因而不可能从根本上预防和消灭犯罪。特别是当社会生活中存在着产生犯罪的基因时，刑罚对犯罪的预防功能便会大大削弱。[②] 而犯罪的社会预防便能弥补刑罚预防的局限性。犯罪学理论揭示犯罪的社会预防具有社会建设功能、社会整合功能、社会控制功能和社会化功能及社会调节功能等多种功能。这些功能连续地综合运作，能够消除或减少犯罪的社会根源和经济根源。因此，预防罪犯再犯，从国家宏观层面上应实行犯罪的刑罚预防与社会预防相结合，刑罚预防与社会预防同步的预防战略。从这个意义上说，罪犯是需要刑罚预防与社会预防同步实施之人。因此，本命题亦可称之为罪犯个体改造与社会改造同步论、刑罚预防与社会

① 许章润：《犯罪学》（第二版），法律出版社 2004 年版，第 377 页。

② 魏平雄、赵宝成、王顺安：《犯罪学教科书》（第二版），中国政法大学出版社 2008 年版，第 362 页。

预防同步实施论。

以上关于认识罪犯的论述，概括起来包括以下内容：罪犯的“人的特性”论、罪犯需要改造论、罪犯可改造论、罪犯不容易改造论、罪犯改造目标论、罪犯改造客体论、罪犯自我改造主体论、罪犯改造手段综合论、罪犯监内改造与社会帮教结合论、罪犯个体改造与社会改造同步论、刑罚预防与社会预防同步论等。这些罪犯观内容是一个具有整体性和层次性的开放系统，将随着罪犯改造社会实践的发展而不断发展和完善。

## 第二节　科学评价罪犯

科学评价罪犯是回答如何评价罪犯，如何通过正确评价罪犯促进罪犯改造的问题。关于评价是不是认识、是不是反映问题，历来争论较大。一些学者认为，评价本质上仍然是一种认识，是精神对物质、意识对存在的一种反映。[①] 我们认为，评价是认识范畴，是人们对自己价值关系的显示结果或可能后果的认识。评价是人们对事物的态度，评价所表达的，是人对一定价值事实的感受、理解、情感和态度。基于这种认识，我们把评价罪犯纳入罪犯观范畴。评价罪犯是指对罪犯的存在及其发展变化的价值评定。通过评价罪犯使价值主体更加自觉地坚持马克思主义的价值原则，从广大人民利益出发，对罪犯的各种改造表现给予科学的评价，是制定罪犯改造政策的认识论根据。

评价罪犯主要包括对罪犯的存在及其发展变化的评价。

### 一、对罪犯存在的评价

罪犯存在是指罪犯被法院依法定罪判刑后，自判决生效之日起至入监初期的存在状态。此阶段的罪犯具有明显的人身危险性，即罪犯致罪因素没有消除，具有再犯的可能性。罪犯再犯罪将要危害他人、危害社会，后果极其严重。其要点如下。

① 李顺德：《价值论》，中国人民大学出版社 1987 年版，第 244 页。

（一）对社会的生存和发展构成很大威胁

自改革开放以来，特别是近十年来，我国经济平稳，发展较快，各项建设事业取得重大成就，已经解决温饱问题，正进入全面建设小康社会的历史新阶段。财政收入大幅增加，粮食连年增产，目前我国粮食总产量已占世界粮食总产量的五分之一，超越了美国和俄罗斯；产业结构调整取得新进展，基础设施建设全面加强，高速公路里程跃居世界第二，高速铁路运营总里程居世界第一；城镇化水平明显提高，生态文明建设扎实推进，改革开放取得重大进展；综合国力大幅提高，国内生产总值 2011 年已达 47.3 万亿元，总量跃居世界第二；十年里世界经济平均增长率为 3.9%，而中国的平均增长率为 10.7%；我国经济总量占世界的份额，2011 年已达 10%，对世界经济的贡献率为 20%。

如果每年新入监的罪犯都得不到改造，将大幅提高罪犯的重新犯罪率，不但社会稳定将受到严重威胁，而且改革开放以来所取得的重要成果也将遭到破坏。

（二）对社会风气继续好转将造成一定冲击

改革开放以来，随着社会主义精神文明建设活动的深入开展，随着党的群众路线教育实践活动、反腐倡廉活动、严厉打击各种刑事犯罪活动的深入开展，我国的社会风气已经明显好转。公民的主人翁意识、道德意识、法律意识普遍增强，社会公平正义、民主法治、崇德向善、诚信友爱等优良社会风气得到发扬光大。

如果新入监的罪犯得不到改造，社会犯罪猖獗，将要毒化社会风气，对社会风气继续好转造成冲击，危害社会、危害人民群众的根本利益。

（三）罪犯自身的前途将被自己断送

新入监的罪犯身上既存在着重新犯罪的倾向，也存在着重新做人的倾向。如果新入监的罪犯得不到改造，其身上的犯罪倾向逐渐滋长，重新做人的倾向逐渐弱化，当犯罪倾向占主导地位时，一旦回归社会，将要猖狂地进行犯罪活动。届时，罪犯将走上犯罪——惩罚——再犯罪——再惩罚的恶性循环之中，走的是一条不归之路，将给罪犯本人造成终生痛苦，将给罪犯家属造成无法弥补的伤害。

综上所述，无论从作为认识主体的广大人民群众的角度来看，还是从作为改造罪犯主体的监狱及其民警的角度来看，或是从作为罪犯自我改造主体的罪犯自身的角度来看，罪犯入监初期的存在状态都是不能容忍的，必须给予否定的评价。这种否定评价，对于作为人民卫士的监狱广大人民警察来说，就是要从新入监的罪犯抓起，坚定不移地做好罪犯的改造工作，努力降低罪犯的重新犯罪率，用改造好罪犯的实际行动回报社会、回报广大人民群众。新中国成立以来我们的监狱民警经过艰苦细致的工作，成功地改造好了数以千万计的罪犯，使他们成为不再违法犯罪的合格社会成员，对社会发展和人民的福祉起到了重大的促进作用。其主要作用有以下几点。

一是为构建社会主义和谐社会做出重要贡献。社会主义和谐社会是一个民主法治、公平正义、自由平等、诚信友爱、充满活力、安定有序、文明和谐的社会。监狱是刑罚执行机关，它的基本职能是惩罚和改造罪犯，把罪犯改造成为守法公民。监狱的惩罚职能是指依法剥夺罪犯的人身自由，剥夺或限制他们行使某些权利，强迫他们遵守法律、法规和监狱纪律。强制他们从事劳动和接受教育改造。监狱通过公正执法、惩罚罪犯，维护社会稳定和公平正义，保障广大人民群众的合法权益，为构建和谐社会创造良好的法制环境。监狱的改造职能是指通过执行刑罚，改造罪犯的思想意识，矫正恶习，使其养成劳动习惯，学会生产技能，使罪犯能够顺利回归社会。新中国成立以来，我国的罪犯重新犯罪率一直保持在较低水平，形成了独具中国特色的监狱行刑制度，为预防和减少犯罪发挥了重要的作用，为构建和谐社会做出了自己的贡献。①

二是为国家的社会主义现代化建设输送了大批劳动力和特殊人才。自新中国成立以来，我国监狱把数以千万计的罪犯改造成为守法公民和自食其力的劳动者。他们不仅是体能较好、组织性、纪律性较强的劳动力大军，还是一支特殊的人才队伍。他们多数人在监内获得了技术等级证书，很多人都有一技之长。有的擅长搞汽车修理，辽宁锦州监狱有的罪犯仅凭跑车的声音就能判断出汽车哪儿出了毛病，人还没出监就有几个单位排队

① 王怀远：《沿着中国特色社会主义道路前进》，中共中央党校出版社 2012 年版，第 1-6 页。

等着要人。有很多服刑人员在改造期间搞了许多技术革新和发明创造，如大贪污犯王灿文在监改造期间和特赦后设计生产出很多新产品，设计生产的我国第一台电子轰击炉，赶上了世界先进水平，受到了毛主席和周总理的称赞。有的刻苦学习，长于思考，不少人在监狱改造期间写出了长篇著作；有的思维敏捷，长于管理，有不少人在回归社会后，当上了企业厂长、工程师、经理，当上了先进工作者和劳模；有的身手敏捷，长于操作，成了专业人才等，可以说人才济济。这些人回归社会以后，将要充分发挥自己的专长，从事各行各业的创业活动，以自己的辛勤劳动为祖国的现代化建设贡献力量。这是一种极其可贵的特殊人力资源。

三是监狱企业生产的产品丰富了国内市场。监狱企业是监狱的重要组成部分，监狱企业的生产劳动是改造罪犯的重要手段，监狱企业创造的利润支援了国家的经济建设，弥补了监狱经费的不足。监狱企业根据国家计划和市场需要，不断调整产业结构，在 20 世纪 50 年代初期，监狱生产以农业、手工业为主，兼营矿业、窑业和水利、铁路等建设工程项目；到 20 世纪 80 年代，已经形成以工业为主的工、贸、农三结合的监狱经济体系，工业企业门类齐全，包括电子、化工、轻纺、机械、汽车、矿产、冶金、建材等多个行业领域；到 1998 年年底，监狱工业已形成 200 多个行业，产品达到 5000 余种；监狱农场土地面积已达 70 万公顷，涉及农、林、牧、副、渔、工等多种门类；监狱系统企业资产达 427.4 亿元，监管改造资产达到 145.4 亿元。21 世纪初，监狱实行政企分开的体制改革后，给监狱企业注入了新的活力，监狱企业生产的产品更趋多样化，既具有市场竞争优势的现代化产品，更有众多的劳动加工产品。不同历史时期监狱企业生产的产品，为社会企业提供了大量的生产资料，为广大民众提供了大量的日常生活用品，丰富了国内市场，满足了人们的生产生活需要。

## 二、对罪犯发展变化的评价

罪犯从入监到出监总是处在发展变化之中的，不是变好就是变坏，没有绝对不变的。他们的发展变化主要有以下几种：违法犯罪、消极改造、积极改恶从善、刑满释放回归社会等。对罪犯的发展变化评价主要有以下几种。

(一) 对罪犯犯罪行为的评价

罪犯犯罪行为是指已然的犯罪行为和服刑期间故意犯罪的情况。这些犯罪行为严重地危害国家安全和公共安全，破坏社会主义市场经济秩序，侵犯公民人身权利、民主权利，侵犯公私财产，妨害社会管理秩序，危害国防利益和监狱安全，严重地损害了国家和人民群众的根本利益，这是法律所不允许的，理所当然地应该受到国家和人民群众的否定评价。这种否定评价的法律表现形式，就是对罪犯进行刑事处罚，包括死刑、无期徒刑和有期徒刑、拘役和管制。对判处有期徒刑以上刑期收入监内改造的罪犯，依法剥夺其人身自由，剥夺或限制他们行使某些权利，强迫他们遵守法律、法规和监管纪律，强制他们从事劳动和接受教育改造。这既是维护社会稳定和公平正义的需要，也是改造他们成为新人，防止他们重新犯罪的需要。这种否定评价，既昭示了法律的尊严，也昭示了国家意志，警告罪犯必须认真矫正犯罪思想和犯罪恶习，与犯罪行为彻底决裂，如果公然挑战法律重新犯罪，必将受到法律更加严厉的制裁。

(二) 对罪犯消极改造表现的评价

消极改造是指罪犯在改造过程中有消极改造心理，主要表现为消极苦闷、自由散漫、不思进取、大错不犯、小错不断、怨恨抵触、混刑度日等。罪犯消极改造的实质是不改造自身的犯罪倾向，具有再犯罪的危险性。罪犯的这种状态不利于罪犯自身的改造，不利于社会稳定和社会主义和谐社会的建设，不利于巩固和发展改革开放以来所开创的大好局面。对罪犯的这种状态，国家理所当然地要给予否定评价。这种否定评价法律的具体表现形式就是，批评其错误的改造态度，对其进行法制、道德、形势、政策、前途等内容的针对性思想教育；对其严格要求、严格管理。同时对其微小进步都及时给予表扬、鼓励等肯定性评价，发掘其身上的“闪光点”，增强其改造信心，使其由消极改造转变为积极改造，实现重新做人的改造目标。

(三) 对罪犯积极改造的评价

积极改造是指罪犯在刑罚执行过程中认罪服法，转变犯罪的思想观念，矫正恶习，积极改造的主观意愿和行为表现。这种表现有利于罪犯否定旧我、重塑新我，逐步实现把自己改造成守法公民的改造目标；有利于社会稳定和社会发展，有利于社会主义现代化建设和提高人民大众的福祉；有利于国家安全、公共安全和人民群众生命财产安全；有利于践行社会主义核心价值观和促进社会主义精神文明建设。因此，国家对罪犯改恶从善的表现给予赞扬、鼓励、支持等肯定评价。这种评价的法律表现形式是对罪犯改恶从善表现实行鼓励和奖励政策。我国《监狱法》第 29 条规定，被判处无期徒刑、有期徒刑的罪犯，在服刑期间确有悔改或者立功表现的；根据监狱考核的结果，可以减刑。《监狱法》第 57 条规定，罪犯有下列情况之一的，监狱可以给予表扬、物质奖励或者记功：（1）遵守监规纪律，努力学习，积极劳动，有认罪服法表现的；（2）阻止违法犯罪活动的；（3）超额完成生产任务的；（4）节约原材料或者爱护公物，有成绩的；（5）进行技术革新或者传授生产技术，有一定成效的；（6）在防止或者消除灾害事故中作出一定贡献的；（7）对国家和社会有其他贡献的。这些条文所要表达的是国家对罪犯积极改造的鼓励和期待，是对罪犯的人文关怀。

（四）对罪犯回归社会的评价

回归社会是指罪犯在监狱经过几年、十几年或二十来年的教育改造，刑满后融入社会的状况。据多次典型调查结果显示，大多数人已经树立了正确的人生目标，掌握了一定的生活生产技能，能依靠自己的诚实劳动获得稳定的经济收入，能遵守社会规范，承担社会义务，已经成为合格的社会成员。他们的这种状态有利于社会稳定，有利于国家现代化建设，有利于弘扬以爱国主义为核心的民族精神，有利于刑罚执行机关职能作用的发挥。对刑释人员回归社会后这种状态，国家和社会给予支持、鼓励、帮教、救济、保护、管理等多种形式的肯定评价。

1. 支持评价，主要是指国家和社会对刑释人员回归社会立志做自食其力的守法公民的态度给予积极支持。国家支持主要表现在政策支持和法律支持两个方面。所谓政策支持是指在刑释人员安置就业日益走向市场化的情况下，为了使有劳动能力的刑释人员有业可就，国家出台相关政策，对安置刑释人员就业人数达到一定比例的企事业、服务业单位给予减免税优惠政策，对从事个体经营的刑释人员给予多项政策扶持。所谓法律支持是指刑释人员就业、帮教、救济、保护、管理等方面，健全法制。国家应该早日出台《刑释人员回归社会保障法》，该法律对刑释人员的就业、鼓励、帮教、救济、保护、管理等明确责任主体、任务要求、奖励办法、运行机制、实施细则等，以规范刑释人员回归社会工作。另外还有社会支持，是指社会对刑释人员回归社会工作给予多方面的支持，引导有安置就业能力的企事业、服务业单位，积极安置刑释人员就业，为维护社会稳定做贡献。

2. 鼓励评价，主要是指国家和社会对刑释人员回归社会后表现良好，对国家和社会做出较大贡献的人员给予表彰和奖励，以资鼓励。

3. 帮教评价，是指社会和广大民众对刑释人员这种特定对象给予关心、帮助和教育，使他们健康地走上新的人生道路。[①] 大多数刑释人员经过多年的改造已经树立了正确的人生目标，回归社会后立志重新做人，渴望新的生活。但由于他们的改造成果需要有一个巩固过程，对社会生活也需要一个适应的过程。他们的积极表现需要得到社会的认可，他们遇到的一些实际困难需要家人和社会帮助解决；他们一时不被社会接纳、需要沟通和等待等，都需要社会帮助、教育和引导，帮助他们尽快融入社会。

4. 救济评价，是指国家和社会对刑释人员回归社会后遇到个人不可克服的困难时，给予经济和物资上的援助和救护。这主要是指三种人员，一是指失去劳动能力又无人赡养的老弱病残刑释人员；二是一些无家可归、无业可就、无生活来源的刑释人员；三是由于一定时期内得不到就业，出现暂时经济困难的刑释人员。对这些人国家和社会都应根据他们个人的不同情况及时给予救济。对于需要养起来的人员，要妥善安排。有安置条件的，安置到养老院，无安置条件的，应由民政部门、乡镇、街道、村委会或社区给予定期救济。对于符合社会低保标准的刑释人员，应及时办理低保手续，享受低保待遇。对于刚回归社会等待就业又无生活来源的，应及时给予救济。这些救济义务应由谁来承担，国家需要通过建立健全法制作出明确规定。

5. 保护评价，是指刑释人员的就学就读权、婚姻家庭关系权、人格尊

---

① 相世光、许恒笑：《刑满释放人员回归社会问题专论》，社会科学文献出版社 1995 年版，第 113 页。

严权等权益受国家和社会保护，侵权者违法。就学就读权，是指原系在校学生，刑满释放后，凡符合学龄规定、现实表现好并经考试合格的，应当允许他们复学；对具有相应学历或同等学力的，可按规定申请报考高等院校、中等专业学校、各类职业学校或业余学校。凡现实表现很好，体检合格，考试成绩又达到规定标准的，应当予以录取，不得歧视。[①] 婚姻家庭关系权，是指刑释人员的恋爱、婚姻、建立家庭权受法律保护。人格尊严权，是指刑释人员的人格尊严受法律保护。我国宪法明确规定公民人格尊严不受侵犯，禁止用任何方法对公民进行侮辱、诽谤和诬告陷害。刑释人员由于受过刑罚，在人生道路上受过挫折，有过污点，他们回归社会后容易“遭到白眼”，受到社会歧视。因此，国家和社会应特别重视对国民进行“重在表现”的政策教育，多宣传、表彰刑释人员回归社会后为国家现代化建设和公益事业做出突出贡献的有功人员，消除人们对刑释人员的误解和歧视，加强对刑释人员的社会舆论保护，以利于他们更快地融入社会，成为社会主义大家庭中的一员。

6. 管理评价，是指对刑释人员回归社会后的就业、帮教、救济、保护等活动进行组织、领导、协调、沟通、调节、控制等管理工作。在社会主义市场经济条件下，此项管理应实行由政府部门牵头，社会组织广泛参与，街道、村委会或社区履行基层管理的社会化管理模式。此种管理模式经过多年的研究探索是行之有效的，但需要通过立法途径加以确认。

以上就是国家和社会对大多数刑释人员回归社会后能认真吸取过去犯罪的沉痛教训，遵守社会规范，做自食其力的守法公民的表现给予肯定评价的种种具体表达。对于少数刑释人员回归社会后又重新犯罪的评价，与前面罪犯犯罪行为的评价相同，这里不再赘述。

对罪犯存在及其各种发展形态的评价，核心是如何正确评价罪犯改恶从善的积极表现问题。如果罪犯改恶从善的积极表现能得到正确评价，将会促使那些消极改造的罪犯逐步消除消极心理，转化为积极改造；使那些不思悔改的罪犯看到希望，进而逐步转化为积极改造。因此，我国应实行引导、支持、奖励罪犯积极改造、改恶从善的行为。

---

① 相世光、许恒笑：《刑满释放人员回归社会问题专论》，社会科学文献出版社 1995 年版，第 113-114 页。

# 第三节　正确对待罪犯

对待的含义是指以某种态度加之于人或事物,[①] 对待罪犯是指对罪犯的态度，对待罪犯的主要主体是国家。国家对待罪犯的态度主要以“对待罪犯的政策”来表达。中国新旧社会对待犯罪的政策有天壤之别。在中国的奴隶社会和封建社会，反动的统治阶级为了维护自己的反动统治，不把罪犯当人看，对罪犯实行镇压和肉体摧残的惩罚主义政策。结果事与愿违，不仅没有减少犯罪，反而使犯罪活动更加猛烈。新中国成立后，在中国共产党的领导之下，对罪犯实行了一系列教育人、改造人的政策，把绝大多数罪犯改造成为不违法犯罪、自食其力的新人，有效地预防和减少了犯罪，赢得世界赞誉。

新中国对罪犯实行的政策，主要有以下几类。

## 一、对罪犯实行的总政策

总政策是宏观政策，是带有全局性、根本性，并决定对待罪犯基本方向的政策。

新中国成立后，对罪犯一直实行教育人、改造人的总政策。这个总政策通常表述为罪犯改造方针。在新中国成立初期罪犯改造方针表述为“三个为了”方针，即为了改造他们，为了解决监狱的困难，为了不让判处徒刑的反革命分子坐吃闲饭。这个方针虽然没有在法律法规或中央文件中明确作出规定，但实际上对新中国成立初期的我国监狱工作起到了指导方针的作用。

1954 年 9 月，中华人民共和国政务院颁布了《劳动改造条例》，其第 4 条规定：“劳动改造机关对一切反革命犯和其他刑事犯所实行的劳动改造，应当贯彻惩罚管制与思想改造相结合，劳动生产与政治教育相结合的方针。”这是新中国在监狱立法中第一次明确规定了监狱工作方针，这个方针为我国监狱工作沿着正确道路前进，为实现把罪犯改造成为新人的目

① 路丽梅：《新编汉语辞海》，光明日报出版社 2015 年版，第 337 页。

标指明了方向。这个方针简称“两个结合”方针。其中“惩罚管制与思想改造相结合”是指我国监狱对罪犯的刑罚执行是以改造为目的，监狱在刑罚执行过程中不仅对罪犯实施惩罚管制，而且要对罪犯进行思想改造，通过思想改造转变罪犯的犯罪思想观念，使其回归社会后不再重新犯罪。“劳动生产与政治教育相结合”，是指监狱在组织罪犯从事生产劳动过程中，要结合进行政治思想教育，使罪犯通过劳动生产真正体会劳动的意义和价值，矫正其不劳而获的思想观念和厌恶劳动的恶习，增强劳动人民思想感情，养成良好的劳动习惯，并学得一技之长。

1964年8月，中共中央批转的《第六次全国劳动改造工作会议纪要》中指出：“劳改工作必须执行改造与生产相结合，改造第一、生产第二的方针。”从1956年开始，我国监狱工作进入了全面发展阶段，随着《劳动改造条例》及其配套的规范性文件的贯彻实施，监狱的管理体制已经确立，监狱的生产劳动项目已经固定，惩罚与改造罪犯取得了重大成就，不仅充分发挥了劳动改造的作用，而且为国家和社会创造了一定的社会财富。但与此同时，由于一些监狱人民警察对我国监狱的宗旨认识不足，对“两个结合”方针贯彻执行不力，出现了“重生产，轻改造”的偏向，一些监狱把是否赚钱放在了第一位，生产指标过高，劳动强度过大。这种重视生产，轻视改造的问题，引起了党和国家的高度重视。为此，我国于1956年7月召开了第六次全国劳动改造罪犯工作会议，集中讨论如何解决“重生产，轻改造”的倾向问题，通过中央批转的《第六次劳动改造罪犯工作会议纪要》（以下简称《纪要》）确定了“改造与生产相结合，改造第一、生产第二”的方针，简称“改造第一、生产第二”的方针。这个方针的内涵，中共中央对《纪要》的批示中作了明确的阐述，指出：“劳改工作，要在劳动中实现，但必须以人的改造为主，不能以单纯完成生产任务为主，生产工作要服从于人的改造工作。只重物，不重人，不认真做人的改造工作是错误的。必须切实纠正重生产轻改造的倾向，切实做好改造工作，把绝大多数犯罪分子改造成为自食其力的新人。”

1978年党的十一届三中全会以后，我国进入了新的历史时期，党的工作着重点已经转移到四化建设上来，阶级斗争已经不是主要矛盾，但由于国内的因素和国际的影响，阶级斗争还将在一定范围内长期存在，在一定条件下还可能激化。违法犯罪问题也会长期存在。在这种新形势下，监狱工作出现了一些新的情况，20 世纪 70 年代末 80 年代初，罪犯的构成发生了很大变化，一是反革命犯少了，绝大多数都是普通刑事犯。二是绝大多数都是劳动人民家庭出身。三是年轻的多，新入监的罪犯，年龄在 30 岁以下的占 80%。进入 90 年代以来罪犯构成又发生了一些新的变化，最突出的是侵犯财产型犯罪已经成为主要犯罪类型，一些新的犯罪类型逐渐增多，如计算机犯罪、黑社会性质犯罪、跨国犯罪等类型。随着罪犯构成的变化以及罪犯思想、心理、行为特征的变化，增大了监狱惩罚和改造罪犯的难度。在这种形势下，国务院发布的相关文件明确指出了监狱工作要坚持“惩罚与改造相结合，以改造人为宗旨”的方针。这一方针强调与突出了监狱的根本任务与根本职能，为理顺监狱工作关系，提高罪犯改造质量，提高监狱工作的整体水平指明了方向，意义非常重大。

“惩罚与改造相结合，以改造人为宗旨”的监狱工作方针，是由“惩罚与改造相结合”和“以改造人为宗旨”两部分构成，“惩罚与改造相结合”是监狱执行刑罚的全部内容，是实现监狱“以改造人为宗旨”的根本途径。“惩罚与改造相结合”中，在惩罚罪犯方面，要求监狱依法对罪犯实施监禁，剥夺其人身自由，使其与社会隔离，并强制罪犯遵守《监狱法》及其他法规，履行法定义务；对于违反《监狱法》及其他法规、纪律和拒绝履行法定义务的罪犯，依法严惩。惩罚罪犯体现了刑罚的内在属性，为罪犯接受改造提供了前提和保证。在“惩罚与改造相结合”中，在改造罪犯方面，要求监狱运用管理、劳动、教育等各种手段依法对罪犯实施改造，促其转变思想观念、矫正心理心态，矫正犯罪恶习。改造是在惩罚的前提下进行的，其目的是将罪犯转变成为守法公民。正确贯彻实施“惩罚与改造相结合”，必须处理好惩罚与改造之间的辩证关系。①

“以改造人为宗旨”是对监狱工作的总体性要求，是处理监狱各项工作关系的准则。“惩罚与改造相结合”与“以改造人为宗旨”有机结合起来，构成了监狱工作方针，这个工作方针明确了监狱的根本职能是惩罚和改造罪犯，监狱工作要以改造人为根本宗旨。这个工作方针为纯化监狱职

① 王志亮、黄新明：《中国监狱行刑政策原理》，法律出版社 2015 年版，第 90-91 页。

能，集中精力、集中人力、集中监狱一切资源，认真做好惩罚和改造罪犯工作，提高罪犯改造质量，指明了方向。

尽管不同历史时期监狱工作方针的表述有所不同，强调的侧重点也有所不同，但不同历史时期的监狱工作方针中教育人、改造人的指导思想却是一贯的。由此可见，教育人、改造人的政策，是我们国家对待罪犯的总政策。

## 二、对罪犯实行的基本政策

基本政策是指重要的政策，是在某个方面、某个领域的政策，属于中观政策。在对犯罪实行政策系统中，属中间层次，低于总政策，高于具体政策。对罪犯实行的基本政策有以下几种。

### （一）给出路、给希望的政策

这是指在政治上要给罪犯以希望和出路，使他们感到有希望、有奔头；在生活上要做出恰当安排，要给予生活保障，使他们得到一定的处遇，并维护他们没有被法律剥夺的各项基本权利。

### （二）人道主义政策

这是指实行爱护罪犯的生命，尊重罪犯的人格，维护罪犯未被法律剥夺的各项权利的政策。对罪犯实行人道主义政策是我国的一贯政策。早在第二次国内革命战争时期工农民主政府建立的监所，就坚决废止肉刑，对罪犯实行革命人道主义政策，禁止对犯人的一切不人道待遇。20 世纪 50 年代初期当时战犯管理所的工作人员的伙食都是以粗粮为主，但是日本战犯吃不了高粱米，经周总理批准，按照日本民族吃粮习惯，给日本战犯吃大米，不吃粗粮。在 20 世纪 60 年代初，经济困难时期我们的劳改队和监狱贯彻革命人道主义政策，千方百计地让犯人吃饱饭，并要求罪犯的伙食要做到“熟、热、细（做工要细）、净（卫生）”，保障罪犯的身体健康。进入新的历史时期，国家以法律形式规定对罪犯要实行人道主义政策，我国《监狱法》第 7 条第 1 款规定了罪犯应享有的基本人权；第 21 条至第 24 条规定罪犯享有申诉权、控告权和检举权；第 47 条至第 49 条规定罪犯享有通信权、会见权和接受物品和钱款权；第 35 条至第 38 条规定刑满释放人员享有就业权、救济权和依法享有与其他公民平等的权利。这些规定充分体现了对罪犯的人道主义政策。

（三）教育感化政策

中国政府对罪犯教育一直强调要“晓之以理，动之以情”，对罪犯实行教育感化政策。1931 年 11 月中华苏维埃共和国成立，1934 年 1 月，毛泽东《在第二次全国苏维埃代表大会的报告》中指出，“苏维埃的监狱对死刑以外的罪犯是采取感化主义，即是用共产主义的精神和劳动纪律去教育犯人，改变犯人犯罪的本质。而国民党监狱则是纯粹的封建野蛮的虐杀，法西斯的酷刑，劳动群众与革命者的人间地狱”。中华苏维埃共和国成立后，通过立法统一确定了工农民主政权的监所设置，主要有看守所、劳动感化院、监狱、苦工队等组织机构。劳动感化院是徒刑执行机关，是教育改造判处长期监禁犯人的主要场所。在《中华苏维埃共和国司法人民委员部对裁判机关工作的指示》中指出，“对于劳动感化院的工作，特别要注意生产与感化”“感化犯人的工作，是劳动感化院的主要部分。”工农民主政府的监所利用多种形式对犯人进行教育，如上政治课，进行思想教育讲话和个别谈话，组织识字班、读报班、出墙报，以及其他有教育意义的活动。[1]

1954 年政务院颁布的《中华人民共和国劳动改造条例》中很多条款都体现了对罪犯实行教育感化的政策，该《条例》第 5 条规定，“劳动改造机关对于一切反革命犯和其他刑事犯，在监管期间应当施行严格管制，不许麻痹松懈，严禁虐待、肉刑”；第 25 条规定，“劳动改造必须同政治思想教育相结合，使强迫劳动逐渐接近自愿劳动，从而达到改造犯人成为新人的目的”；第 26 条规定，“对犯人应当经常地有计划地采取集体上课、个别谈话、指定学习文件、组织讨论等方式，进行认罪守法教育、政治时事教育，劳动生产教育和文化教育，以揭发犯罪本质，消灭犯罪思想，树立新的道德观念”；第 53 条第 1 款规定，“劳动改造机关应当按照本单位的大小设置医务所、医院等医疗机构，并且应当有必要的医疗设备；但是犯人不多的县（市）看守所，可以委托县立医院代为医疗”。其第 2 款规

① 杨习梅：《中国监狱史》，法律出版社 2016 年版，第 247 页。

定："对犯人必须经常注意进行洗澡、理发、洗衣、消毒、防疫等清洁卫生事宜。"

1981 年中共中央办公厅，国务院办公厅转发的《第八次全国劳改工作会议纪要》提出对罪犯实行"教育感化挽救的政策方法"，指出："采取正确的政策方法，实行惩罚管制与思想改造相结合，劳动生产与政治文化技术教育相结合，严格管理与教育感化挽救相结合。采取单纯惩罚和不给出路的办法是改造不好罪犯的。"公安部把"教育感化挽救"这一政策方法写入了监狱法规当中，1982 年公安部制定的《监狱、劳改队工作细则》（试行）第 4 条规定："对犯人的管理教育，要耐心细致地做好教育、感化、挽救的工作。"自此之后，各地监狱都在认真贯彻执行教育感化挽救的政策方法。

（四）区别对待、分级处遇的政策

对罪犯实行区别对待的政策是我们国家的一贯政策。1962 年制定的《劳动改造管教队工作细则》（试行）第 12 条规定："劳改队应当根据以下原则对各类不同犯人实行分别编队、分别管押、区别对待。"

1. 反革命犯和重大刑事犯集中单独编队。对他们实行严格的军事管制，出工要有警戒，通信要检查，接见家属要监督。

2. 人民内部犯法分子单独编队。对他们的改造以教育说服为主；监管上应当比反革命分子宽一些；通信一般不检查；接见家属一般不监督……表现好的，家有婚丧或其他大事，经过支队批准，可以取保回家处理。

3. 对特殊身份的罪犯单独编队。原来是区长一级以上干部、高级知识分子、统战对象的罪犯，要集中起来单独编队……在劳动上和生活上给予适当照顾。

4. 女性罪犯单独编队。对女犯应当单独编队，由女看守员监管，并根据她们的生理特点，在劳动上、生活上给予适当照顾。

5. 对少数民族罪犯单独编队。对少数民族罪犯，在生活上应当照顾他们的风俗习惯，人数多的可以单独编队。

6. 对抗拒改造的罪犯，要加强管制。对少数坚持反动立场、抗拒改造的罪犯，支队可设集训队，进行集训。集训中要加强管制，严防逃跑破坏。确有悔改表现的，送回原队管押。

1982年制定的《监狱、劳改队管教工作细则》中第37条规定了对不同类型罪犯进行分别编队，分管分教，区别对待。第39条至第41条规定了对不同类型的罪犯给予不同的处遇。第101条规定对罪犯的教育改造应当贯彻因人施教和以理服人的原则。

1994年颁布的《监狱法》第39条第2款规定了根据罪犯的犯罪类型、刑罚种类、刑期、改造表现等情况，对罪犯实行分别关押，采取不同形式监管；第61条规定了教育改造罪犯，实行因人施教、分类教育、以理服人的原则。

分级处遇政策问题。自20世纪80年代末90年代初司法部监狱局在上海白茅岭监狱搞罪犯分类管理分级处遇试点以来，分类管理、分级处遇的政策原则，逐步健全、完善，现在全国监狱已普遍实行。

## 三、对罪犯实行的具体政策

对罪犯实行的具体政策属微观政策，是贯彻落实总政策的具体政策，处于对罪犯实行政策系统的底层。其特点是比较具体、易操作。自新中国成立以来，我国对罪犯实行的具体政策，可以概括为鼓励罪犯积极改造的惩恶扬善政策。

1994年颁布、2012年修订的《中华人民共和国监狱法》第57条规定，“罪犯有下列情形之一的，监狱可以给予表扬、物质奖励或者记功”：

1. 遵守监规纪律，努力学习，积极劳动，有认罪服法表现的；
2. 阻止违法犯罪活动的；
3. 超额完成生产任务的；
4. 节约原材料或者爱护公物，有成绩的；
5. 进行技术革新或者传授生产技术，有一定成效的；
6. 在防止或者消除灾害事故中作出一定贡献的；
7. 对国家和社会有其他贡献的。

被判处有期徒刑的罪犯有前款所列情形之一，执行原判刑期二分之一以上，在服刑期间一贯表现好，离开监狱不致再危害社会的，监狱可以根据情况准其离监探亲。

《监狱法》第58条规定，罪犯有聚众哄闹监狱，扰乱正常秩序的；辱骂或者殴打人民警察的；欺压其他罪犯的；偷窃、赌博、打架斗殴、寻衅滋事的；有劳动能力拒不参加劳动或者有意破坏生产工具等情况的，监狱可以给予警告、记过或者禁闭。

这些规定体现了鼓励罪犯积极改造的惩恶扬善政策。

## 第四节 罪犯观的理论根据

罪犯观研究的理论根据是辩证唯物主义、犯罪学、刑法学、人学、心理学、生理学等理论。对此，本节不作展开讨论，仅就科学认识罪犯中的几个问题说明其理论根据。

### 一、罪犯具有“人的特性论”的理论根据

人的本质特性问题，人们进行了长期探讨。东西方学者做出了许多不同的回答，如，“人是善与恶的混合物”“人是一个有思想的生物”“人是一个理性存在者”“人是由身体和精神合成的实体”，还有“性善论”“性恶论”“性无善无不善论”等，众说纷纭。直到马克思主义诞生以后，这个问题才有了正确答案。马克思在《1844 年经济学哲学手稿》中指出：“一个种的全部特征、种的类特征就在于生命活动的性质，人的类特征恰恰就是自由的自觉的活动。”人学专家解读：在这里马克思强调“劳动是人的类特征”，劳动是人区别于动物的本质特征。动物的“生产”是“盲目”“本能”的，而人的生产劳动的性质为“自由”“自觉”的活动。自由的活动主要体现在人的活动的自主性和选择性；自觉的活动主要体现在活动的目的性、计划性。[①] 马克思于 1845 年在《关于费尔巴哈的提纲》中指出：“费尔巴哈把宗教的本质归结于人的本质。但是，人的本质不是单个人所固有的抽象物，在其现实性上，它是一切社会关系的总和。”人学专家对这段话的解读是：这个命题可以看作是马克思对个体的人本质的揭示。对此，我们可以从四个方面来理解：一是人的本质不是单个人天生就具有的东西，也不是从所有的个体的人身上抽象出来的共同性。现实的人

① 欧顺军：《人学概论》，岳麓书社 2011 年版，第 149 页。

总是处在特定的社会关系中，同时又是这种社会关系的承担者。二是人的本质不在于与其他动物共同的自然属性，而在于与其他动物不同的社会属性。不仅人与动物的区别在于社会性，人类自身的区别，也只是在于人的社会生活。三是人的本质不是社会关系的某一方面，而是全部社会关系。只有把人放在以生产关系为基础的各种社会关系中做综合考察，才能真正把握人的特殊品格。四是人的本质是具体的、历史的。人的本质是在人的活动历史中形成的，又处在历史的变化之中。不同的历史阶段、不同的社会形态人们的社会关系各不相同，由此决定了人的本质差别。社会关系的历史发展，直接影响着人的本质的发展变化，因而一种社会制度下人的本质，同另一种社会制度下人的本质，一代人的本质和另一代人的本质，并不是一成不变的。①

根据人类学专家的解读，马克思在上述前一个论断中指出，劳动是人的类特性，是人区别于动物的本质特性。在后一个论断中指出，个体的人的本质是一切社会关系的总和，是人的社会性。罪犯具有从事生产劳动的身体素质，而且在判刑之前绝大部分从事过劳动，有职业的从事过社会生产劳动，无职业的也从事过简单的家务劳动或个体劳动。罪犯入监后，除老弱病残者外都参加监狱组织的生产劳动或脑力劳动。因此，罪犯具有人类劳动的类本质特征。同时罪犯无论是入监前还是入监后都是生活在一定的社会关系之中，包括生产关系、民族关系、家庭关系、同伴关系，等等，他们的社会属性也是很明显的。罪犯既具有人的类特性，又具有个体的人的社会性，可见，罪犯是人是毫无疑义的。因此，马克思主义关于人的本质论是罪犯具有“人的特性论”的根据。

## 二、罪犯可改造论的理论依据

### （一）辩证唯物主义依据

辩证唯物主义认为，世界万物处在发展变化之中。世间万物包括人类，罪犯是人类当中的一部分，罪犯当然也处在发展变化之中。罪犯的发展变化存在着两种可能性，一种可能性是向好的方向转化，出狱后成为守

① 欧顺军：《人学概论》，岳麓书社 2011 年版，第 154 页。

法公民；另一种可能性是向坏的方向发展，出狱后继续违法犯罪。二者必居其一，不发展变化是不可能的。对立统一规律指出，事物或现象内部都存在着既互相依赖又互相排斥的对立面，这两个方面既统一又斗争；矛盾双方在一定条件下互相依存，共处一个统一体中，并在一定条件下互相转化。[①] 事物内部的这种矛盾性是事物发展变化的根本原因。罪犯在监狱关押改造期间始终存在着是继续走犯罪道路还是走改恶从善、重新做人道路的矛盾，即犯罪倾向和重新做人倾向的矛盾。矛盾的两个方面既统一又斗争。在我国对罪犯实行教育人、改造人政策的条件下，罪犯重新做人倾向能够战胜犯罪倾向，促使罪犯向好的方向转化，由犯罪之人转化为守法公民。由此可见，辩证唯物主义及其对立统一规律是罪犯观可改造论的根据。

（二）犯罪学依据

犯罪学提出了个人心理和行为可改变原理。该原理指出，犯罪并不是某些人与生俱来的天性，而是在后天的社会生活实践中受到某些不良因素的刺激或熏陶而形成的。在社会生活实践中形成的东西，也必然能够在社会实践中消除。据此，该原理明确指出，犯罪意识是可以改变的，犯罪习性是可以戒除的，犯罪人是可以改造的。[②] 该原理提出的“犯罪并不是某些人与生俱来的天性，而是在后天的社会生活实践中形成”的观点，既是罪犯可以改造的根据，更是罪犯的犯罪意识、犯罪习性是可以改变的根据。这就从犯罪主体和犯罪原因两个层面上说明罪犯是可以改造的，立论更充分、更可靠。

（三）生理学依据

俄国著名的生理学家巴甫洛夫创立的条件反射学说指出，反射分为两类：机体生来具有的，对保存生命具有根本意义的反射称作无条件反射；而机体在无条件反射的基础上，后天习得的反射则称作条件反射，它是通过大脑皮质建立暂时神经联系来实现的。巴甫洛夫认为，人和动物的心理活动，包括人的一切智慧行为和随意运动，都是在无条件反射基础上形成

① 冯锲：《哲学大辞典》，上海辞书出版社 2007 年版，第 84 页。
② 许章润：《犯罪学》（第二版），法律出版社 2004 年版，第 385 页。

的条件反射。[1] 条件反射形成的暂时神经联系具有可塑性，可以随外界环境、刺激的变化而变化。

罪犯犯罪的思想意识和犯罪习性不是生来俱有的，而是后天习得的条件反射，它在大脑中建立的神经联系是暂时的神经联系，是可变的。它将随着监内改造环境中遏制犯罪因素不断强化、致罪因素不断弱化而逐渐消退。这是罪犯可改造论的生理学根据。

### （四）犯罪心理学的依据

犯罪心理学中犯罪心理结构可变性理论指出，犯罪心理结构不是静止不变的，它具有可变性。这种可变性取决于主体对内外环境的依赖性和应变性。由于犯罪主体犯罪需求的变化以及客观环境的变化，犯罪心理结构必须做出相应的调整，以适应这种变化。[2] 按照这个特点，当罪犯的犯罪行为被揭露、受到惩罚，通过强制性改造并积极引导罪犯自我改造，使犯罪心理结构解体，原有的社会心理缺陷就会得到矫治或部分矫治。这就是罪犯可改造论的犯罪心理学根据。

## 三、罪犯需要改造论的理论依据

刑法学中人身危险性的概念是随着刑事实证学派的崛起而产生的，是建立在“应当惩罚不是行为，而是行为人”这样一个命题之上的。1910 年，国际刑法学家联合会的创始人之一、社会思想学派的拥护者普林斯指出：“这样一来，我们便把以前没有弄清楚的一个概念，即犯罪人的社会危险状态的概念，提到了首要地位，用危险状态代替了被禁止的一定行为的专有概念。换句话说，孤立的来看，所犯的罪行可能比犯这种罪的主体的危险性小。如果不注意主体固有的特性，而对犯这种违法行为的人加以惩罚，就可能是完全虚妄的方法。”这里所谓“犯罪人的社会危险状态”就是指人身危险性。[3] 人身危险性，作为犯罪人的人身特征，西方学者往往理解为某种犯罪性。如意大利的刑法学家加罗伐

① 朱志贤：《心理学大辞典》，北京师范大学出版社 1989 年版，第 12 页。
② 罗大华、马皑：《犯罪心理学》，中国人民大学出版社 2012 年版，第 351 页。
③ 陈兴良：《刑法哲学》，中国政法大学出版社 1997 年版，第 136–137 页。

洛就把这种危险状态视为某人变化无常的、内心所固有的犯罪倾向。再如意大利社会学家、犯罪学家恩里科·菲利认为，“说一个人是天生犯罪人，是指他具有某种天生的退化现象，使其倾向于犯罪”。[①] 中国刑法学界一般把人身危险性界定为再犯可能性，有的学者指出“所谓人身危险性，指的是犯罪人的存在对社会所构成的威胁，即其再犯的可能性”。有的学者进一步指出：“什么是犯罪人的人身危险？一般来说，就是指犯罪人再次犯罪的可能性（即再犯可能性），它所表现的是犯罪人主观上的反社会性格或危险倾向。”[②] 由此可见，犯罪人的人身危险性，是犯罪人的人身特征，是指犯罪人再次犯罪的可能性。罪犯由于具有这种再次犯罪的可能性，即具有犯罪人主观上的反社会性格或危险性，所以必须对罪犯进行改造。因此刑法学提出的犯罪人具有“人身危险性”的科学论断就是罪犯需要改造论的根据。

## 四、罪犯改造目标论的理论依据

辩证唯物主义实践观指出，实践是人类有目的地改造世界的感性物质活动，是对人类自身社会历史活动本质的概括。在阶级社会中阶级斗争、科学实验是实践，教育、管理、艺术等一切同客观世界相接触的人的有目的的活动，都是实践。[③] 罪犯改造属于教育管理活动，是人类认识世界和改造世界活动的组成部分，理所当然的是实践。而任何一种实践活动都是人类有目的地改造世界的活动，因而罪犯改造实践活动同样是有目的的活动。这个活动的目的就是实现罪犯改造目标。因此，辩证唯物主义实践观是确立罪犯改造目标的根据。

## 五、罪犯自我改造主体论的理论依据

辩证唯物主义认为，主体是指实践活动和认识活动的承担者，主体是人。[④] 从这个概念中可以看出，主体是在实践中形成和发展的，有什么样

---

① 陈兴良：《刑法哲学》，中国政法大学出版社 1997 年版，第 137 页。
② 陈兴良：《刑法哲学》，中国政法大学出版社 1997 年版，第 139 页。
③ 冯锲：《哲学大词典》，上海辞书出版社 2007 年版，第 47 页。
④ 冯锲：《哲学大词典》，上海辞书出版社 2007 年版，第 47 页。

的实践活动就形成什么样的主体。罪犯改造活动是社会实践活动，罪犯改造社会实践活动的承担者是什么人，罪犯改造社会实践活动的主体就是什么人。罪犯改造社会实践活动有两种形态，一种是强制改造，另一种是罪犯自我改造。罪犯强制改造实践活动的承担者是监狱及其民警，监狱及其民警就是罪犯强制改造实践活动的主体。同理，罪犯自我改造实践活动的承担者是罪犯，罪犯就是其自我改造实践活动的主体。因此，辩证唯物主义的主体概念理论是罪犯自我改造主体论的根据。

## 六、罪犯改造客体论的理论依据

客体与主体是相对应的概念。辩证唯物主义认为，客体是主体实践活动和认识活动的对象。从客体概念中我们可以看出，不同的实践活动就有不同的实践活动对象，某种实践活动的对象就是该种实践活动的客体。罪犯改造实践活动的对象是罪犯的“自我”。罪犯的“自我”所承载着的阻碍实现罪犯改造目标的各种消极因素，包括罪犯的抗拒改造、消极改造态度、不认罪不悔罪态度、个体致罪因素、个体人格品质缺陷、适应社会生活能力缺陷等，都是罪犯改造实践活动的对象，这些因素都是罪犯改造实践活动客体中需要改造的成分。所以，辩证唯物主义的客体概念就是罪犯改造客体论的根据。

## 七、罪犯改造手段综合论的理论依据

犯罪学在犯罪人矫治理论中指出，被执行自由刑的人一般都是犯有较重罪行、具有犯罪倾向的人。这种人改造难度较大，单一的改造手段和方法很难奏效。需要教育改造、劳动改造、犯罪习性矫正、犯罪心理矫治等多种改造手段综合运用；需要严格管理的方法、说服教育的方法、亲情关怀的方法、帮助解决实际困难的方法、开展监区文化的方法、宽严相济的方法、社会帮教的方法等多种行之有效的方法综合运用。综合运用多种改造手段和方法的理论根据，就是犯罪学指出的在监狱中关押改造的罪犯一般都是具有犯罪倾向、犯罪恶习较深的人。

## 八、罪犯个体改造与社会改造同步论的理论依据

犯罪学中刑罚预防理论指出，刑罚具有预防犯罪的功能，但是预防犯罪并不完全依靠刑罚。刑罚并不能消除犯罪产生的社会根源和经济根源，因而不可能从根本上预防和消除犯罪。特别是社会生活中大量存在着产生犯罪的基因时，刑罚对犯罪的预防功能便会大大削弱。[①] 中国监狱执行刑罚、教育改造罪犯的实践证明，罪犯在监狱改造的确存在着局限性。监狱改造罪犯只能围绕罪犯个体致罪因素进行改造，不涉及罪犯致罪的社会因素。只有深入开展社会改造，改革引发犯罪的宏观社会环境因素和微观社会环境因素，加强社会综合治理，才能有效地解决社会犯罪原因问题。而社会犯罪原因的消除或减少，不仅有利于刑释人员巩固监内改造成果，降低重新犯罪率，而且随着社会存在的改变必将促进监内押犯犯罪意识和犯罪习性的矫正，有利于监内押犯的改造。因此，刑罚预防功能局限性理论是罪犯个体改造与社会改造同步论的根据。

① 冯锲：《哲学大词典》，上海辞书出版社 2007 年版，第 30、43 页。

# 第二章　对罪犯观做出贡献的西方学者、理论家

对罪犯观做出贡献的西方学者中，威望比较高、影响比较大的主要有以下几位。

## 第一节　切萨雷·博尼萨纳·贝卡利亚

### 一、生平简介

切萨雷·博尼萨纳·贝卡利亚（1738—1794）是18世纪意大利著名的刑法学家，古典犯罪学派的创始人和最重要的代表人物。1738年3月15日出生于意大利米兰的一个贵族家庭，1794年11月28日因中风在米兰家中去世。他8岁进入帕尔玛的一所耶稣学校就读，在该校表现出对数理课程的天赋和非凡的想象力，被同学们称为“小牛顿”。8年后，进入帕维亚大学攻读法律专业，于1758年获得法学学士学位。毕业后回到米兰，与一些激进的自由主义思想家交往密切，参加了民主主义者、经济学家彼得罗·韦里组织的进步青年小团体“拳头社”。在该团体中和朋友们一起阅读和讨论卢梭、孟德斯鸠、伏尔泰、休谟等启蒙思想家的著作。拳头社的活动，对于贝卡利亚思想启蒙和视野的扩展都起到了十分重要的作用。

1764年，贝卡利亚的不朽名著《论犯罪与刑罚》出版了。这是人类历史上第一部专门系统阐述犯罪与刑法问题的著作。该书一经问世，立刻受到多方面的赞扬。著名法国启蒙思想家伏尔泰称赞“这本小书具有宝贵的精神价值……这样一部著作必定能清除在众多国家的法学理论中依然残存的野蛮内容”。法国百科全书派的思想家们盛情邀请他访问巴黎。俄国

女皇叶卡捷琳娜二世邀请他去俄国编撰新刑法典。《论犯罪与刑罚》一版再版，在18世纪末，该书的版本已经不下60种。1791年，贝卡利亚被任命为伦巴第刑事立法委员会的成员。在此职位上贝卡利亚撰写了《论警察》《论无期徒刑计划》《改善被判刑人员的命运》《论管教所》《对死刑的表态》等多部著作。①

## 二、对罪犯观研究的贡献

贝卡利亚在《论犯罪与刑罚》这部光辉著作中，虽然对罪犯是什么没有作专题论证，但在论证其他问题时，却对这个问题做了肯定性回答。

(一) 对罪犯进行了重要的界定

贝卡利亚指出："在法官判决之前，一个人是不能被称为罪犯的。只要还不能断定他已经侵犯了给予他公共保护的契约，社会就不能取消对他的公共保护。"

(二) 称罪犯为另一社会成员或同类

贝卡利亚指出："只有法律才能为罪犯规定刑罚。只有代表根据社会契约而联合起来的整个社会的立法者才拥有这一权威，任何司法官员（他是社会的一部分）都不能自命公正地对该社会的另一成员判处刑罚。""滥施极刑从来没有使人改恶从善……人们可以凭借怎样的权力来杀自己的同类呢？这当然不是造就君权和法律的那种权力。"②

(三) 称罪犯为犯罪公民

贝卡利亚指出，"超越法律限度的刑罚就不再是一种正义的刑罚。因此，任何一个司法官员都不得以热忱或以公共福利为借口，增加对犯罪公民的既定刑罚"。③

"从以上论述中，人们可以总结出一条颇为有益的公理……这条公理就是：为了不使刑罚成为某人或某些人对其他公民施加的暴行，从本质上来说，刑罚应该是公开的、及时的、必需的，在既定条件下尽量轻微的、

① 马克昌：《近代西方刑法学说史略》，中国检察出版社1999年版，第41页。
② ［意］贝卡利亚：《论犯罪与刑罚》，黄风译，法律出版社2005年版，第13页。
③ ［意］贝卡利亚：《论犯罪与刑罚》，黄风译，法律出版社2005年版，第13页。

同犯罪相对称的并由法律规定的”。

“因而，死刑并不是一种权力，我已经证明这是不可能的；而是一场国家同一个公民的战争，因为它认为消灭这个公民是必要的和有益的。”

“然而，一个人被驱逐并被从原来所属的社会永远开除出去之后，他的财产应该被剥夺吗？这个问题涉及不同的方面。剥夺财产是一种比驱逐更重的刑罚，应该根据犯罪的程度，分别给予剥夺全部、剥夺部分、不予剥夺三种不同的处置。剥夺全部财产应发生在法律所宣告的驱逐消灭了社会与犯罪公民间一切现存的关系的时候，他的公民身份已经丧失，只剩下一个单纯的人了，对于政治肌体来说，与自然死亡相同的效果应该产生。”

（四）称罪犯为犯人

贝卡利亚指出：“真相是否应该屈从于审判程式。只要已决犯的口供达不到阻止进程的地步，为什么不应为了解脱因冤屈而蒙受的苦难并为了真相的利益提供适当的机会，即使在定罪以后也应让犯人拿出一些足以改变事件本质的新东西，来为自己或他人辩解，以重新获得审判呢？”

“在犯罪学家看来，讯问应该是盘旋式地围绕事件，而不是直接地就事件交锋。采取这种方式，或许是为了不提示罪犯做出使他直接面临控告的回答；或许是因为犯人不经周折就认罪，似乎是违背了他的本性的。”①

通过上述引证，可见贝卡利亚在他的名著《论犯罪与刑罚》中称罪犯是“公民”、是“人”。

## 三、简要评价

在《论犯罪与刑罚》这部名著中，贝卡利亚依据人性论和功利主义的哲学观点，分析了犯罪与刑罚的基本特征，他从人道主义立场出发，尖锐地批判了传统刑法的报应观和威吓观，还用了将近1/10的篇幅来宣传自己关于限制乃至废除死刑的观点。② 贝卡利亚在尖刻地批判旧刑罚制度的严酷性和力主废除死刑的主张里，有一个鲜明的立论基点是认为罪犯是公民，罪犯是人而不是奴隶，更不是受奴役的牲畜。

① ［意］贝卡利亚：《论犯罪与刑罚》，黄风译，法律出版社2005年版，第33页。

② ［意］贝卡利亚：《论犯罪与刑罚》，黄风译，法律出版社2005年版，第33页。

“罪犯是公民”“罪犯是人”的观点不仅是《论犯罪与刑罚》的立论基点，而且是科学罪犯观的立论基点。由此可见，贝卡利亚是近代学术史上最先提出罪犯是公民、罪犯是人的观点的刑法学家和犯罪学家。他对罪犯观研究做出了开创性的、奠基性的贡献。

## 第二节　切萨雷·龙勃罗梭

### 一、生平简介

切萨雷·龙勃罗梭（1835—1909）是19世纪中后期意大利著名的精神病学家及犯罪学家，实证派犯罪学的创始人，多年从事犯罪人研究，以人类学观点探讨犯罪人的生理特征与犯罪行为之间的关系，提出了“天生犯罪人”的观点，成为犯罪人类学派（或犯罪生物学派）的代表人物，被后人尊为犯罪学的鼻祖。

龙勃罗梭于1835年11月6日出生于意大利维罗纳的一个犹太人家庭。龙勃罗梭自幼博学多才，心智早熟。11岁会诗文，12岁时著书立说探讨罗马考古学问题。1858年在帕维亚大学获得医学博士学位。次年从军做军医，其间，用精神病理学观点，以痴呆者为对象进行研究，得出生理疾病引起心理变化进而导致犯罪行为的观点。1870年，龙勃罗梭在佩萨罗的地方精神病院担任院长，并在该城的一所监狱进行犯罪人方面的研究。在这些研究的基础上，龙勃罗梭发现了犯罪人身上的某些异常特征，并将此类犯罪人称为“天生犯罪人”。龙勃罗梭将自己的发现和观点写进了《犯罪人论》一书，该书于1876年出版，成为其犯罪学研究的代表著作。除此之外，龙勃罗梭的其他著作还有：《精神疾病临床诊断教程》《精神病人反常的爱与早熟》《天才与退化》《古代与近代的犯罪》等。[①] 1906年，龙勃罗梭获得法国政府授予的第三级法国荣誉勋位，并在法国创建了犯罪人类学博物馆。1908年，美国刑罚与犯罪研究所所长约翰·威格莫尔推荐他担任1909—1910年西北大学的哈里斯讲座演讲人，他很感兴趣，可惜由于年

① 李明琪：《西方犯罪学概论》，中国人民公安大学出版社2010年版，第74页。

老未能成行。1909 年 10 月 9 日，龙勃罗梭这位伟大的犯罪学家去世，享年 74 岁。

## 二、与罪犯观相关的学术贡献

### (一) 生来犯罪人理论

龙勃罗梭运用体质人类学学科的方法进行大量的人体测量、尸体解剖获得资料，在多方面的分析、比较的基础上提出了生来犯罪人理论。在龙勃罗梭生活的时代，观相术、颅相术已经有了很大发展，实证主义、进化论、唯物主义已经得到广泛传播，体质人类学的人体测量方法在人类学研究中已经得到大量应用，文化人类学对许多地方居民的风俗习惯进行了较多研究。龙勃罗梭通过对士兵、精神病人、犯罪人等的观相术、颅相术观察、身体测量、尸体解剖等方法，发现善良的人和不善良的人不仅在性情方面，而且在身体解剖特征等方面都有明显的差异。在解剖了 382 名意大利犯罪人的颅骨之后，龙勃罗梭发现，210 名犯罪人都有那些异常特征，而 43%的犯罪人则具有 5 种或更多的异常特征。因此，龙勃罗梭认为，这些数据可以表明犯罪人是“生来犯罪人”（又译为“天生犯罪人”）。生来犯罪人与悖德狂者相似。悖德狂者最突出的病理特征是完全缺乏或几乎完全缺乏道德感或道德观念，这样的人很容易成为犯罪人。龙勃罗梭提出，可以用生来犯罪人的特征来识别悖德狂者。但是，龙勃罗梭并不认为每个悖德狂者都是犯罪人，并非每个生来具有犯罪倾向的人都会变成真正的犯罪人，外部环境可以阻止和克服先天的犯罪倾向。[①] 龙勃罗梭认为，生来犯罪人是出生在文明时代的野蛮人，他们的生物特征决定了他们从出生时起就具有原始野蛮人的心理与行为特征，这种行为必然不符合文明社会中的传统、习惯和社会规范，必定构成犯罪。可见生来犯罪人是一种自出生时起就具有犯罪性的人，他们的犯罪性是与生俱来的，是由他们的异常的生物特征决定的，生来犯罪人就是生来就会犯罪的人。犯罪人生来就有的这种生物异常，是通过隔代遗传而来。

随着龙勃罗梭对生来犯罪人认识的转变，生来犯罪人在犯罪人总数中

① ［意］切萨雷·龙勃罗梭：《犯罪人论》，黄风译，法律出版社 2005 年版，第 13 页。

所占的比例也相应变化。在龙勃罗梭早期理论中，龙勃罗梭几乎把所有的犯罪人都归入生来犯罪人之中（占 65%~70%）。后来，由于龙勃罗梭对隔代遗传之外的其他犯罪原因的重视，生来犯罪人所占比例逐渐下降。在《犯罪人论》第 5 版第 2 卷中，龙勃罗梭认为，生来犯罪人占所有犯罪人的比例为 40%，在《犯罪及其原因和矫治》一书中，龙勃罗梭将这个比例又降为 33%。①

#### （二）处遇个别化原则

龙勃罗梭强调，应该研究和治理的是具体的犯罪人，而不是抽象的犯罪。基于此，他提出处遇个别化原则，即针对各个不同个体犯罪人的特殊情况适用于不同的处遇方法。他主张“必须区别所要处遇的对象，究竟是天生犯罪人、偶发犯罪人，还是激情犯罪人”。刑罚只有与防卫社会所需要的力量相协调才是正义的。对生来犯罪人他提出要“剥夺犯罪能力”，针对生来犯罪人的不同情况采取不同措施。对尚未犯罪但有犯罪倾向的人，他主张实行保安处分，即预先使之与社会隔离；对于具有犯罪生理特征者予以生理矫治，即通过医疗措施如切除前额、剥夺生殖机能等来消除犯罪的动因；将危险性很大的人流放荒岛，终身监禁，甚至处死。② 他提出除天生犯罪人之外对所有罪犯实行治罪新方法，他极力推崇不定期刑、罚金刑、缓刑（附保护观察）等，主要适用于偶然性犯罪人和激情性犯罪人。

### 三、对罪犯观研究的贡献

#### （一）悔改从来都是破例的情况

龙勃罗梭认为，“刑罚应当以矫正为基础，现在这种理论又时兴起来；然而，大家都非常清楚：悔改从来或几乎从来都是破例的情况，重新犯罪是普遍的，那些不实行单独关押制度（这在经济上是难以广泛推行的）的监狱不仅不能使罪犯改好，而且会让他变得更坏。”

---

① ［意］切萨雷·龙勃罗梭：《犯罪人论》，黄风译，法律出版社 2005 年版，第 13 页。
② 马克昌：《近代西方刑法学说史略》，中国检察出版社 1999 年版，第 155 页。

（二）激情犯罪人是最有可能悔改的人

龙勃罗梭指出："因感情，或更准确地说，因一时冲动而犯罪的人是被判刑人中唯一最有可能悔改的人，根据瑞典和普鲁士的统计，他们的悔改率达到100%。"①

（三）激情犯罪人占犯罪人总数的5%~6%

龙勃罗梭指出："行刑累进制和个别化制度，在茨维考和爱尔兰总的来说取得了辉煌的成果（在前一地区，将累犯率控制在2.68%，在后一地区则控制在10%）。在丹麦则没有关于总数的统计，一些有着零星和细小差别，但却比较可靠的数字表明：罪犯悔改有疑问的占29%；根本没有悔改的占25.5%，这后一类人似乎对刑罚表现得麻木和不在乎；部分悔改的占4.1%；变得更坏的占6.4%；只有2%的人表现出一定的悔改，但真正和彻底悔改的只占其中的5%，这些人在判刑之初就已经有悔过表现了。在瑞士、宾夕法尼亚和英国进行调查的结果显示：因强烈情感而犯罪并且没有真正的犯罪倾向的人恰恰是占5%~6%，上述数字相互对应，而且符合柏林的情况。"②

（四）偶然犯罪人中的准犯罪人不会在将来造成恐惧，也不会扰乱大众的道德感

龙勃罗梭指出，"虚假犯罪人或准犯罪人是指为了保卫个人、名誉和家庭而偶然实施犯罪的人"。他认为，"正像这个名称的含义那样，这些人毕竟不应当看成是犯罪人，但是由于法律的缺陷，才做了这样的标定。这些人是司法上的犯罪人，而不是实际上的犯罪人，因为他们是由法律的缺陷，而不是由这些人本身的缺点造成的：他们不会在将来造成恐惧，也不会扰乱社会大众的道德感"。③

## 四、简要评价

对龙勃罗梭在罪犯观研究上的贡献评价，主要有以下几点。

---

① ［意］切萨雷·龙勃罗梭：《犯罪人论》，黄风译，法律出版社2005年版，第111页。
② ［意］切萨雷·龙勃罗梭：《犯罪人论》，黄风译，法律出版社2005年版，第125页。
③ ［意］切萨雷·龙勃罗梭：《犯罪人论》，黄风译，法律出版社2005年版，第15页。

1. 龙勃罗梭开创了罪犯研究的新纪元。龙勃罗梭是实证主义犯罪学派的创始人和主要代表人物。在龙勃罗梭以前，刑法学家们的研究重心主要在犯罪行为方面，很少研究罪犯。龙勃罗梭完成了从研究犯罪到研究罪犯的大转变。他不仅认为罪犯是“人的同类”、是人，而且运用人类学观点对罪犯进行了深入研究；不仅开创了刑法理论新纪元，也开创了罪犯观研究的新纪元，是罪犯观研究的先驱者。

2. 龙勃罗梭在犯罪人类学研究中，不仅研究了罪犯分类，而且把罪犯研究引申到罪犯是否可以改造的问题，并具体提出了存在生来犯罪人的著名论断。这一论断当时引起了巨大反响，遭到了很多学者的尖锐批评。用辩证唯物主义观点来考证他这一论断，无论是当时还是现在来看都是错误的，这是毫无疑义的。但是他的探索精神，他所选择课题的研究方向，不仅促进了犯罪学的发展，而且也促进了对罪犯观问题的研究。他的探索精神和他的研究方向是应该得到肯定性评价的。

3. 龙勃罗梭在《犯罪人论》中曾明确指出，激情犯罪人，即情感犯是可以改造的，并指出激情犯罪人占犯罪人总数的5%~6%，而且还指出偶然犯罪人中的准犯罪人不会在将来造成恐惧，也不会扰乱大众的道德感。这些观点证明，龙勃罗梭在提出生来犯罪人论的同时，也提出了有些罪犯是可以改造的观点。这一观点为我们如何全面分析评价龙勃罗梭的生来犯罪人论，提供了重要线索。

4. 对犯罪人论的评价。龙勃罗梭提出生来犯罪人占33%的提法是不科学的。而占33%的比例又是他几经修改后的数据。他提出生来犯罪人论时，这个比例是65%~70%，后来又修改为50%~60%，在《犯罪人论》第5版中修改为40%，在《犯罪及其原因和矫治》中将这个比例又降为33%。我们现在暂时不考虑世上是否存在生来犯罪人这个前提，但就其所占比例来说，无论过去还是现在有1/3的犯罪人是生来犯罪人，有这么高的比例是令人难以置信的。那么这个高估的错误是怎么产生的呢？笔者认为，龙勃罗梭抽样调查的取样代表性是令人质疑的。有一点大家都十分清楚，无论是实验的方法还是统计的方法，允许的误差都限定在很小的范围之内，而龙勃罗梭对犯罪人研究的误差，按刚开始提出的比例（65%~70%）和最后确定的比例（33%）差来计算，是32%~37%，有这样高比例的误差所统计出来的数据，是无法让人相信的。同时，龙勃罗梭在具体数据的统计中存在着明显的失误。如在《犯罪人论》的第125页中，在丹麦实行累进制罪犯改造效果统计中他曾指出：罪犯悔改有疑问的占29%；根本没有悔改的占25.5%，部分悔改的占4.1%，变得更坏的占6.4%，只有2%的人表现出一定的悔改，真正和彻底悔改的只占其中的5%。这项统计丢了28%，有这么高比例的人不知去向，用这样粗糙的方法统计出来的数据是没有说服力的。同时他在瑞士、宾夕法尼亚和英国的调查中发现的激情犯罪人在犯罪人中所占的比例是5%~6%，说这个比例与在丹麦的上述调查中那个真正悔改和彻底悔改者占5%的比例是相互对应的。实际上这两组数据基数不同，激情犯罪人数所占比例是犯罪人总数中的比例，而真正和彻底悔改人数所占比例不是犯罪人总数的比例，而是有一定悔改人数所占的比例，这二者是不能直接对比的。此外，他在统计方法技术上的错误还有一些，这里不再赘述。但就上面的列举就足以证明其统计方法上存在着明显的失误。至于生来犯罪人是否存在的问题，笔者认为，这个问题比较复杂，先不要急于下结论，需要运用实证研究等方法对罪犯情况进行深入调查，然后再做定论为好。

5. 综上所述，龙勃罗梭的生来犯罪人论存在着明显失误，他的论断是不科学的。但就龙勃罗梭的一生，对犯罪学的研究，对罪犯观研究所做的贡献而言，他仍是一位杰出的学者，是一位杰出的先驱者。

## 第三节　弗兰茨·冯·李斯特

### 一、生平简介

弗兰茨·冯·李斯特（1851—1919），德国著名的刑法学家、犯罪学家，刑事社会学派的创始人。1851年出生于奥地利维也纳，1875年在奥地利格拉茨大学担任刑法教师，并先后在德国的吉森、马尔堡、哈勒和柏林等大学任教，在马尔堡、哈勒和柏林等地开办刑法学研究所。1881年创办《刑法学杂志》，1889年与比利时刑法学家普林斯和荷兰刑法学家哈默尔共同发起组织国际刑法学协会，[①] 主张联合各国不同学派的学者，对罪犯进行多学科的、综合性的研究。他于1919年去世，享年68岁。主要著作有：《德国刑法教科书》《刑法的目的观念》《德国和外国执行刑法的比较情况》《国际公法的系统说明》等。李斯特以实证主义和决定论的哲学理论为基础，运用社会学派的理论和方法研究刑法，在批判、吸收意大利学派理论的基础上，发展了刑事社会学派的理论。

## 二、与罪犯观相关的学术贡献

### （一）犯罪人两种类型论

最初，李斯特提出了一种犯罪行为分类，后来他改变了对犯罪行为进行分类的做法，而以反社会性的强弱为标准，对犯罪人进行分类，以便根据犯罪人的反社会性的情况，实行刑罚个别化，从而达到社会防卫的目的。同时，由于李斯特认为犯罪是犯罪人内在遗传素质和外在社会情况的产物，所以，他将犯罪人分为两种类型：

1. 瞬间犯罪人。又译为“偶发犯”或“急性犯罪人”。这是指那些由于受到外界环境的影响而偶然进行犯罪行为的人。这类犯罪人的犯罪行为并不是由犯罪人内在的性格上的因素引起的，而是由外在的环境因素造成的。这类犯罪人在偶然的犯罪机会的刺激下，在瞬间产生犯罪冲动，突然而迅速地实施了犯罪行为。这类犯罪人再次实施犯罪的可能性极小，因而不必采取特别的改造措施。

2. 状态犯罪人。又译为“情况犯”或“慢性犯罪人”。这是指那些主要由于内在不良性格倾向而犯罪的人。由于这类犯罪人的犯罪行为主要是由内在的因素引起的，因此，他们有严重的犯罪倾向，只要有一定的条件或机会，他们就会进行犯罪行为。李斯特又将状态犯罪人分为两种类型。

（1）可以改善的犯罪人。这是指那些虽然具有先天的或后天的犯罪倾向，但是还没有恶化到难以矫正或改造程度的犯罪人。对于这类犯罪人来说，通过在矫正机构内过有组织的集体生活，还有可能使他们得到改造。

（2）不可改善的犯罪人。这是指那些道德极端败坏，难以进行矫治或

① 马克昌：《近代西方刑法学说史略》，中国检察出版社1999年版，第182页。

改造的犯罪人。[①] 对于这类犯罪人来说，即便进行了大量的矫治或改造活动，也很难期望他们重返社会。

（二）目的刑论

李斯特目的刑论的基本观点是，刑罚的主要任务不是对已发生的犯罪行为进行报应，而是以预防再犯和保卫社会为目的的。他认为，消除犯罪的个人原因是刑事政策的任务，而消除犯罪的社会原因则是社会政策的任务，并提出“最好的社会政策，也就是最好的刑事政策”的著名论断。

## 三、对罪犯观研究的贡献

（一）认为存在着可改造的犯罪人和不可改造的犯罪人

李斯特在犯罪人分类中，又把状态犯罪人分为两个亚类，一类称为可改善的犯罪人，另一类则称为不可改善的犯罪人。在《德国刑法教科书》中，李斯特提出了“能矫正的罪犯应当予以矫正；不能矫正的罪犯应使其不致再危害社会”的著名论断。[②] 可见，李斯特认为在罪犯中存在着可改造的罪犯，也存在着不可改造的罪犯，即认为有的罪犯可以改造，有的罪犯不可以改造。

（二）认为消除犯罪的个人原因是刑事政策的任务

李斯特在目的刑论中，提出消除犯罪的个人原因是刑事政策的任务，而消除犯罪的社会原因则是社会政策的任务。李斯特的这些论断不仅为刑事政策指明了方向，也为罪犯观中罪犯要改造的对象（即罪犯改造客体）指明了方向。

（三）简要评价

1. 李斯特根据个人内在素质和外在情况相互作用的状况，对犯罪人进行分类的方法对后人有启迪作用，具有积极意义。但其最初的分类只把犯罪人分为两类，未免过于粗放。

---

① 吴宗宪：《西方犯罪学》，法律出版社 2000 年版，第 218 页。

② ［德］弗兰茨·冯·李斯特：《德国刑法教科书》，徐久生译，法律出版社 2000 年版，第 13 页。

2. 李斯特对罪犯观的两个重要问题都作了明确回答，对罪犯观的确立和发展做出了重大贡献。其在罪犯是否可以改造的问题上，指出瞬间犯罪人再次实施犯罪的可能性极小，同时又把状态犯罪人分为两类，一类是可以改造的犯罪人，另一类是不可改造的犯罪人。他指出存在着可改造的犯罪人，也存在着不可改造的犯罪人，并明确界定犯罪人既不是都可以改造，也不是都不可以改造，坚持了两点论。同时，他提出“消除犯罪的个人原因是刑事政策的任务”的著名论断，为罪犯观中的罪犯改造客体，即罪犯改造对象问题指明了方向。为罪犯观的确定和发展做出了重要贡献，是罪犯观研究的重要奠基人。

3. 李斯特的有关论断的局限性。德国著名的学者李斯特在关于罪犯可否改造的问题上，坚持了两点论，比一点论有了很大进步。受时代的局限和所研究问题的局限，他没有对犯罪人是否可以改造问题作深入研究，没能就可改造的犯罪人、不可改造的犯罪人在犯罪人中所占比例大小给出明确答案。而这两类人在犯罪人中所占比例的大小又是从总体上判断犯罪人是否可以改造的重要指标，没有这个指标就不能做出正确的判断，这是令人遗憾的。

# 中篇 实践篇

早在1934年中华苏维埃工农民主政权建立不久，革命根据地的监所还处在初创时期，毛泽东就以无产阶级改造世界、改造人的博大胸怀和磅礴气势指出："苏维埃的监狱对于死刑以外的罪犯是采取感化主义，即是用共产主义的精神与劳动纪律去教育犯人，改变犯人犯罪的本质。而国民党监狱则是纯粹的封建野蛮的虐杀，法西斯的酷刑，劳动群众与革命者的人间地狱。"这庄严的宣告，点明了苏维埃的新型监狱与以"虐杀"和"酷刑"著称的国民党监狱的根本区别。那么，新中国成立后，在毛泽东改造罪犯理论指导下，改造罪犯的伟大工程经历了哪些艰苦而神圣的历程，每个重要历史时期罪犯改造采取了哪些重大措施，积累了一些什么经验，其中哪些经验为罪犯观的创立提供了实践根据，这些都是大家普遍关心的热点问题。下面让我们共同进行回顾。

# 第三章 传统罪犯改造的实践

## 第一节 改造日本战犯的实践

据统计，至1956年4月，关押改造的日本战犯共1062人，其中将级或相当于将级的31人，校级或相当于校级的210人，尉级以下的821人。对职务较低、悔罪表现较好的1017名战犯，则由最高人民检察院于同年6月、7月、8月分三批宣布免予起诉、立即释放，由中国红十字会移交日本红十字会乘船回国。1956年7月中国特别军事法庭对45名罪行较重的战犯分别判处8年至20年有期徒刑。被判刑的战犯，因改造表现良好，不少人也被提前释放。到1964年3月，除1人病亡外，所有日本战犯全部释放回国。这些人回国后，只有1个人表现不好，绝大多数人都成了与中国友好并在日本国内成了反战维和的坚强战士，做了许许多多与中国人民友好和维护和平、反对战争的感人事迹，令世人赞叹不已。

中国改造日本战犯的做法是前无古人的，极富创造性。毛泽东主席和周恩来总理高度重视并亲自领导了对日本战犯的关押改造工作，以无产阶级“解放全人类”的博大胸怀着眼于中日两国人民的世代友好，采取“一个不杀，大多数释放，少数判刑”的宽大政策，大力加强教育感化，取得了巨大成功。其主要做法和基本经验如下：

### 一、开展认罪悔罪教育，引导战犯主动交罪认罪

日本战犯刚到抚顺战犯管理所时，不承认自己是战犯，拒不认罪。有的身着将军制服，头戴战斗帽，脚蹬皮马靴，气势汹汹。还有些人每天起床后面对东方向日本天皇朝拜，气焰非常嚣张。他们拒不认罪有多种理

由，一是认为“日本大和民族是优等民族，有义务指导劣等民族”；二是侵华战争是“执行天皇的命令”，是“由国家发动的”；三是“我们是战俘，不是战犯”；四是新中国是“战后新成立的国家，无权关押和追究战犯及战争罪责”。①

战犯管理所经过分析后认为，战犯虽然是特殊的罪犯，只要方法对头，是完全可以改造的。对这些拒不认罪的日本战犯，管理所采取学习讨论方法，坦白检举的方法，个别侦讯的方法，引导战犯主动认罪。其要点如下：

（一）学习理论转变态度

日本战犯中的下级军官和士兵大多数都是劳动人民或知识分子家庭出身，在等级制严格的日本军队里，他们备受上级军官的压迫和欺凌。这些人交罪、认罪的顾虑较少，其中有些人在苏联关押期间就主动交代了自己的罪行，成了反军国主义的积极分子。管理所从这些下级军官、士兵中挑选出 80 人，作为骨干，集中学习列宁的“帝国主义论”，经过座谈讨论，他们认识到帝国主义是战争的根源，认为“当年发动侵略中国的战争，并不是因为国土小、人口多，而是那些垄断资本家要发大财，让老百姓去送命啊！”② 思想上分清了是非，这些学习骨干纷纷自觉交代自己犯下的战争罪行，整个日本战犯群体为之震撼。

（二）开展坦白检举活动

在下级军官及士兵战犯纷纷认罪之后，日本将校级战犯放出流言，说“杀人放火的具体罪行都是士兵们干的，所以，帝国主义者是士兵，而不是将校”，企图以此为借口否认罪行逃避惩罚。为了引导日本将校级战犯认罪，战犯管理所决定召开坦白检举动员大会，挑选由主动认罪的尉级战犯宫崎弘作为认罪典型在大会发言，这个战犯当众交代了在任新兵教官时为了对新兵进行杀人训练，把十多名中国爱国者当作活靶子杀害等罪行。他在交代完罪行之后说：“我一想到那可怕的过去，就觉得浑身战栗！这

① 参见抚顺战犯管理所《十四年来教育改造日本战犯工作基本总结》第 6-7 页、第 11 页、第 15-17 页记载。金源：《奇迹写春秋——回忆对日本战犯的改造》（属内部资料），第 21-22 页。

② 刘家常、铁汉：《战犯改造纪实》，春风文艺出版社 1993 年版，第 62 页。

样残酷，只有帝国主义才能干出来。……那么，是谁把我变成了杀人恶魔？……是我的上官！我要控诉！我要揭露！……我是披着人皮的狼，在此，我从心底真诚地向中国人民认罪。同时，我表示愿意接受任何惩罚。”[①] 这个典型示范，对将校级日本战犯散布的流言蜚语批驳得体无完肤。

（三）引导战犯主动交罪、认罪

在侦讯起诉阶段，战犯管理所召开了由高检工作团负责主持的坦白检举自我批判大会，引导战犯主动交罪、认罪。大会指定由伪满国务院总务厅次官古海忠之作认罪和自我批判发言。此时的古海忠之，经过学习《政治经济学》《资本论》《共产党宣言》等理论书籍，已幡然醒悟，对自己所犯罪行作了深刻反省。他说：“过去我认为我们到中国来，虽然给中国人民造成种种灾难和不幸，但是为日本的民族利益，是为了个人的光宗耀祖。现在我已认识到，我简直是一个失去了人性的不知羞耻的恶魔，是一个不可饶恕的战争罪犯。”古海忠之一一交代了他在伪满洲国犯下的种种严重罪行。并在认罪发言中针对一些战犯不肯承认战犯身份的情况，向战犯们讲了学习国际法的体会，他告诉战犯，“按照国际法的规定，凡是侵略战争中犯有战争罪行的人，无论他的职位高低，被侵略的战胜国都有权定其为乙级或丙级战犯，并根据本国法律自行处理。根据这一点，我们没有理由不承认自己是战犯，没有理由不接受中国政府的侦讯和审判”。听到古海忠之的发言之后，一些尚未认罪的战犯再也坐不住了。他们刚入监狱时不承认自己是战犯的各种所谓的“理由”都站不住脚了，他们想要把自己罪责推给下级的企图也被事实一一粉碎了，留给他们的唯一出路只有彻底坦白，争取宽大处理。此后，那些观望徘徊的将校级战犯都各自交代了罪行。其中最顽固的陆军 59 师团长中将藤田茂，也于 1954 年 8 月 1 日交了认罪悔罪书，他真诚地表示“决心在中国人民面前彻底低头认罪”。[②]

## 二、实行革命人道主义，感化战犯心灵

管理所为了贯彻执行中国政府教育人、改造人的基本政策，对日本战

① 刘家常、铁汉：《战犯改造纪实》，春风文艺出版社 1993 年版，第 121 页。
② 刘家常、铁汉：《战犯改造纪实》，春风文艺出版社 1993 年版，第 146 页。

犯认真实行人道主义，其要点如下。

（一）保障正常生活需求

管理所由日伪旧监狱改造而成。新改建的监舍宽敞明亮，通风良好，安装了暖气。新建了俱乐部、图书馆、阅览室、锅炉房、抽水机房、露天舞台。改造了运动场，设置大型浴室和理发室，保障了战犯日常生活和开展文艺、体育活动需要。根据周恩来总理指示，伙食标准参照我军供给制标准，并充分尊重和照顾日本民族的生活习惯，按将官、校官、尉官以下级别分设小灶、中灶和大灶。小灶享受当时东北行政委员副部长级干部待遇，中灶享受县团级干部待遇，大灶菜金为东北币四千二百元，全部供给细粮，相当于当时中等人家的生活水平。[①] 而当时管理所的干部和工作人员吃的几乎都是高粱米、玉米窝头，一个星期才能吃上一顿细粮。

（二）有病及时进行治疗

管理所设立专为战犯治病的医务室，诊断设备齐全，设有 30 多张病床。还在抚顺市人民医院、抚顺矿务局医院、沈阳陆军医院、沈阳中国医科大学附属医院包租了专用病房。定期为战犯检查身体，有病及时治疗。据历史资料记载，日本战犯刚到管理所时有半数以上的人患有高血压，并有不少人患有多种慢性病，经过精心治疗，不到一年时间，慢性病都逐步康复。据统计，1951 年年初，战犯患肺结核的 123 名，其中重症患者 60 名，经过隔离治疗和住院疗养，到 1953 年已经成功治愈；1951 年战犯患末梢神经炎的 258 名，占在押犯的 25%，经过专家会诊、精心治疗，病情很快得到好转，到 1955 年此病已降到 0. 39%；1951 年牙病患者占在押犯总数的 88. 7%，经过几年治疗，到 1956 年，共为 320 名战犯镶了牙，占在押犯的 30%。[②]

（三）尊重战犯人格

管理所在日常工作中坚决执行国家政策，对战犯不搞民族报复。严格规定工作人员对战犯不许打骂体罚、不许侮辱人格。有的战犯玩排球不慎把窗户玻璃打碎了，管教员闻声赶来时，并没有大声训斥，而首先讯问肇

---

① 刘家常、铁汉：《战犯改造纪实》，春风文艺出版社 1993 年版，第 99 页。

② 刘家常、铁汉：《战犯改造纪实》，春风文艺出版社 1993 年版，第 105 页。

事者的手有没有划破，并说“人没有受伤就好，以后打球小心点就是了”，令肇事者感动不已。战犯河西锦二入所初期染上了肺病，大口咯血，自感生命垂危。管理所的医生全力以赴地把他从死亡线上抢救过来，经过一年的持续治疗很快恢复了健康。回国后他把危病重生的经历详细地告知母亲，母亲听后，立刻面向中国的方向，连连作揖，说：“中国的朋友，多谢了！”为表达对中国的感谢之情，老母亲从此改变了睡眠方向，每天睡觉头朝中国的方向。①

日本战犯面对中国政府对他们实行种种人道主义待遇，联想他们过去在侵华战争中那样残酷残害中国人民，联想他们在日伪时期的旧监狱里疯狂残害、虐待中国爱国人士的种种暴行，两相对比他们深感中国政府和中国人民胸怀宽广、人格高尚，无不感激涕零。

## 三、以消除战犯致罪思想意识为重点，教育战犯重新做人

日本战犯在管理所的改造经历了漫长的彻底否定旧我、重塑新我的历史过程。其要点如下：

### （一）认清侵华罪行的违法性，认可战犯身份

日本战犯刚到抚顺管理所时，为了逃避惩罚，妄称自己是战俘，不是战犯。当他们从监舍内张贴的规定中得知中国政府认定他们是战犯之后，发生了闹监事件。管理所采取了冷处理。恢复所内秩序以后，管理所召开全体战犯大会，向他们宣讲了国际法。宣讲中着重指出，“战争犯罪就是违反公认的战争法规与惯例，进行不正义战争的行为。战争犯罪包括战争罪、破坏和平罪和违反人道罪。所以，凡是违反公认的战争法规与惯例的，不管是指挥官和士兵都是战争犯罪分子，简称战犯。”“中华人民共和国作为主权国家，有权对侵略战争中犯有战争罪行的日本战犯、伪满战犯实行关押、处理和改造。”

国际法属高位级法律，其权威性是不容置疑的。经过国际法宣讲及日后的法律教育，日本战犯认清了自己在侵华战争中所犯罪行的违法性、严

① 刘家常、铁汉：《战犯改造纪实》，春风文艺出版社1993年版，第113页。

重性以及应受惩罚的该当性，在思想上认可了自己的战犯身份。实践证明，认可战犯身份是改造日本战犯的起点，没有这一回合思想上法律上的较量，改造日本战犯是无从谈起的。

（二）认清帝国主义是战争的根源

经过座谈讨论，他们认识到，帝国主义是垄断、腐朽的资本主义，它的本质既对内压榨，又对外侵略。两次世界大战的发生及其结局，不容辩驳地证明帝国主义的存在是战争的根源。事实证明，他们发动侵略战争，根本不是什么“帮助被侵略国家实现‘共荣’”，而是要把这些国家变成他们的殖民地；也根本不是什么“为本国人民造福”，而是为了更残酷地压榨本国人民，真正获益的是战争发动者。

（三）认清军国主义思想是他们走上战争犯罪道路的思想根源

他们说：“我在中国行动的思想根源就是军国主义。因为这个问题涉及学校教育、军队教育和社会教育，贯穿于我生长的过程。”① 联系自己走上战争犯罪的经历，他们认识到，迷信天皇、迷信大和魂、迷信武士道精神这些军国主义思想，是使他们变成奴隶主义、变成爪牙、变成恶魔的思想根源。决心与这些思想观念彻底决裂，转变军国主义的世界观。

首先，战犯们转变了效忠天皇的思想。经过理论联系实际算细账的方法，战犯们认清了战时天皇的反动嘴脸。中将师团长藤田茂在谈学习心得时说：“裕仁在日本拥有占全国总数23.7%的土地和60亿美元的资本，在发动侵华战争期间，私人财产增长275%，原来被我当作最神圣的并为之舍身尽忠的天皇，根本不是代表日本国民的杰出象征，而是一个大地主、大资本家、大骗子，这使我不能不产生一种表达不出来的愤怒和憎恨！”中将师团长铃木启久写道：“天皇是伪装起来的榨取者和大奴隶主，他依靠财阀和军国主义势力在白骨堆上建立了私有财产的高楼！”②

其次，战犯们转变了迷信大和魂思想。战犯宫崎弘在作认罪典型发言中说：“我曾认为大和民族是优秀的，建立大东亚共荣圈成为东洋的盟主，领导和统治亚洲，是理所当然的。我也曾认为这是上帝赋予我们的使命，

① 刘家常、铁汉：《战犯改造纪实》，春风文艺出版社1993年版，第126页。
② 刘家常、铁汉：《战犯改造纪实》，春风文艺出版社1993年版，第65页。

是正义的行为。因此，我成为忠实于日本统治阶级的看门狗，献出了青春。”① 日本战犯到抚顺露天煤矿参观，听了平顶山惨案幸存者讲述惨案经过和表明对战犯的态度后，他们深刻地认识到，中国人民，连有深仇大恨的惨案幸存者都懂得改造战犯，而不去计较个人恩怨。这样的民族是胸怀宽广的民族，是最善良、最值得尊敬的民族，同时也是极有未来的民族。大和民族不与中华民族永远友好，那就不仅是愚蠢，而且是可恶的。② 他们最终彻底抛弃了狭隘的沙文主义的民族观。

同时日本战犯相继转变了迷信武士道精神。武士道原为日本封建时代武士阶层内部的道德规范，以忠君、勇武等为主要内容，其目的在使武士忠实地为封建统治者服务。明治维新后，武士等级在法律上虽已废除，但武士道精神仍被日本统治阶级长期宣传和提倡，用作军国主义的精神支柱。可见武士道精神的本质是教唆人成为日本军国主义侵略政策的工具、充当杀人不眨眼的刽子手。经过学习政治理论，日本战犯逐渐觉醒，他们认识到是日本军国主义的武士道精神，使他们由人变成了魔鬼。他们结合交代罪行，对武士道精神，对日本军国主义反动本质进行了无情的揭露和控诉。战犯宫崎弘在交代自己的罪行时说：“我在老场（湖北）时，曾经将河对岸干溪场街上的农民抓来，刑讯逼供，用柔道把他反复摔倒几次。农民说不出当密探的事，我怕他活着出去，对我们名声不利，硬把他活活地掐死了……那么，是谁把我变成了可憎的杀人恶魔，是万恶的日本帝国主义！”战犯们经过学习，逐渐醒悟之后，纷纷表示，“今后决不再走侵略的道路！”“要牺牲一切同帝国主义作坚决的斗争”！

## 四、教育战犯积极进行劳动改造，增强劳动人民思想感情

为了认真执行中国政府教育人、改造人的政策，管理所组织战犯参加力所能及的劳动。每天规定半天学习，半天劳动。而且规定病号和年老体弱者可以不参加劳动。起初劳动只是糊纸盒、制瓦等简单劳动或农田劳

① 刘家常、铁汉：《战犯改造纪实》，春风文艺出版社 1993 年版，第 120 页。
② 刘家常、铁汉：《战犯改造纪实》，春风文艺出版社 1993 年版，第 193 页。

动，后来又建立了工厂，组织战犯从事生产电机的现代化生产劳动。战犯通过参加力所能及的劳动，收获很大。

（一）树立了劳动光荣的思想观念

战犯中有不少人出身武士和官僚世家、封建地主家庭，他们从小鄙视体力劳动，认为参加体力劳动是“上辱祖宗，下耻儿孙”的事情。他们经过亲身参加劳动，当得知他们自己生产的瓦片，一片片排开，可以从沈阳排到北京时，他们由衷地感到高兴。劳动光荣、劳动伟大的情感油然而生。

（二）培养了珍惜劳动成果的劳动人民感情

当听到他们自己生产的电机受到用户的欢迎时，手舞足蹈，欣喜若狂。他们说：“听到用户对产品的称赞，就好像自己亲人戴上光荣花一样高兴。”

（三）克服了怕苦怕累的怕劳动思想，养成了劳动习惯

参加水田劳动的日本战犯刚开始耙地时早晨水凉不敢下水，在管理所干部带动下才鼓足勇气下到田里。此后习惯了，在水田劳动的战犯再没有怕水凉的了。

## 五、开展社会教育，激励战犯进一步转变立场、转变态度

战犯经过多年改造，普遍认罪悔罪之后，于1956年春天根据中央的决定，管理所组织战犯到社会参观。他们先后到北京、上海、南京、沈阳、鞍山、长春等地参观接受社会教育。所到之处受到当地人民的热情接待，他们深受触动、深受教育，感慨颇多。他们的主要收获，概括起来，主要有以下几点。

（一）对新中国快速崛起倍感震惊

他们到北京国棉二厂参观，首先看到的是厂区中央的大马路能同时并行三台大型卡车，通道两侧一字排开的全是国产的新机器，设备完整，技术先进，他们无不感到震惊。他们更感到新奇的是操作女工们全神贯注、一丝不苟的劳动态度和她们身上洋溢着的主人翁精神。他们到鞍钢参观更

感震惊。日本投降时把鞍钢破坏得一塌糊涂，他们曾断言："把鞍钢留给中国人种高粱吧！要想恢复出钢，也得二十年。"新中国成立后，由于工人们发扬了主人翁精神，仅用了三年就把鞍钢建成了大型钢铁联合企业。不仅改造了原有高炉，而且还新建了高炉，配套了设备，扩大了规模。如今的年产量相当于新中国成立前累计 31 年的总产量，创造了人间奇迹。看到这些成就，这些日本战犯无不为中国城市建设、轻重工业发展之迅速，为新中国的快速崛起而感到震惊。伴随着震惊产生一连串的思考和判断：得人心的国度是强大的国度，强大的国度是不可战胜的国度。

（二）转变了对中华民族的错误看法

这些日本战犯过去脑子里装满了对中华民族的歧视。在参观平顶山惨案纪念馆时，平顶山惨案幸存者方淑荣向他们讲述了她的父亲、母亲、爷爷和弟弟怎样和全村男女老幼一起被残酷地集体杀害的经过之后，告诉他们："凭我的仇恨，今天见到你们这些战犯，一口咬死也不解恨。可是，我是一个共产党员，我要执行党的政策，不能计较我个人的恩仇利害，要从长远利益大局出发。所以我同意党把你们改造成新人的决定。"① 方淑荣所表现的普通中华儿女所具有的爱憎分明、肝胆相照、不卑不亢而又宽容大度的高尚情操和宽广胸怀，使战犯认识到这才是中华民族的精神，这样的民族是最值得尊敬的民族。

（三）转变了对自己所犯罪行的立场

管理所开展认罪悔罪教育以来，战犯们陆续地写了认罪书，坦白交代了自己所犯的罪行，但其中有些人是站在个人立场上认的罪，写交罪材料之前他们首先考虑的是认了罪自己是否被杀头，怎样交罪才能减轻处罚。参观平顶山惨案纪念馆，听了平顶山惨案幸存者的血泪控诉，听到幸存者一家四口如何惨遭杀害，以及整个村庄的人如何惨遭集体杀害的暴行之后，他们深感罪行严重，当场跪倒在地向死难者谢罪，有不少战犯要求当场把自己处决。他们说："我衷心地向中国人民请求把我枪毙，死也甘心。我希望向我的后代传达我的体会，叫他们不要走我的老路。"② 他们的求死

① 刘家常、铁汉：《战犯改造纪实》，春风文艺出版社 1993 年版，第 192 页。
② 刘家常、铁汉：《战犯改造纪实》，春风文艺出版社 1993 年版，第 193 页。

表示是真诚的，因为这时他们已经站到无辜被害者和他们家属的立场上来反省自己的罪恶了。

（四）更加坚定了改造方向

这些日本战犯在到社会参观之前对自己的改造方向已经有了一定的认识，在参观过程中平顶山惨案幸存者方淑荣殷切地教诲他们说："你们求死的心情，我理解。可是，中国共产党和中国人民政府不是要你们死而是要你们活，不要成为日本鬼子，而是要成为日本人民！"① 战犯们听明白了，方女士给了他们两个定位，对他们的过去方女士定位为"日本鬼子"，对他们的未来定位为"成为日本人民"，指出他们的改造方向是由"日本鬼子"转化为"日本人民"，他们的改造方向简单地说就是要由"鬼"转化成为与中国人民世代友好的"人"。方女士的话言简意赅地传达了中国人民的呼声和期待，战犯们纷纷表示要把自己由魔鬼改造成为新人。坚定地走中国政府指出的重新做人的改造之路。

## 六、重视人的主观能动性，引导战犯进行自我改造

（一）发动战犯开展自我教育活动

为了引导战犯好好学习，提高觉悟，管理所在战犯入所后首先从下级战犯中挑选骨干成立学习委员会。委员会划分几个学习小组，小组长由战犯民主选举产生。由学习小组长组成学委会核心小组，核心小组接受管理所指导。学习内容和讨论题由管理所确定，学委会负责组织学习组织讨论。到1953年秋，参加学委会学习的成员已扩大至二百多人，除下级战犯外，还包括中队长以上的武官和简任二级以上的文官。到1954年春天，全部日本战犯都自愿参加了学委会的学习小组。

学习活动以"改造思想，早日新生"为指导思想，以理论联系实际，不放空炮为基本要求，以自我教育，自己解放自己为主要形式，到1954年春天，共开展读书讨论会137次，学习收获报告会91次。很多人通过自我学习自我教育，提高了觉悟，放下了包袱，自觉交代了在侵华战争中所

① 刘家常、铁汉：《战犯改造纪实》，春风文艺出版社1993年版，第193页。

犯的严重罪行，成为反战维和的坚强战士。

### （二）营造战犯自我改造的良好氛围

#### 1. 激发下层战犯觉醒，形成自我改造的骨干力量

管理所经过分析研究后认为，日本军队等级制度严格，军阀作风严重，上级军官经常打骂欺压下级军官和士兵。而且在侵华战争中，上级军官所犯罪行比下级军官和士兵要严重得多，下级军官和士兵在日本战犯中是最容易觉醒的部分。因此管理所首先把这一部分人中反军国主义的积极分子集中起来，学习列宁的“帝国主义论”，而且特意出了“是谁把你们拉上战争犯罪道路的”等讨论题，引导他们揭穿日本军国主义的反动本质，激发他们反战维和觉悟。这一重要举措很快取得了成效，使比较顽固的上级军官逐渐感到孤立，逐渐感到众叛亲离，大有兵临城下之势，形成了激发上层军官觉醒的良好政治氛围。

#### 2. 学习小组严格把关，形成群体监督的有效机制

在认罪教育活动中每个战犯都要在小组会上朗读自己的认罪材料，然后接受同组战犯的评比鉴定，合格的予以通过；不合格的不予通过，下次另来，直到通过为止。群评群议，形成了强有力的监督机制，保证了认罪教育质量。

#### 3. 充分发挥典型效应，形成以两头带动中间的整体转化态势

在坦白检举教育阶段，在习惯于盲目崇拜和绝对服从的日本战犯中出现了“武将看藤田，文官看古海”的动向。管理所领导经过分析研究认为，这种动向是日本战犯正常的心理反应。这种动向提示我们坦白检举教育活动的关键是要抓好这两个典型人物。根据平时掌握的情况，认为伪满国务院总务厅次长古海忠之平时学习较好，不仅学习了指定的理论著作，而且还自学了《资本论》《政治经济学》《共产党宣言》等文献，对自己的罪行有较为深刻的认识。而中将师团长藤田茂态度比较顽固，目前尚不认罪，决定抓好这两个典型。管理所确定让古海忠之作为认罪典型在大会上发言，确定对藤田茂作为转化典型。用这两个典型带动持观望态度的中间类型乃至整个日本战犯转变态度，彻底醒悟。文官代表古海忠之在坦白检举教育大会的认罪发言反响强烈，效果很好。他不仅交代了自己在侵华战争中犯下的种种罪行，而且还讲了自己对国际法的理解，承认自己是不

折不扣的战争罪犯。古海忠之的发言有根有据，态度诚恳，掷地有声，很有说服力。日本战犯普遍认识到，战犯是当定了，任何借口都是妄言。唯一的出路只有彻底坦白，争取宽大处理。对武将的典型藤田茂，则采取指定学习文件，观看反映日本战后情况的电影，个别谈话等个别教育形式促其转变。个别谈话教育使其初步转变了顽固态度；中国抗美援朝战争的胜利的事实，使他认识到侵华战争失败真正的原因不是像他过去认为的那样，是由于战线拉得过长，而是正如毛泽东所说的取决于人心的向背。他感叹中国共产党深得人心，思想上真正服输了，思想转变之后很快交上了认罪书。藤田茂的转变，让那些抱着观望态度的人，再也待不住了，纷纷递上了自己的认罪书。管理所由于抓住了表现好坏两类典型，发挥了典型的带动效应，形成了“谁都不甘落后，人人争相转变”的良好的整体转化态势。

4. 妥善处理战犯一时性错误举动，为战犯自我纠正，自我觉醒创造机会

战犯刚入所时迷信天皇的思想比较突出，每天早晨，都有一些人到管理所院内一个偏僻的小屋里朝拜天皇。管理所领导认为这是一种精神宣泄，属于意识领域问题，不能硬性禁止，要等待他们提高觉悟。管理所领导嘱咐管理人员不要硬性限制，要等待他们自我纠正。后来实践证明，通过学习理论，随着迷信天皇思想逐渐消除，参拜的人越来越少，到后期就没有人再参拜了。可见，为战犯创造自我觉醒机会，是实现自我教育、自我改造的重要条件。

（三）以自我改造、自我教育激发战犯反战维和觉悟为中心，引导战犯把自己改造成反战维和新人

在开展反对军国主义的自我教育活动中，管理所指导战犯学习《帝国主义论》《日本军国主义发展史》《关于日本军国主义思想的批判》等政治理论书籍，发动战犯围绕认清帝国主义、军国主义的反动本质和战争根源；认清日本军国主义发动侵华战争给中国人民和日本人民造成的深重灾难两大主题进行热烈讨论。前者重在分清是非，后者重在揭露日本军国主义犯下的滔天罪行，以此来激发战犯们的反战维和觉悟。下级士兵战犯的觉醒靠的是这种觉悟，将校级战犯的觉醒靠的也是这种觉悟。觉醒后的战

犯人人争做反战维和新人。早在 1952 年 3 月，最先觉醒的土屋丰治等 14 名日本战犯联名发出“关于反对美帝在朝鲜战争使用细菌武器的抗议书”，同年 10 月，已经觉醒的阿布盛二等 242 人向参加亚洲和平会议的日本代表团提出“反对侵略、保卫和平”的呼吁书。[①] 待到这些日本战犯释放回国后，几乎在中国关押改造的全部日本战犯都成了反战维和新人。这些回国人员创造了许许多多感人肺腑的反战维和的光辉业绩。最有说服力的是这些人宽赦回国后即在午鹤共同发表了悔罪声明，号召日本人民反对侵略战争，保卫世界和平。同时派出代表向日本国会递交了请愿书。1982 年，日本国内出现了一小股篡改历史、妄图复活军国主义的逆流。他们对此极为愤慨，他们感到有责任把真相告诉日本人民。于是他们集合起来，到日本国会前举行抗议，他们收集资料、图书、回忆录，在日本各大城市举办巡回展览。有的人甚至自己拿着南京大屠杀的照片跑到文部省，对那里的官员喊道：“你们看，照片上的人就是我，这不是侵略又是什么?”成功改造日本战犯的原因很多，其中采取自我教育、自我改造形式激发战犯的反战维和觉悟，是获得成功的重要原因。

(四) 发动战犯制定自我改造规划

发动战犯制定自我改造规划，管理所进行检查指导，是战犯进行自我改造、自我约束的重要方法。

## 七、管理人员以自身的高尚人格，教育熏陶战犯

管理所管理人员以自身的人格魅力教育熏陶战犯的事例很多，受篇幅所限仅举以下几例。

(一) 严格执法，坚定不移

根据中国政府教育人、改造人的政策，管理所规定要尊重战犯的人格，不准打骂体罚和侮辱战犯。并且规定了四个一致，即思想认识要与党的要求一致，一举一动要与党的政策一致，言行一致和上下一致。当日本战犯不承认他们是战犯，在监内大喊大叫、乱作乱闹时，所管教员赶到现

① 刘家常、铁汉：《战犯改造纪实》，春风文艺出版社 1993 年版，第 68 页。

场弄清情况后，既没有大声申斥他们，也没有正面回答他们的挑衅，只是坚定地劝说道："你们是不是战犯，慢慢会明白的。大家长途跋涉，想必很累，还是安安静静地先休息吧。"管教员态度的镇定和自信，使他们感到心里发虚，便停止了闹监活动。

（二）一尘不染，两袖清风

在紧张的侦讯阶段，日本战犯佐古龙祐的交代材料过不了关，便要求与管教员谈话。谈话中他首先对管教员过去对他的关心表示感谢，讲述了目前遇到交代材料通不过的情况。并带着乞求的目光从兜里掏出一块怀表，说："这是我过去爱用的表，为了表达我衷心爱戴之情，奉献给您，请笑纳做个纪念。"管教员听后觉得这个举动是对他人格的侮辱，既严肃地批评了他，又耐心地向他宣讲了我们党的政策。开导他要继续悔罪认罪，争取重新做人。佐古龙祐受到了深刻教育，此后转变了态度，彻底交代了罪行，得到免予起诉的宽大处理。

（三）临危不惧，敢于担当

有一次，日本战犯安井清在走廊散步时不小心摔成骨折，需要送往抚顺矿务局总医院急救，当医务室的温大夫把病人送到医院门前时，司机有事开车先走了，病人需要送到三楼的骨科诊室。病人体重比温大夫还重，但温大夫没踌躇，马上跟病人说："我背你上楼。"虽然走起路来比较吃力，但还是坚持着把病人从一楼背到三楼。病人被感动地伏在温大夫背上从一楼哭到三楼。到了骨科诊室，战犯安井清用发颤的声音对温大夫说："大夫先生，想到自己的罪恶，我深感太对不起中国人民了！"温大夫善举让安井清终生难忘。

还有一件事也使战犯们非常感动。当年管教科副科长金源带领战犯给水田地打深井，当深井打到应该下井清泥的时候，在井壁随时都有塌陷的危险，战犯们都在面面相觑的情况下，金科长没说一句催促的话，就从从容容地跳下井去，战犯们被感动了，他们都轮流跟着下井了。由于干部和战犯齐心合力，提前完成了任务。

（四）舍己为人，以情感人

有一年8月，战犯们正在农场地里忙着收土豆，天气太热，他们都把外衣脱掉放在地头上。突然天降大雨，战犯们想找个避雨的地方都来不及了。正巧，女干部李淑云披了一件雨衣从这里经过。当她看见战犯们放在地头的衣服时，迅速地跑过去忙把自己的雨衣脱下盖在战犯们的衣服上。暴雨过后，战犯们看到女干部全身都被雨水淋透，他们的衣服却一件也没有被雨淋着。他们的心灵受到震撼，得到抚慰，情不自禁地一个一个走过去，向李淑云鞠躬致敬，连说："谢谢指导员，太对不起您了。"此事很快成为佳话在战犯中流传。宁肯自己被雨淋，也要把雨衣盖在战犯们的衣服上的举动，给人们传递的信息不仅仅是关爱，还包括中国政府和中国人民对待日本战犯的态度和期待，还包括李淑云身上所体现的中国人民的品格、修养和胸怀。

管理所民警和工作人员的良好表现，赢得了日本战犯的信赖和尊敬，他们亲切地称呼他们是"先生"，是"世界上最好的先生"，他们回国后还热情邀请他们的"先生"到日本访问，并经常与这些"先生"们保持通信联系，与"先生"们结成了深厚的友谊，谱写了中日友好的友谊之歌。

## 第二节　改造反革命犯、旧社会渣滓及一般刑事犯的实践

中华人民共和国成立之初，国内的政治斗争和社会治安状况仍然十分严峻。残存的国民党军队仍在华南、西南和东部沿海岛屿负隅顽抗。大量国民党溃败的残余部队转化成了还乡团、保安队等政治土匪，一般惯匪与当地反动地主恶霸纠合一起危害一方。封建地主恶霸势力、大小土匪、帮会头子相互勾结，拼凑反动武装活动猖獗。国民党潜伏特务和新派遣特务破坏活动嚣张。捍卫新生政权斗争形势复杂，不仅被推翻的反动势力不甘心他们的失败，仍在做垂死挣扎，而且清理旧社会遗毒、改造旧社会残渣余孽的任务也十分紧迫。为了打击各种反动势力的猖狂反扑，巩固新生的人民政权，中央人民政府果断决定在全国范围内大张旗鼓地开展剿匪肃特反霸、禁娼禁毒、收容地痞流氓、镇压反革命和"三反""五反"等活动。据统计，在剿匪反霸斗争中，截至 1951 年 11 月，全国已剿灭土匪

180万名;[①] 在禁娼禁毒活动中，惩治了一批作恶多端的妓院老鸨，全国有8万多名贩毒人员被判处刑罚。在收容地痞流氓活动中，对危害社会治安的地痞流氓、小偷等予以收容改造。在“镇反”运动中认真贯彻了“镇压与宽大相结合”的政策，对那些罪大恶极、怙恶不悛的反革命首恶分子进行了镇压，对大批反革命分子依法判处了刑罚。在“三反”运动中，经严格审查，依法判处有期徒刑的全国共有9942人，判处无期徒刑以上刑罚的有100余人。基于上述因素，全国监狱在押犯激增，已从1949年的6万余名，迅速增长至100万名以上。

从新中国成立至20世纪60年代中期，全国监狱押犯构成，以反革命犯和旧社会渣滓为主，一般刑事犯所占比例较少。这一历史阶段，由于党和国家领导人的重视和英明决策，果断地在全国开展大规模的劳动改造罪犯工作，并相继颁布了《劳动改造条例》和《劳动改造管教队工作细则（试行草案）》。全国监狱系统认真贯彻执行中央的决策、改造罪犯的法律法规和策略、方法，不仅成功地解决了不让罪犯坐吃闲饭的问题，而且成功地改造了大批反革命犯、旧社会渣滓及一般刑事犯，使其刑满释放后成为遵纪守法、自食其力的劳动者。据各地典型调查，这一时期的罪犯重新犯罪率只占2%左右，有的不到1%,[②] 为巩固新生的人民政权，促进社会主义革命和建设做出了历史性贡献。

## 一、转变罪犯服刑改造态度

反革命罪是“以推翻无产阶级的政权和社会主义制度为目的的危害中华人民共和国的行为”，反革命罪犯一般都是罪行比较严重，反动思想比较顽固，态度比较恶劣，对国内政治问题比较敏感，改造难度较大的罪犯。这些罪犯入监后在一段时间里反改造心理和反改造活动突出。有的不守监规监纪，不服从管教；有的伺机逃跑、行凶报复；有的不认罪不悔罪；有的兼而有之。这些问题不解决，罪犯深入改造就无法进行。这是罪犯改造的一般规律。遵循这一规律，监狱领导及民警即把转变罪犯服刑态

① 本书编写组：《建国以来公安工作大事要览》，群众出版社2003年版，第19页。

② 王明迪、郭建安：《岁月铭记——新中国监狱工作50年》，法律出版社2000年版，第21页。

度当作改造罪犯的起点和重要的转折点，认真做艰苦细致的教育转化工作，取得了很好的效果。

## 二、注重对罪犯进行政治思想教育

政治思想教育包括认罪守法教育、形势政策教育、劳动创造世界教育、改造前途教育等。关于罪犯政治思想教育的宗旨，《劳改条例》作了明确规定，是“揭发犯罪本质，消灭犯罪思想，树立新的道德观念”，即改造罪犯的犯罪思想，通常简称为改造罪犯思想。改造罪犯的犯罪思想是罪犯改造工作的核心和着重点，政治思想教育是这个核心的重要载体。监狱及其民警非常重视罪犯的政治思想教育，采取集体上课、队前讲话、阅读书报、小组讨论、责令反省、召集小型座谈会、组织参观、请人作报告和组织亲友规劝等多种形式开展这方面教育。经过多年的艰苦努力，取得了很好的成效。多数罪犯得到不同程度的改造；有不少人确实已经改恶从善。鉴于这种情况，中共中央提出建议，经全国人大常委会于 1959 年 11 月 17 日作出决定，对确实改恶从善的罪犯实行特赦。据统计，全国各地区特赦罪犯一般占在押犯总数的 4%～5%，仅河北、上海、天津、浙江、甘肃五省（市）就特赦 11247 人，其中反革命犯 2636 人。

## 三、把劳动改造作为改造罪犯的重要手段

劳动改造是指“我国刑罚执行机关以劳动改造为基本手段对罪犯实施的改造活动”。劳动改造的功能是多方面的，不仅能教育罪犯树立劳动观念，培养劳动人民感情，养成劳动习惯，而且能够消除罪犯的犯罪思想。新中国成立初期至 20 世纪 60 年代，关押改造的反革命犯，大多数是国民党党、政、军、警、宪、特中的反动骨干和恶霸地主、土匪头子、反动“会道门”骨干及惯匪等。这些人欺压百姓，长期过着寄生生活。他们具有轻视劳动、仇视劳动人民的思想观念，他们不劳而获的生活方式，是他们自私自利的人生观、价值观的突出表现。我国的刑罚执行机关组织这些罪犯参加劳动生产，进行劳动改造具有很强的针对性。这些罪犯经过长时期的劳动改造和思想教育，不仅树立了劳动观点，养成了劳动习惯，学会

了一技之长，而且改造了世界观、人生观。刑满释放后大多数成为遵纪守法、自食其力的劳动者，受到社会的广泛赞誉。事实证明，把劳动改造作为改造罪犯的重要手段，是成功改造罪犯的主要经验之一。

## 四、实行革命人道主义

尊重罪犯人格，废止肉刑，严禁虐待、体罚罪犯，对罪犯实行革命人道主义待遇，把罪犯当人对待，是我们党和国家的一贯政策。为了把罪犯改造成为新人，监狱广大民警认真贯彻落实这一人道主义政策。他们认真遵守国家法律和工作纪律，尊重罪犯人格，不打骂、体罚和虐待罪犯；认真做好罪犯生活卫生管理，保障罪犯日常生活需要和开展文化、体育活动需要；建立健全医疗保障机构，有病及时得到治疗；讲人格平等，讲人权，无论罪犯改造表现好坏，遇到问题同样认真帮助解决，生病了，给吃病号饭，该怎样治疗就怎样治疗，该怎样抢救就怎样抢救；认真做好方方面面的工作，保障罪犯合法权益不受侵犯。这些艰苦细致的工作，对罪犯起了很大的激励感化作用。很多人因此转变了改造态度，不认罪的认罪了，不认真悔改的认真悔改了；感到前途悲观地增强了改造信心。监狱的纪律状况和监内风气也明显好转，收到了非常好的效果。

## 五、开展多种形式的社会教育

反革命罪犯一般反动思想、反动立场顽固，不甘心自己的失败，有不少人幻想凭借美国发动侵朝战争和蒋介石反动集团叫嚣反攻大陆之机，重新夺回政权，东山再起。他们以“耳听为虚，眼见为实”为借口，对监狱的形势教育或者嗤之以鼻，或者将信将疑。为了改变他们的立场，转变他们的态度，改造他们成为新人，全国各地监狱根据公安部的部署，纷纷采取让罪犯走出监狱到社会参观城市工厂、商店、街道，到农村参观农业生产合作社和社员家庭，并参观省市举办的农业展览馆、工业展览馆和全国劳动改造罪犯工作成就展览。监狱还经常请社会上知名的先进工作者、劳动模范和老红军作报告，请刑满释放人员和罪犯家属为罪犯讲改造体会和亲人对罪犯的期盼，通过这些多种形式的社会教育，使罪犯亲身感受到新中国成立后，全国工业建设、农业建设、社会建设和其他建设事业取得了巨大成就，社会风气和人们的精神面貌发生了翻天覆地的变化。他们亲身感受到共产党和社会主义社会制度已经深得人心，往日的复辟梦想已被事实击得粉碎。他们转变了改造态度，下定决心认罪悔罪，认真进行自我改造。事实证明，以事实教育为主要形式的社会教育与监内教育相互印证、相互补充，是改造罪犯不可或缺的重要举措。

### 六、做好刑释人员的安置就业工作

刑释人员的安置就业问题事关社会稳定和罪犯改造前途，党和国家非常重视。新中国成立初期，鉴于当时政权还不稳定，在押犯构成是以反革命犯为主等情况，国家制定了以监狱安置为主的“多留少放”政策。20世纪50年代末至60年代初期，由于我国政治、经济形势的发展，以及当时在押犯构成中出身于劳动人民家庭的中青年已经占主要成分，1964年8月中央人民政府把刑满人员的留放政策从过去的“多留少放”政策调整为“四留、四不留”政策，即刑释人员由监狱和社会共同负责安置的政策。尽管监狱在贯彻执行政策过程中仍然存在着一些“左”的表现，但由于“四留、四不留”政策已经在社会、监狱得到了普遍贯彻，大多数刑释人员都得到了适当安置。有劳动能力的刑释人员得到了妥善安置，有了安身立命的劳动岗位；丧失劳动能力的刑释人员也由亲属或政府收留，这是新中国成立初期至20世纪60年代，刑释人员重新犯罪率较低的原因之一。

## 第三节 改造普通刑事犯的实践

党的十一届三中全会以后，中国进入了改革开放新的历史时期。全国监狱系统相继开展了各项改革，取得了一定成效。监内秩序持续稳定，改造效果显著提高。同时，监狱也面临着新的问题和新的挑战，主要表现在两个方面：一是在押犯构成发生重大变化。反革命犯占在押犯的比例大幅下降，普通刑事犯所占比例大幅上升，1979年年底反革命犯所占比例下降至11%，普通刑事犯已占大多数，至20世纪80年代初，普通刑事犯所占比例进一步上升；在押犯的家庭出身：20世纪60年代前，出身于剥削阶级家庭的较多，至70年代至80年代初，出身于劳动人民家庭的已占绝大多数；在押犯年龄：20世纪60年代前以中老年犯为主，至70年代末，年轻在押犯已占多数，其中30岁以下的已占55.6%。二是进入市场经济之后，监狱企业劳动力素质差、变动性大，企业负担重、装备技术落后等弊端暴露得越来越充分，监狱企业大面积亏损和监狱经费不足的问题突出，阻碍了狱政设施的更新改造，影响了监狱民警及职工工作、生活条件的改善；部分监所领导、民警对解决监狱困难的信心不足，不同程度地影响了监狱工作的改革和发展。

这些情况引起了党中央和国务院的高度重视，颁布实施了新中国第一部监狱法典，监狱各项改革深入发展，确定了新的监狱工作方针，出台了新的罪犯改造政策，加强了领导管理体制，确立了财政保障体制。以此为契机，监狱的法制化、规范化、现代化、科学化建设有序推进，监狱惩罚和改造罪犯的职能作用不断强化，罪犯改造质量逐步提高，成功地改造了大批普通刑事犯，监狱事业得到全面发展。可以说，自1977年至20世纪末21世纪初，是新中国监狱史上继往开来的重要历史发展时期。这一历史时期成功改造大批普通刑事犯的主要经验有以下几点。

## 一、强化以改造人为宗旨的中国特色罪犯改造体系建设

惩罚与改造相结合，以改造人为宗旨，是我国监狱制度中国特色的核心内容。为了进一步打造监狱制度的中国特色，充分发挥中国监狱惩罚和改造罪犯的职能，1981年12月，中共中央办公厅、国务院办公厅转发的《第八次全国劳改工作会议纪要》中提出对青少年犯要实行“三个像”“六个字”的政策；1987年3月，经中共中央批准的《全国政法工作座谈会纪要》提出对罪犯的改造工作向前、向外、向后延伸的战略决策。1994年12月，全国人大常委会批准和颁布了《中华人民共和国监狱法》（以下简称《监狱法》）。该法明确规定了监狱机关的性质、职责；规范了监狱和监狱人民警察的职能，规范了罪犯的权利、义务；确立了中国监狱的基本制度和监狱经费保障体制。1995年2月，国务院4号文件提出“惩罚与改造相结合，以改造人为宗旨”的新的监狱工作方针。这些重大举措，使

中国特色罪犯改造体系建设，在宏观层面上有了体制保障、政策保障和基本制度保障，为监狱深入贯彻落实监狱工作方针，清除了体制和机制障碍，为监狱及其民警排除了后顾之忧，使监狱能把主要精力集中在强化监狱职能、提高罪犯改造质量上。强化中国特色罪犯改造体系建设，是这一时期成功改造普通刑事犯的重要经验。其主要组织制度建设项目有：创办特殊学校、开展狱政管理规范化建设；建立健全罪犯考核制度；建立分押、分管、分教制度；建立社会帮教制度等，具体内容将在后面做专题介绍。

## 二、发挥监狱管理的惩戒和改造功能

我国非常重视监狱的监管改造工作，在1962年至1982年，我国相继建立健全了分押分管制度，警戒制度，戒具和武器使用制度，对申诉、控告、检举的处理制度，通信、会见制度，罪犯奖惩制度，生活卫生管理制度及犯人守则等。20世纪70年代以前，单项制度比较多，就事论事的措施、办法比较多，综合性的、宏观性的制度安排较少。为了发挥监狱管理的整体功能，司法部监狱局于1986年、1989年先后提出了监狱管理要“体现依法、严格、文明、科学的要求”，在1995年2月国务院4号文件中，明确要求“对罪犯实行依法、严格、文明、科学管理”。司法部监狱局将其概括为狱政管理的四个原则。在这四个原则中，依法管理是前提，严格管理、文明管理、科学管理都必须体现依法管理的要求。严格管理是基础，其他三项管理都必须在严格管理的基础上进行。所谓严格管理是指要严格执法、严格执行制度和纪律、严格兑现奖惩。文明管理是必要条件，各项管理都要有人性化的管理内容或管理方式。科学管理是核心，它要求监管工作必须采用科学的理论指导，按事物客观规律办事，深化对罪犯的改造工作。这四个管理相互衔接、相互补充、相互融合，形成一个统一整体，使监狱管理的约束功能、惩戒功能、引导功能、养成功能、矫治功能和激励功能等多种功能得以充分发挥。

司法部监狱管理局不仅大力倡导监狱管理这四项原则，而且于1990年11月以司法部第11、12号令发布了《监管改造环境规范》《罪犯改造行为规范》，还于1991年10月制定了《关于对罪犯试行分押、分管、分教的试行意见》，与监狱管理四项原则相互配套，形成合力。使监狱及其民警不仅明确了监狱管理四项原则的具体要求，而且有了贯彻落实这四项原则的“抓手”。因此，在这一历史时期，全国监狱系统对监狱管理这四项原则贯彻落实得比较好，强化了监狱管理的惩戒功能，使监狱真正像个监狱，使罪犯真正像个罪犯，取得了很好的效果。

## 三、健全以教育改造为中心的基本制度和工作机制

根据中共中央办公厅、国务院办公厅转发的“八劳”会议纪要中提出的“要把劳改场所办成改造罪犯的学校”的战略决策，1982 年 2 月公安部下达了《关于对罪犯教育改造工作的三年规划》，明确规定“组织罪犯学政治、学文化、学技术”，要把劳改场所“真正当作学校来办”。1982 年 10 月、部劳改局召开了潍坊支队办学经验现场会，推广山东省潍坊支队办特殊学校的经验。1985 年 6 月司法部、教育部、劳动人事部联合发出《关于加强对劳改、劳教人员文化、技术教育的通知》，提出把劳改场所的办学工作纳入教育、劳动部门的统一规划之中。同年 6 月 25 日，司法部在北京召开全国劳改场所办特殊学校经验交流会，会上交流了办特殊学校的经验，会议确定“三课教育以政治教育为核心，以文化教育为基础，以技术教育为重点”的教学体制；并提出了办学的五条标准；明确了办学的指导思想是“改造思想，造就人才，面向社会，服务四化”，形成办特殊学校的整体思路和具体要求。1987 年 4 月，司法部在昆明召开办学工作会议，着重研究部署了办学上等级活动，使办学工作引入竞争机制，为办学工作注入新的活力。

为了贯彻落实司法部和部监狱局提出的全面贯彻《监狱法》，实现“以教育改造为中心”的工作机制，全国监狱系统深化了办学工作。普遍设置了办学机构，配备了专、兼职教员，扩建了办学场所，增加了教育经费，正式挂牌办学。经过一段时间摸索，逐步形成以教育改造为中心，以办特殊学校为主要形式的工作格局。其中政治思想教育逐步扩展为九种有效形式：以马列主义、毛泽东思想和邓小平理论为主要内容的基础教育；以改造犯罪思想、矫正犯罪恶习为主要要求的分类教育；以清除思想障碍、心理障碍，转变改造态度为主要目的个别教育；以心理测试、心理咨

询、心理治疗为主要形式的心理矫治；以开展健康有益、丰富多彩、寓教于文、寓教于乐为主要形式的辅助教育；以体现社会关怀、开展帮教活动为主要载体的社会教育；以矫正不良习气、培养良好纪律和行为习惯为主要要求的养成教育；以民警模范形象、言传身教为主要方式的示范教育。文化教育以扫除文盲、小学、初中教育为主，有条件地组织学习高中和大专课程，同时鼓励罪犯自学，参加社会上成人高等教育自学考试。技术教育除了“干什么、学什么”、在劳动中边干边学外，各监狱普遍开设了职业技术培训班，开展多种类型的职业技术培训。

总之，通过创办特殊学校、通过实行“分押、分管、分教”、通过开展多种形式的教育活动等，逐步形成了“以教育改造为中心”的基本制度和工作机制，强化了监狱的改造职能，提高了罪犯的改好率，降低了罪犯的重新犯罪率。坚持以教育改造为中心，从整体上把改造场所办成特殊学校，使监狱既是监狱又是改造罪犯的学校，这是中国社会主义监狱的基本特色和传统优势。弘扬这种基本特色和传统优势，就能成功改造罪犯，将其改造成为守法公民。

## 四、调动罪犯改造的积极性

调动罪犯改造的积极性，是新中国监狱改造罪犯的优良传统。20 世纪 80 年代中后期我国建立了罪犯分押、分管、分教制度，建立健全了“计分考核奖罚罪犯”制度。在“三分”工作中引入了竞争机制，在对罪犯的考核制度中明确规定以调动罪犯改造积极性为重要原则。因而在这一历史时期，调动罪犯改造积极性实现了制度化、机制化和常态化，使罪犯在希望中改造，充分调动了罪犯的改造积极性。据统计，山东潍坊监狱实行计分考核制度后，罪犯积极面上升 5%，落后面下降 3%，违纪率下降至 0.88‰，产值提高 27%，利润提高 25%。辽宁瓦房店监狱于 1988 年在对罪犯进行“三分”工作中，实行中国式的累进处遇制度，在罪犯中形成了“人人不甘落后，争相进取”的局面，按照经该省两院一厅确认的“以分计奖，依法减刑”办法，准予离监探亲的罪犯，探亲期满提前归队，而且在探亲期间表现良好。有的主动找被害人谢罪，有的帮助乡亲们做了不少好事，受到当地群众普遍好评。

## 五、对罪犯实行人道主义政策

这一历史时期，由于监狱系统认真贯彻执行以改造人为宗旨的方针和“给出路”的政策，对罪犯实行人道主义方面出现了非常好的局面：一是罪犯的人格普遍受到尊重，不打骂体罚罪犯、不虐待罪犯，认真听取罪犯的诉求，认真帮助罪犯解决面临的实际问题，已经蔚然成风。二是监狱法对罪犯的权利和义务进行了清晰明确的界定，使罪犯权利、义务进一步规范化、具体化，更便于监狱广大民警贯彻落实。三是对罪犯实行人道主义的教育感化政策已形成有法可依、有法必依、执法必严的良好气氛。这一良好氛围由两个因素构成，首先，是民警素质因素，通过学习中央的方针、政策和监狱法，监狱民警普遍增长了法律意识、责任意识，增强了公正执法的自觉性和主动性，能够更好地贯彻人道主义教育感化政策，使罪犯的人道主义待遇能落到实处。其次，是罪犯的因素，通过法律教育，国家的改造方针、政策教育，罪犯普遍增强了遵纪守法意识、维权意识、申诉控告意识，当其受到不人道待遇或依法应享有权益受到侵害时，能及时进行申诉或控告。这是形成“有法可依、有法必依、执法必严”良好氛围的另一个重要因素。在这一历史时期，罪犯依法享有的权利得到更有效的保障，罪犯履行法定义务的自觉性增强了，罪犯改造积极性提高了。因此，认真落实教育感化罪犯的人道主义政策，是这一时期成功改造普通刑事犯的主要经验之一。

## 六、开展多种形式的社会教育

随着改革开放的深入发展，社会主义凝聚力的进一步提高，公民的主人翁意识、社会责任意识普遍增强。这种良好的社会环境，为对罪犯开展社会教育创造了有利条件。党的十一届三中全会以来至20世纪末21世纪初，监狱对罪犯开展社会教育，出现了一些新形式，增加了一些新内容，其主要形式有以下几种。

### （一）公检法各机关参与罪犯改造工作

1987年中央提出罪犯改造工作要向前、向外、向后延伸，罪犯改造工作要纳入社会治安系统工程的要求，公、检、法各机关均按各自的分工，分别做好与罪犯改造相关的各项工作。

（二）与监狱签订帮教协议，协助监狱做好罪犯帮教工作

监狱相继邀请在押犯所在地党政机关和社会团体、在押犯原单位、罪犯亲属等与监狱及在押犯本人签订帮教协议或帮教责任书。协议内容包括到监内给罪犯“送温暖”、对罪犯进行帮教、帮助罪犯排忧解难、安置刑释人员就业和接茬帮教工作等。协议明确双方各自承担的责任和义务，定期检查、年终总结。这种形式受到罪犯及其家属的普遍欢迎。

（三）开展社会志愿者帮教活动

这是随着20世纪90年代以来社会志愿者活动的兴起而出现的一种新的社会帮教形式。由监狱邀请当地或省城的社会志愿者到监狱开展与罪犯“结对”帮教等活动，这种帮教不仅形式新颖有吸引力，而且帮教队伍素质较高，有做思想工作的经验，工作深入细致，有针对性，效果很好。

（四）邀请社会知名人士到监狱演讲、作报告

自20世纪80年代中期开始，全国各地监狱相继邀请当地或省内知名人士、英雄模范人物、文艺体育明星到监狱针对罪犯关心的热点问题作报告，开展帮教活动。这些人由于具有较高的知名度，他们开展的帮教活动，对罪犯有吸引力，具有良好的教育、感化作用。

（五）邀请律师或法律工作者到监狱进行法律咨询

律师或法律工作者具有丰富的法律知识和丰富的法律援助经验，邀请这些人到监狱对罪犯遇到的各种法律问题进行咨询，对罪犯进行法律援助，帮助罪犯清除法律困惑，增强改造信心，收到很好的效果。

（六）组织罪犯到社会参观

监狱根据教育改造罪犯的需要，组织罪犯参观当地的建设成就和先进典型，参观爱国主义教育基地，凭吊烈士陵园，参加与社会共同举办的“走向新岸活动”，使罪犯受到生动形象的政策和前途教育。

（七）采取“请进来”和“走出去”的方法进行现身说法教育

监狱经常邀请做出成绩的刑释人员回监狱作“现身说法”报告，介绍

社会形势和社会就业情况，谈回归社会后的感受和重新做人的体会，帮助罪犯消除思想障碍和心理障碍，增强改造信心。另一种“现身说法”的形式是应社会邀请组织改造比较好的罪犯到社会进行现身说法，谈误入歧途的感受和反思，谈改造的心得体会；或组织罪犯艺术团到社会汇报演出，中间穿插“现身说法”节目，收到了很好的社会效果。

上述种种社会教育，无论教育内容还是教育形式，都与监内教育互补，弥补了监内教育的局限性。实践证明，监内教育与社会教育各有各的优势，也各有各的不足，两种教育互相结合、优势互补是罪犯教育发展的必然趋势。

## 七、加强监狱人民警察队伍建设

监狱人民警察是监狱的脊梁，是做罪犯改造工作的主力军，他们的素质、他们的精神状态直接关系到罪犯改造工作的好坏。因此，监狱系统上下都非常重视监狱人民警察队伍建设。自党的十一届三中全会以来到21世纪初，监狱系统以提高监狱人民警察整体素质为中心加强了队伍建设，主要抓了以下几方面的工作。

### （一）充实、稳定监狱人民警察队伍，提高广大民警的积极性

由于“文革”期间监狱系统遭到严重破坏，监狱警力严重不足，1978年以后监狱系统先后从转业军人、地方干部及大中专毕业生中选拔了一批干部，充实、扩大了民警队伍，缓解了警力紧缺状况。由于监狱环境条件差、工作艰苦、风险性大等原因，一些新录用人员不安心工作。为了稳定监狱民警队伍，国家实行了一系列从优待警政策，稳定了监狱人民警察队伍，调动了监狱广大民警的积极性。

### （二）加强监狱人民警察的思想道德建设，提高革命化水平

建立健全民警政治培训、知识更新培训制度，强化了基本理论教育、四项基本原则教育、理想教育、革命传统教育、社会主义法制教育和职业道德教育。通过这些教育，提高民警的觉悟和道德修养，激发民警的爱国热情和责任感、使命感，鼓励民警建功立业，为振兴监狱事业做出新贡献。

(三) 加强监狱人民警察的文化建设，提高文化素质

为了提高民警的文化素质，监狱系统在20世纪80年代，通过文化补习，办职工中学，有计划地组织民警报考电大、函大等各类业余学校，鼓励民警参加高等教育自学考试等渠道，提高民警文化水平。到20世纪90年代以后，通过开展本科、大专、中专学历教育，采取送院校深造、委托培养、联合办学、自学考试、电大、夜大、函大等多种形式，进一步提高监狱民警的文化素质，收到了很好的效果。

(四) 加强监狱人民警察的业务建设，提高执法能力

“八劳”会议启动并加强了民警培训、教材编写工作，构建中央、省(区、市)和基层监狱的三级教育培训网。监狱管理体制变更后，司法部及部监狱局多次召开民警教育培训会议，从上到下建立培训机构，构建培训网络，开展了多种形式的教育培训，取得了显著成效。

(五) 加强监狱人民警察廉政建设，增强廉洁自律能力

改革开放以来，我国实行以公有制为主体、多种所有制共同发展的基本经济制度，解放了生产力、促进了经济发展。但由于在政治制度、经济制度和文化制度中仍存在一些弊端，加之对多元经济主体缺乏有效的监督机制，致使一些经济主体为了牟取暴利，逃避法律处罚，不惜用重金、美色拉拢腐蚀党政干部。同时，中国实行按劳分配为主体、多种分配方式并存的分配制度，调动了劳动者的积极性，促进了经济发展。但由于分配制度不健全，分配机制不完善，一些公务员对个人收入偏低和不同部门之间收入差距较大，心理失衡，也是诱发腐败的一个重要原因。此外监狱民警长期与罪犯打交道，管人、管钱、管物，很容易在执法领域搞权钱交易；或在生产经营活动中搞非法经营活动。因此，司法部及部监狱局非常重视监狱人民警察廉政建设工作，着重抓了以下几方面的工作。

1. 开展思想教育。开展理想、信念和世界观、人生观、价值观教育；开展党纪、政纪和法纪教育；开展示范教育和警示教育，建设廉洁奉公的警察队伍。

2. 加强领导干部廉政建设。采取健全领导干部民主生活会、开展自查自纠和“三讲”教育、落实党风廉政建设责任制等措施，加强监狱系统

领导干部廉洁自律工作，提高领导干部廉洁自律的自觉性。

3. 健全各项监督制度。建立健全司法系统纪检监察机构；建立健全有效的社会监督机制，对罪犯减刑、假释、保外就医等执法活动实行公示、公开制度，接受社会监督，遏制执法腐败。

4. 认真查处违法乱纪案件。为了遏制腐败，对民警进行警示教育，监狱系统认真查处违法乱纪案件。

# 第四章　新世纪罪犯改造与监狱职能改革实践

## 第一节　新世纪罪犯改造方法、手段发展创新的实践

### 一、积极引入和推行循证矫正方法

循证矫正，是指在矫正过程中，实践者根据矫正对象的犯因性需求对现有证据进行研究，从而选出最佳证据，结合实践者的矫正经验，对矫正对象实施的一系列矫正活动。[①] 循证矫正是以证据为基础，对罪犯及其犯罪行为进行评估，判断出影响犯罪的静态风险因素和动态风险因素，制订矫正方案并实施矫正活动。其核心为确定最佳证据，以最佳证据为指导，制订最佳矫正方案，以期达到最佳的矫正效果。循证矫正是以美国、加拿大、澳大利亚等为代表的西方国家近二十年来逐步研究、逐步应用和发展起来的一种创新性的罪犯矫正理论和方法体系。加拿大的学者认为，循证矫正的“最佳实践”源自加拿大，但在过去的十年中，美国已经成为循证矫正研究与运用最有影响力的国家。这与美国 20 世纪 70 年代中期以来监狱人满为患，重新犯罪率居高不下的形势密切相关。据统计，1997—2005 年，美国联邦和州监狱的人数从 21. 6 万人增加到 152. 5924 万人，增加 6 倍多；地方看守所人数，在 1985 年至 2005 年，从 256. 615 万人增加到 747. 529 万人，增加了近 3 倍，成为世界上监禁率最高的国家。过度监禁不仅导致巨大的财政支出，而且带来了重新犯罪率的不断攀升。据美国司

① 侯佳：《循证矫正的若干问题研究》，载《中国监狱学刊》2015 年第 5 期，第 21 页。

法统计局最近的调查报告，犯罪人有一次或一次以上的被判过刑的达73%，二次或二次以上的达56%，三次或三次以上的达39%，超过6次犯罪被判刑的有17%，其中更有60%的超过11次。① 上述局面引起国会和公众的极大关注，人们对矫正系统投入大量资源对罪犯实施的众多教育矫正项目和干预措施的有效性提出了质疑。

20世纪90年代，应美国国会的要求，美国国家司法研究所资助以马里兰大学教授谢尔曼为首的研究小组，采用一套统一的、合理的、客观的科学评估体系，对全美500多个犯罪预防项目的成效进行了评估，并于1998年出版了题为《预防犯罪：哪些有效？哪些无效？哪些还在进行中？》的研究报告。该报告中关于矫正项目的有效性的结论明确指出，目前所实施的矫正项目对减少重新犯罪并非都有效，只有那些结构化、目标明确、重点突出、使用多种矫正措施、注重培养技能（社会技能、学业和职业技能）的和采用认知—行为学干预方法的矫正项目在减少重新犯罪方面才是有效的。

在这些研究的基础上，矫正界的有识之士越来越认识到，矫正实践中要尽可能采用那些经过实践证明有效的矫正项目和干预措施，同时要尽可能避免采用那些无效的矫正项目和干预措施，只有这样，方能提高矫正的效果，实现矫正资源的效益最大化。在循证实践活动的直接影响下，循证理念与矫正实践就自然而然地结合起来，促进了循证理念与方法在矫正实践领域的应用，导致了循证矫正的产生。② 循证矫正方法产生后相继在西方国家广泛应用，至今已经有二十多年历史，效果显著，已得到普遍认可。循证矫正与常规矫正相比较有许多不同。一是矫正理念不同。常规矫正往往是采取惩罚犯罪人和罪犯矫正相结合的理念，注重对罪犯的惩罚性。二是对矫正有效性的意识不同。常规矫正按照以往规范化的矫正方案和矫正者个人的矫正工作经验实施矫正措施，而忽视了矫正结果的有效性。而循证矫正利用科学的评估体系基于最佳证据，对矫正措施的有效性进行评估，在制定矫正方案时，也充分考虑到相应措施对矫正对象的有效

① 张庆斌：《西方国家循证矫正的主要内涵》，载《中国监狱学刊》2014年第2期，第152页。

② 张苏军：《在循证实践与循证矫正研讨班上的讲话》，载《中国司法行政年鉴（2013年版）》，第189页。

性，并在循证实践过程中不断修正现有的证据，完善矫正方案。三是对于矫正证据的处理方式不同。常规矫正通常不注重对证据的收集、整理、评估以及使用，即使采纳相应的证据也仅仅以现有的证据为基础，而对现有证据的科学性、有效性和可靠性没有进行评估。而循证矫正遵循最佳证据原则，采用科学的评估手段对获得的证据进行评估，并对评估体系本身的科学性进行判断，以确保证据的科学性、有效性和最佳性。四是矫正对象参与矫正的程度不同。常规矫正的矫正对象通常处于一种被动地位，只能被动地接受相关的矫正措施。而在循证矫正的实践中，矫正对象是处于主动地位的。矫正对象是循证矫正实践的重要参与者，矫正对象可以发表自己的意见，陈述自己与犯罪有关的情况，并参与到矫正方案的制订中，循证矫正实践的工作人员须根据矫正对象的建议，修正和完善矫正方案。[①]

为了提升我国罪犯矫正工作的科学性和有效性水平，推动罪犯矫正工作方式方法创新，司法部于 2012 年 9 月在江苏省宜兴市举办了“循证实践与循证矫正国际研讨班”，围绕循证矫正概念特征、作用价值、理论框架、主要做法和基层经验以及在中国矫正工作中如何引入借鉴循证矫正的理论和方法等问题进行深入研讨。通过研讨班引进循证矫正知识，培训骨干。司法部副部长在会上提出“我们应当学习借鉴国外循证矫正的有益做法，结合我国罪犯教育改造工作实际加以创造地运用，经‘本土化’处理，最终形成一套符合中国实际的循证矫正体系”[②] 的总体要求，动员司法行政系统积极开展循证矫正理念、方法的引进和推行工作。会后各地监狱、社区矫正系统结合本地情况开展了不同程度的循证矫正试点工作。至 2013 年 4 月，在全国 32 个省份（含新疆生产建设兵团）中，已有半数省份的 80 所监狱采取不同的模式开展试点，一些地方在社区矫正系统也开展了试点工作。试点中形成了不少研究成果。2013 年司法部又把“探索开展循证矫正，建立健全教育改造质量评估体系”作为全年一项重点工作。并于 2013 年 4 月召开了循证矫正研究与实践项目小组第一次会议。会上，张苏军副部长明确指示：“要把探索和引入循证矫正的理念与方法作为当

① 侯佳：《循证矫正的若干问题研究》，载《中国监狱学刊》2015 年第 5 期，第 23-24 页。

② 张苏军：《在循证实践与循证矫正研讨班上的讲话》，载《中国司法行政年鉴（2013 年版）》，第 190 页。

前和今后一个时期教育改造工作创新的一项重要内容来抓，总的想法是，通过项目实施，吸收借鉴国外循证矫正理论与实践的有益经验，探索在我国监狱，社区矫正和强制隔离戒毒工作中推行循证矫正的条件、路径，构建具有中国特色的循证矫正理论框架和操作系统，促进教育改造工作理念、方法创新，不断提高教育改造质量。”会议确定循证矫正研究与实践科研项目以 3 年为期，分 3 个阶段逐年推进。第一阶段引入知识，培训骨干；第二阶段指导试点，探索符合我国国情的循证矫正规范；第三阶段力争形成初步规范并适当扩大试点，检验和调整规范并开展推广工作评估，做好循证矫正的推广工作。循证矫正研究与实践科研项目实行理论研究、工具开发、试点工作三头并进的工作思路。试点工作是关键，前两项工作只有与试点工作结合起来才有价值和效果。按照项目实施的需要，司法部选择基础好、工作有主动性的江苏、浙江、山东、四川、山西五省和司法部燕城监狱共 9 所监狱作为项目试点单位，为制定和运用循证矫正规范提供试验基地。

循证矫正研究与实践科研项目，经过几年的积极探索，循证矫正研究取得了阶段性成果，循证矫正理念与方法引进试点正在深入进行中。各试点监狱对各类罪犯的循证矫正工作，都在进行积极的探索。为便于研究交流，现把有代表性的几类罪犯的循证矫正试点情况简介如下。

### （一）抢劫犯循证矫正实践

江苏省浦口监狱于 2014 年对抢劫犯进行了循证矫正试点，取得了较好的效果。抢劫犯循证矫正实践试点的实施要点如下。

1. 筛选高再犯罪风险矫正对象

据统计，江苏省浦口监狱抢劫犯占在押犯总数的 16.95%，占暴力犯的 57.41%，占财产型罪犯的 30.12%。抢劫犯分散关押在 28 个监区，每个监区多则 50 多人，少则不足 10 人。经综合考虑，选择关押纯度最高的 U 监区 42 名抢劫犯作为筛查样本。经过用加拿大水平评估量表（LSI-R 简化版）测量，从 U 监区 42 名抢劫犯中筛查出 10 名较高再犯风险罪犯。经中国罪犯心理测试个性分测验（COPA-P1）、卡特尔 16 种人格因素量表（16PF）、江苏省监狱管理局研制的人身危险量表（RW）和心理—认知—行为量表（XRX）四种量表测试相互参考，临床评估印证，再从 10 名较高再犯风险罪犯中确定了 5 名高再犯罪风险罪犯作为抢劫犯循证矫正对象。筛选的具体情况如下。

一是量表测试情况。

第一，水平评估量表（评估再犯罪风险）测试。5 名罪犯得分从高到低的排序：傅某 32 分、康某 21 分、陈某 16 分、郑某 16 分、杨某 14 分。按照美国高度危险性评分标准是 29 分，傅某得分高于 29 分，属于高风险。

第二，中国罪犯心理测试个性分测验（个性状况评估）。测试结果显示：康某的同情、波动、冲动、自卑、焦虑、暴力倾向、变态心理等项得分均超出常模，说明其缺乏同情心，冷酷无情；情绪易变起伏不定；焦虑不安，通常忧虑抑郁，忧心忡忡；有较强的自卑感；冲动鲁莽；暴力倾向较强，不太安守本分。傅某性格比较内向，有较强的自卑感；犯罪思维程度严重，牵涉面较广。

第三，卡特尔 16 种人格因素量表（人格状况评估）测试。常模范围是 3~8 分。傅某兴奋性、怀疑性较低，独立性较高。根据量表解释，兴奋性低分为严肃、审慎、冷静、寡言；怀疑性低分为依赖随和，容易与别人相处；独立性高分为自立自强，当机立断。康某实验性较低，幻想性较高。试验性低分为保守，尊重传统观念和标准；幻想性高分为幻想、狂放任性。

第四，人身危险性量表测试。测试得分显示，郑某得 81 分，属危险类；傅某得 74 分，属危险类；其余 3 人得分都在 60 分以下。

第五，心理—认知—行为量表测试。测试结果，超出常模的维度，傅某为焦虑、抑郁倾向、精神异常症状、适应性、偏执状况、罪责感、宽容心、义利观、自控力、调节力；郑某为罪责感、暴力倾向。

上述 5 种测试量表，前两种测验量表属替代性风险评估量表（必测量表），后三种测试量表属辅助性评估量表（选测量表）。

二是临床评估情况。

他们对前 10 名具有较高再犯风险的抢劫犯进行了面谈，面谈时以清单为线索，以半开放式面谈、结构性面谈、监区警察评估为主要评估形式，综合考量以上各种量表测试结果显示的关联性，经对比、验证、综合评估，最后确定抢劫犯循证矫正对象上述 5 人名单。

三是监区民警评估其现实改造情况。

抢劫犯反社会意识强烈，普遍缺乏罪恶感，存在冒险心理，爱嫉妒报复，易走极端；把固执当坚强，往往以暴力犯自居，重新暴力犯罪的企图仍然存在；对改造信心不足，易自暴自弃，有的偶尔产生轻生念头，不习惯被严格管束，经常违规违纪；好与监狱警察辩论，喜欢顶撞监狱警察，以此在同犯中树立“威信”；敢于冒险，盲目讲究哥们义气，附群心理强，好结团伙，爱打群架，手段残忍，不计后果；好逸恶劳，恃强凌弱，贪占他犯的财物和劳动成果。这些反社会意识的多数项目被挑选对象表现明显。

2. 诊断确定犯因性问题和矫正需求

经综合研究分析多种量表测试结果、面谈评估、查阅档案、监区民警评估等信息后，做出如下评估结论。

一是共性犯因。

在犯因性心理因素方面，抢劫犯不同程度存在下列问题：

第一，自我认知水平低，情绪控制能力差，侵占、贪财思想突出。

第二，鲁莽、任性、缺乏自信、散漫、放荡、无组织无纪律、自尊心和自主性缺失。

第三，粗野、冲动、好攻击、爱冒险。

第四，贪婪、自私、好逸恶劳。

第五，个性具有不稳定性、攻击性和报复性，缺乏自信心、同情心，具有明显的焦虑感和犯罪思维模式。

在犯因社会因素方面主要有：

第一，社会功能不全，长期无固定工作，收入较低。

第二，朋友圈中绝大多数违法违纪，有违法犯罪史。

第三，受教育程度普遍不足。

第四，受社会不良风气的影响。

第五，缺乏违法性认识。

第六，不同的人生观、价值观。

二是个性犯因。

矫正对象的个性各有不同，下面仅举两例。

罪犯傅某的犯因性问题及矫正需求：该犯侵占贪财思想突出，道德观念有缺陷、有较强的自卑感、自控力调节力缺失、好逸恶劳、长期无固定工作、不良交往、人际关系差、行为散漫放荡、情绪不稳定、犯罪思维明显。

罪犯郑某的犯因性问题及矫正需求：该犯罪责感差、赌博、侥幸心理、缺乏亲社会感情、缺乏同情心、无固定工作、暴力倾向、冲动、攻击行为、缺乏耐心。

3. 检索研究证据

检索关于抢劫犯生理、心理、行为和矫正对象既往研究资料，为科学制订矫正计划提供参考依据，确保提高对抢劫犯矫正的针对性和实效性。在中国知网《犯罪与改造研究》和《中国监狱学刊》分别输入抢劫犯、暴力犯、财产犯、抢劫犯犯罪心理特征、抢劫犯疑难问题、抢劫犯矫正等关键词，经筛选获取59篇直接相关的证据资料。获取的主要证据如下。

（1）抢劫犯生理特征的研究证据

《暴力犯罪生理机制的研究》一文之中从神经递质、急速、神经解剖学微观层次探讨暴力犯罪的生物基础。该项研究表明有暴力行为史的人，包括纵火等暴力犯罪人、酒后产生暴力行为的人、虐待动物的儿童等，他们的五羟色胺（5-HT）代谢水平低于正常水平。肾上腺皮质激素和去甲肾上腺皮质激素对攻击行为有一定调节作用。有研究显示，冲动攻击行为与眼眶前额、前内侧额叶、左前侧额叶的代谢水平降低有关，暴力行为个体（已被诊断为反社会人格障碍）前额叶皮质体积较正常人小。

（2）抢劫犯心理特征的研究证据

证据一，《犯抢劫罪服刑人员心理特征及矫治对策探讨》一文，用中国罪犯心理测试个性分测验（COPA-P1）对福建省各监狱的3868名抢劫犯进行测验，得出结论：犯抢劫罪服刑人员的心理特征总体倾向为情绪不稳，从众性低，冲动性攻击性高，报复性强，有一定戒备心理，同情心不足，自卑，焦虑不安，聪慧性低，有较明显的心理变态倾向和犯罪思维模式。

证据二，《物欲型暴力犯的特点及矫治对策》一文对123名物欲型暴力犯进行了16PF气质、行为类型心理测试，概括出物欲型暴力罪犯的个性心理的5种特征。

证据三，《谈抢劫犯的犯罪心理结构》一文对随机从3所监狱各抽出100名共计300名在押的抢劫犯（全部为男性）进行卡特尔16种个性因素量表测验，显示抢劫犯的主要心理特征是：在认识特征上具有反社会的野蛮英雄观。在性格特征上，外向型特征十分明显。在动机特征上，大多数出于物欲动机，少数是为了寻求刺激。在人格特征上，人格障碍明显。

（3）抢劫犯行为特征的研究证据

《抢劫犯罪心理与行为特征及治理策略》一文通过对湖北省南漳县1995年1月至1999年12月5年间逮捕的159名抢劫犯进行调查分析得出抢劫犯有如下行为特征：一是团伙性；二是系列性；三是盲动性；四是流动性；五是狡诈性；六是凶残性。

（4）抢劫犯矫正对策的研究证据

《抢劫犯罪服刑人员心理特点及矫正对策探讨》一文提出抢劫犯的矫正对策有如下几项：①思想教育，包括法制教育、道德教育；②文化熏陶，包括文化教育、监区文化；③心理矫正，采用转移法、宣泄疗法、自我激励法、心理置换法、自我安慰法、换位思考法、认知疗法、循环式肌肉松弛法8种方法；④劳动改造，加强对他们的劳动改造，并对其进行技术培训；⑤狱政管理，通过规范化管理、分级管理、累进处遇、行政奖励等措施激励、引导他们良好行为的形成。

4. 制订矫正计划

以改善和消除犯因性需求为目标，通过对检索的资料进行精挑细选后，结合心理咨询师、监区领导、监狱矫正警察、罪犯等各个主体的情况制订了最终的矫正计划。矫正计划包括以下几项内容。

（1）抢劫犯循证矫正总体目标

不同学科不同视角对循证矫正的目标可以有不同的理解，心理学标准的“守法公民”是“人格健全”的人，监狱学标准的“守法公民”是“改造好”的人，本案例采用的是综合性标准，即降低个体罪犯的再犯罪风险为次级目标，实现“成为守法公民，降低重新犯罪率”为根本目标。具体说来，就是通过对抢劫犯的循证矫正，调整罪犯的需要结构，改变其错误认知；认识其自身冲动、攻击等暴力倾向问题并基本能控制冲动，不发生严重暴力行为；掌握一般问题的解决技能和生活技能；抗拒不良同伙，表达自己主张，与别人良性交往，实现态度转变、价值观改善和人格完善。

(2) 总体矫正时间

以3个月共计12周为一个矫正周期，具体共分3个阶段。

(3) 个体犯因矫正计划

第一阶段为矫治性会谈。并对罪犯傅某开展家庭走访。

第二阶段为冲动控制项目障碍矫正活动。

阶段性矫正目标：提高罪犯的情绪自我控制能力，减少自我防卫意识，改变其不合理信念，使其对自己有恰当认识，形成积极健康的心态和人格，和他人和谐相处，重塑人生观和价值观，积极投入改造。

矫正时间：4周，每周1次。

矫正技术：放松训练、合理情绪疗法、内省法、情绪转移法、名言激励法、换位思考法。

矫正方案：

①控制阶段。放松训练1周，目标是能积极配合、学会自我控制的技巧，减少失控行为。

②调试阶段。ABC疗法2周，目标是学会自我分析，提高认知水平，培养健康心理，有效改善情绪。

③巩固阶段。用内省法、名言激励法、换位思考法进行心理矫治1周，目标是建立正确的认知，树立良好的法律意识，能够遵规守纪，积极改造。

矫正处遇：根据施策效果及时兑现奖励。

(4) 共性犯因矫正计划

第一阶段为矫治性会谈。

针对矫正对象的具体矫正需求开展第二次面谈，即矫正性会谈。目标为建立关系，初步调整认知，疏导情绪。

第二阶段为人际困扰团体项目矫正活动。

矫正目标：修正错误认知，提高情绪管理的能力，减少人际冲突，实现人际和谐，适应改造环境。

矫正时间：1 个月。

矫正技术：团体心理咨询、名言激励法、性情陶冶法、换位思考法、认知行为疗法。

矫正资源配置：心理健康指导中心二级心理咨询师与监区分管民警密切配合。

矫正方案：

①控制阶段。团体心理咨询 1 周，目标是建立团队关系、培养团队意识。

②调试阶段。认知行为疗法 2 周，目标是纠正错误认知，提高认知水平。

③巩固阶段。名言激励法、换位思考法、性情陶冶法共 2 周，目标是学会处理人际关系问题、建立和谐的人际关系。

矫正处遇：同上。

第三阶段为“我的生活方式”就业职业项目矫正活动。

矫正目标：树立正确的就业创业理念，建立就业创业目标。

矫正时间：1 个月。

矫正技术：团体辅导法、认知疗法、目标激励法、成绩激励法、责任激励法、特长激励法。

矫正方案：认知教育 1 周，目标是正确认识自我，正视犯罪原因。能力教育 3 周，目标是梳理正确就业理念、培养罪犯职业技能。

矫正资源配置：北京光华慈善基金会高级创业培训师、江苏监狱系统民警创业师资认证培训师、心理健康指导中心二级心理咨询师与监狱分管民警密切配合。

矫正处遇：同上。

个体犯因项目矫正和共性犯因项目矫正活动均按计划实施。

5. 阶段性效果评估及试点体会

在循证矫正中，效果评估主要是根据将罪犯“转变为守法公民，降低重新犯罪率”这一根本目标，通过罪犯犯因性问题所设定的矫正目标及其矫正活动以及取得的实际效果进行个别的专项评价，并在此基础上给予综合判断。对矫正目标实现的评价，归根结底是对罪犯矫正结果进行判断，对矫正取得的效果给予肯定和鼓励，对存在的问题客观地实事求是地予以揭示，从而推动和促进循证矫正活动以及罪犯矫正活动不断朝着目标方向努力。

(1) 阶段性效果评估

一是咨询师评估。

认为5名罪犯在下列6个方面都有一定程度的进步与改善。

第一，正确认识自己的行为是由于情绪控制能力欠缺，能积极配合矫正，通过渐进式肌肉放松训练，从中学会自我控制的技巧，减少失控行为。

第二，明确了自己行为失控的原因，能主动配合运用合理情绪疗法，学会自我分析，提高认知水平，培养健康心理，有效改善情绪。

第三，通过训练—实践的循环和“内省法”“换位思考法”进行巩固教育，建立了正确的认识，能够正视自己的犯罪原因，培养了良好的法律意识，能够遵规守矩，积极改造。

第四，树立了正确的劳动改造观，正确认识到劳动的意义，日常改造中劳动热情提高，能够积极参加监狱各项活动。

第五，修复了与家人的感情，罪犯通过真诚的忏悔、积极的改造表现得到了家人的谅解。

第六，建立了正常的人际关系，学会了处理人际关系的技巧，在日常改造中减少了与警官、同犯的矛盾。

二是监区民警评估。

U监区共有5名罪犯参加抢劫犯的循证矫正活动，经过3个月的个别面谈、专题活动，这5名罪犯在日常改造和生产中均有不同程度的良好变化，现将循证矫正情况小结如下：

傅某：3个月来，该犯改造态度由消极慢慢转变为较为端正，出工较为积极，尤其是对该犯家访后，该犯改造表现明显好转，能遵守纪律，坚持三课学习，在车间或监房遇到监狱民警能主动问候，分管监狱民警也表示该犯近期脸上笑容多了，综合表现较好。该犯准备2014年第一批次申报减刑。

康某：该犯经过3个月的面谈和项目矫正等活动后，对未来的信心有所增强，由前面的较为迷茫到渐渐清晰，在监狱民警的交流沟通中亦流露出去后一定要好好做人的念头。该犯能遵守监狱纪律，综合表现平稳，已申报 2013 年第四批次减刑。

另外 3 人也表现较好，其具体点评从略。

三是综合评价。

经过本人自评、同犯评价、监狱民警评价、咨询师评估，我们综合评估认为这 5 名抢劫犯的矫正取得了一定的成果，纠正了错误的义利观、人生观，建立了正确的认知及就业观，养成了良好的劳动习惯。通过“我的生活方式”就业职业等项目矫正，掌握了一定的职业技能，拥有一技之长，回归社会能自食其力，有效减少暴力攻击性行为，犯因性因素得到明显改善，但实际效果还需跟踪观察。

（2）试点体会

他们的体会是，在循证矫正工作中，风险评估是基础，犯因性问题与矫正需求的分析是核心，矫正计划的制订是保障，落实矫正计划实施矫正活动是关键。刚刚在国内落地的循证矫正，要想生根、开花、结果，还有很多亟待解决的问题：

一是在确定矫正对象时缺乏本土化、专业化的测试量表，由国外引进的量表某些方面的内容并不切合中国的国情。他们使用时做了部分修改，但没有经过权威部门的论证，信效度有待确认。

二是证据体系不健全，相关抢劫犯的理论成果繁多，但是研究的准确性、成果中的效力等级不确定。

三是矫正方法的有效性需要检验，目前实施的项目矫正仅为针对少数矫正对象的个案矫正，缺乏大量案例的验证，循证基础十分薄弱。

四是矫正活动的实施都以基层民警为主，他们管教经验丰富，但缺乏相关的心理学知识，矫正技术匮乏，影响了矫正效果。①

### （二）新生代农民工侵财型罪犯循证矫正实践

当前监狱在押犯当中，原为农民工的罪犯比例越来越高，据某监狱统计，占全部罪犯的 80%左右，而其新生代农民工侵财型罪犯又约占农民工罪犯的 80%。抓好这部分罪犯的教育矫正，对于提高整体改造质量有着非

① 夏苏平：《抢劫犯循证矫正实践》，载《中国监狱学刊》2015 年第 1 期，第 55-64 页。

常重要的作用。因此司法部燕城监狱在循证矫正试点中着重抓了这部分罪犯的循证矫正工作。他们从新生代农民工罪犯非常集中的第二监区筛选矫正对象。先是按年龄、身份、罪名、刑期、余刑等项基本要求，筛选出年龄在34岁以下、在城镇打工半年以上，余刑在2年以上5年以下的68人作为目标人群。然后对已选出的68人，以中国罪犯心理测验个性分测验(COPA-P1)、加拿大水平量表（LSI-R)、美国克罗拉多危险量表、应对方式量表、家庭功能评定表5个量表进行测试。中国罪犯个性分测验主要考察罪犯人身危险因子，后4个量表则根据总分及各自标准，来确定其危险或差常程度强弱。几种量表相互印证，筛选出多项相关数值高于常模、属于中高度危险的罪犯共40名。在心理测试的基础上，针对这40名罪犯的超常数值，经过逐一谈话印证，听取责任民警、监区领导意见，统计分析改造表现记录，结合档案材料进行整体评估，将有关数据存在矛盾、或者测试与表现明显相悖、或者民警与领导评价意见不统一的16名罪犯去掉，将余下的24名罪犯作为最终入选人员，并以随机抽签方式，确定12名罪犯作为循证矫正研究对象，另外12名罪犯作为对照组成员。

司法部燕城监狱对农民工侵财型罪犯的循证矫正研究试点，依据燕城监狱的研究报告《新生代农民工侵财型犯罪循证矫正研究》的论述，其主要要点摘录如下。

1. 犯因评估与矫正需求

(1) 犯因评估

第一是环境因素：

从社会环境看，一是负面认识强烈，深刻影响到矫正对象的思想认识，使其世界观、人生观、价值观产生扭曲。二是生活保障缺乏，他们从事的工作基本都是苦、脏、累、险岗位，大多是临时劳动合同，经常无业可就，能够就业的，又时常被无故拖欠、克扣工资，生活陷入窘境，最后只得铤而走险违法犯罪。

从家庭环境看，矫正对象的父母文化程度都比较低，不当家教和家庭困难，是他们离家出走到外地“闯世界”的重要原因。在新生代农民工罪犯中，大体都有以下经历：不当家教—学习落后—经常打架—常被父母打骂—老师讨厌—经常逃学—泡网吧看黄片—结交不良同伴—退学或者离家出走—强行索要他人财物—被拘留—短期打工—结伙作案。

第二是个人因素：

一是文化水平低，思维狭窄，认知能力弱；二是年纪轻，不懂法，贪财欲望强烈；三是心理、精神状态不稳定，易冲动，情绪管理和自控能力差，对现实不满情绪强烈；四是缺乏职业谋生能力，在城市生存艰难；五是追求享乐，消费无度，有钱挥霍，无钱借贷，导致朝不保夕。

第三是互动因素：

远离家乡，亲属支持缺乏；身边小伙伴耳濡目染，犯罪观念日渐入脑入心，长期在社会边缘厮混，各色亚文化及不良习惯沾染一身，一些靠手段一夜暴富的典型人物，在他们心中的“示范”作用非常明显；哥们义气严重，在所谓仗义助人过程中不知不觉违法犯罪。

（2）矫正需求

本项目所指矫正需求，主要是矫正对象个体的或共性的需要与渴求，这些需求评估的主要方法：一是运用专业量表测试，主要是以加拿大的《矫正需求量表》测试。二是通过结构化访谈来获取。即在测试基础上，根据精心编制的访谈提纲，围绕着导致犯罪的原因、参加循证的意愿、期待解决的问题、个人的兴趣爱好希望等，由心理咨询师逐一与矫正对象探讨、询问、质疑、沟通、论证，尽量在犯因上达成共识，明确或强化参与愿望，更加清楚其在目标上的具体想法，在其个性及共性特点把握上做到心中有数。三是进行菜单式选择和集体讨论。通过测量和结构化访谈得到犯因性问题与矫正希望共计 24 项，分为个体因子、环境因子、互动力因子三大类，由矫正对象从中自主选择符合自己情况的项目，然后将 12 人的选择进行统计，居前列的几项即为共同的犯因性问题和共性矫正需求。

2. 总体框架

（1）体系设计

社会学习理论、文化冲突理论，强调改变一个人必须改变认知体系使之符合社会规范；人格改造论和以上两种理论都指出个人观念意识在罪因及其矫正中的重要性，尤其是人格改造理论指出道德问题的基础性和根本性。

控制理论说明低自控能力在罪犯生成中的关键性；建构主义理论，为矫正者如何在实施矫正过程中注意运用新旧知识的冲突引发矫正对象的思考并助其辨别是非、改过自新指明了方向；认知行为理论则强调认知与行为的相互作用；社会学习理论、文化冲突理论、认知行为理论，都揭示犯罪有深刻的社会背景因素，与时代发展的现实特征有密切联系。

简述以上相关理论要点，结合监狱工作条件与特点，我们形成了以下矫正项目框架体系（见表4.1）。

**表4.1　新生代农民工侵财型罪犯再犯罪防治矫正体系图**

| 犯因性问题分析 | | 矫正需求与矫正项目 | 紧迫程度 | 监狱条件 |
|---|---|---|---|---|
| 类别 | 因子 | | | |
| 个体方面 | 文化水平低下 | 文化教育 | 2 | 弱 |
| | 职业能力低下 | 职技培训生涯规划 | 2 | 弱 |
| | 观念意识错误 | 认知重建 | 1 | 强 |
| | 自我控制乏力 | 自控提升 | 1 | 强 |
| 环境方面 | 社会支持薄弱 | 家庭关系优化 | 2 | 中 |
| | 社会管理漏洞 | 社会治理优化 | 3 | 弱 |
| | 社会政策缺失 | 社会政策完善 | 3 | 弱 |
| 互动方面 | 社会交往不良 | 社交能力优化 | 1 | 中 |
| | 多元文化冲突 | 调试文化冲突 | 3 | 弱 |

在表4.1中所示防治体系的3大类9个方面犯因及其对应的9种矫正需求项目中，认知重建、自控提升、家庭关系优化、社交能力优化4项，不仅位居矫正对象的第一、第二等级紧迫需要之列，而且监狱也具备相对较好的资源与条件，因此，应作为循证矫正的主攻方向。

（2）目标聚焦

在认知重建、自控提升、家庭关系优化、社交能力优化4个子项目中，矫正对象中80%的人把“自我控制”选择为最紧迫的需求。我们分析，虽然观念意识具有根本性，但由于矫正对象文化低，自我意识发展不充分，认知思辨能力很弱，加之他们长期以来对监狱单向灌输式教学的抵触，所以他们不太看好“认知重建”这个内容。而家庭关系优化与社交能力优化，不是单方面的事情，也是不容易的事情。所以他们强烈倾向于自我控制能力的提高，反映了其内心的改正愿望，具有一定必然性与合理性。

国外一位研究者指出，对自我控制应从冲突性、简单任务倾向、冒险性、行动性、自我中心、情绪性 6 个维度来把握。[①] 控制理论的一位重要代表人物提出：犯罪是由于个人的内在控制能力和社会中的外在控制因素缺乏造成的。内部的抑制因素被看成是一种很强的良心产物，会使个人抵制外部拉力。外部抑制因素包括一般的道德价值观，有效的监督和训练等。[②] 从他们这些观点可以看到，自我控制并不是一个简单的个人自制力问题，而是多种因素结合的结果。矫正对象将它作为第一选项，可能更多的是由于他们对自我控制的表层直观理解决定的，但矫正者可以由此引申开来，将更多的内涵结合进去。

正是基于以上研究与思考，按照循证矫正原则，我们充分照顾矫正对象的意愿，决定进一步聚焦目标，最终确定了以“自控力提升”为中心和切入点，将观念意识、社交优化、家庭关系优化有机糅合其中的项目结构，如图 4.1 所示：

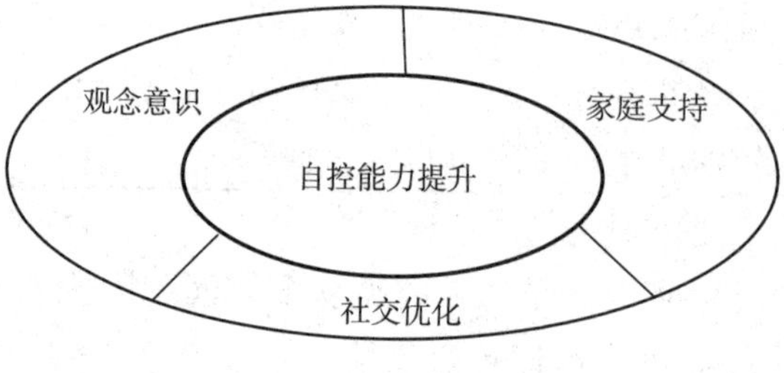


**图 4.1　新生代农民工侵财型罪犯循证矫正子项目结构图**

（3）内容机理

一是矫正内容。自我控制不只是指对负性因素的约束。实际上，克服惰性、恐惧等因素也是自控的当然内涵。在约束自我负性因素的同时，如何建设性地发展自我，是矫正更有价值的目标，对矫正自我也更有治本作用。

---

① 屈志勇：《青少年犯罪发展历程中的家庭——个体影响因素及其预警指标体系研究》，http://www.yzdoc.com/p-637179.html。

② 屈志勇：《青少年犯罪发展历程中的家庭——个体影响因素及其预警指标体系研究》，http://www.yzdoc.com/p-637179.html。

在以“自控力提升”为中心和切入点的矫正内容架构中，他们共分为5个版块：目标管理、时间管理、冲突管理、情绪管理、关系管理。在目标管理版块，通过认知重建，把人生观、价值观、法律观、道德观、财富观、幸福观、荣辱观等更新再造；在关系管理版块，则把社会支持的整合、社会交往的优化纳入其中；在情绪管理、冲突管理、时间管理版块，则重在确立新的理念，养成正确的思维方式，善于思考多样化选择，学习掌握不同的技能方法，并在一系列作业训练中内化提高。

二是矫正机理。在矫正过程中，他们从自控能力入手，先要讨论两个问题：控制什么？为什么控制？这都是认知活动需要的理性思维，是正常成年人不可避免的思维活动。因此，不论是从认知行为理论的角度，还是现实生活的角度，要实现行为的改变，就需要从认知的转变开始，认知重建在事实上往往成为首先要着力的一步。而当认知转变之后，还需要通过情感接纳、行为操作、观察体验、修改完善步骤，使其逐步内化为个人自动化思维。只有透彻认清矫正活动从心理层面向行为层面转化的基本规律，才能更好地采取相应措施，实现矫正目标。

无论是法律意识、道德观念强化，还是自控力提升，抑或是社会支持、社会交往的优化，都是知、情、意、行相互影响的结果。而从心理层面到行为层面，不是一次完成的，两个层面的4个环节首尾相连，循环往复、不断从低到高、从弱到强（见表4.2）。

**表4.2　本项目矫正机理模型**

| 内容 | 心理层面 | | 行为层面 | |
|---|---|---|---|---|
| | 认知重建 | 情感内化 | 行为训练 | 观察改进 |
| 过程 | 澄清现状<br>↓<br>引发冲突<br>↓<br>辨析利弊<br>↓<br>改进思维 | 情景故事<br>↓<br>得失分析<br>↓<br>分享讨论<br>↓<br>共识体验 | 课前训练<br>↓<br>课间训练<br>↓<br>课后训练<br>↓<br>课外训练 | 定期自检<br>↓<br>成员对比<br>↓<br>修正方案<br>↓<br>改善实践 |

3. 实施过程

（1）制订方案

①目标。分为总体目标、阶段目标和模块目标。总体目标：树立健康人生观，深化法制道德观念，增强生活信心，不再重新犯罪。阶段目标：犯因性问题得到改善；行为表现有明显进步，心理测试相关超常指标降低；思维方式有一定转变；个人感觉收获很大，社会关系得到一定改善。主体模块目标及标准，则根据不同主体分别确立。

②周期。原定时间为 12 个月，实践过程中延长至 18 个月。每周 1-2 次，每次 2 小时。

③内容。同上述矫正内容。

活动方式：签订承诺书；心理游戏；问卷；故事阅读；量表测试；案例分析；主题辩论；影视赏析；资料学习；讨论分享；情景模拟；进步周记；与家庭深度访谈等。

主要技术：团体辅导；角色扮演；个别咨询；叙事疗法；认知行为疗法；焦点疗法；沙盘游戏；音乐疗法；行为训练。

（2）推进方式

团体辅导与个别咨询相结合；课堂活动与课外活动相结合；团队学习与日常改造相结合；预备主题与意外事件相结合。

（3）组织管理

优化资源配置；优化环境氛围；优化政策保障。

4. 评估结论与感悟讨论

（1）效果评估

一是量表检验（见表 4. 3）。

**表 4.3　实验组和对照组在各量表上的前后测差异检验①**

| | 组别 | M（前测—后测） | SD | T |
|---|---|---|---|---|
| LSI-R | 实验组 | 4.41 | 3.02 | 3.02** |
| | 对照组 | 1.00 | 2.48 | |
| 克罗拉多危险量表 | 实验组 | 1.58 | 1.88 | 0.84 |
| | 对照组 | 0.91 | 1.97 | |
| COPA-PI 犯罪思维 | 实验组 | 6.16 | 7.86 | 2.23* |
| | 对照组 | 0.91 | 2.10 | |
| COPA-PI 暴力倾向 | 实验组 | 8.83 | 5.09 | 4.10*** |
| | 对照组 | 2.33 | 2.01 | |
| COPA-PI 同情 | 实验组 | -1.41 | 5.50 | 0.16 |
| | 对照组 | -1.83 | 6.89 | |
| COPA-PI 变态心理 | 实验组 | 7.33 | 7.04 | 2.04* |
| | 对照组 | 1.58 | 6.73 | |
| COPA-PI 冲动 | 实验组 | 4.75 | 6.99 | 2.08* |
| | 对照组 | -0.16 | 4.23 | |
| COPA-PI 戒备 | 实验组 | 4.66 | 3.62 | 1.97（边缘显著） |
| | 对照组 | 1.33 | 4.59 | |

如表 4.3 所示：实验组在 LSI-R 总分的差值显著高于对照组，说明通过循证矫正，实验组的风险水平显著降低了。在 COPA-PI 量表的各个维度上，除了同情维度，实验组前后测差值也显著高于对照组，说明通过循证矫正，个体的犯罪思维、变态心理、冲动性、戒备心理都得到了显著改善，循证矫正起到了良好效果。克罗拉多危险量表总分降低的程度比对照组高；实验组同情维度的上升也比对照组高。

二是整体效果评估。

通过矫正成员自评、他人评价、警察评价和家属评价，各方面都对矫正项目效果给予充分肯定，对矫正对象的良性变化给予正确评价：

第一，加深了自我认识，对个人犯罪动机及错误思维方式的形成经历

① ＊表示 $p<0.05$，＊＊表示 $p<0.01$，＊＊＊表示 $p<0.001$；M 表示平均数，SD 表示标准差。

了前所未有的认识，这将对其避免重新犯罪起到重要作用。

第二，法律观念和道德水平有明显提高，“法律红线”意识明显强化。

第三，生活观念有了新的进步，财富欲望降低，生活目标更加现实。

第四，同情心增强，学会了换位思考，多数成员乐于助人，周边关系更加和谐。

第五，在自律方面总体有了较大提高，对不理解、不情愿的事情也能够理性对待，违纪现象减少，考核成绩比对照组进步明显，只有1人因违纪受到警告处分。

第六，日常改造更为积极主动；有问题能及时找警官汇报解决；学习和参加团体活动热情越来越高；对家人学会了感恩和及时表达，受到家人的积极评价。

（2）研究结论

通过对新生代农民工侵财型罪犯循证矫正研究，可以得出以下结论。

第一，除了社会环境、政策等原因之外，认知水平低，家庭不良影响、社会不良交往是新生代农民工侵财型罪犯的基础性致罪因素。

第二，观念意识的重建是矫正新生代农民侵财型犯罪的核心内容，法律道德意识水平的高低决定矫正效果的强弱。

第三，自控能力提升项目，是新生代农民工侵财型罪犯最迫切的矫正需求，是切实可行的矫正切入点和基本载体，是诸多矫正内容的连接点。

第四，认知行为、建构主义等理论的运用及矫正机理的明确，对各项矫正措施的有机组合与作用发挥起着重要作用。

第五，新生代农民工侵财型罪犯在矫正过程中具有以下特点：爱活动不爱静坐，爱观看不爱听讲，爱多样变换不爱单一呆板。所以各模块既要有连续性、递进性，又需要将相关联的模块有机交叉，这样可有效避免倦怠，保持适度新鲜感。矫正方式上当灵活多样，如讲课、视频、沙盘、音乐、角色扮演、游戏体验等适时结合运用。

第六，文化水平低，领悟能力差是新生代农民工侵财型罪犯矫正中的难点，需要矫正者以极大的耐心、同情心来开展工作。如故事分析法、沙盘治疗是有效的矫正手段。

第七，新生代农民工侵财型罪犯循证矫正是可行的矫正方式，取得了积极效果。而精准的风险评估，广泛的证据检索比较，多元主体的联手，理论指导的严谨，整体设计的周密，循证原则的贯彻落实，团体内外的协同一致，矫正活动的系统连续等，是循证矫正取得实效的关键环节。

第八，试验成果目前还是初步的，许多工作细节还需要进一步推敲完善，条件具备时应予以大样本项目验证完善。

（3）感悟讨论

第一，项目发展是一个过程。从“再犯罪防治矫正体系图”可见，本项目所真正实施的内容，实际上也只是完整的项目体系中的几个分支，属于大项目体系中的小体系或小项目，样本数量有限。循证矫正活动，既可顶层设计，分步进行；也可尝试从方案做起，经若干次实践予以丰富、修改后，不断扩大试验样本规模到 30 人以上，逐步定形进而成为相对成熟的项目。

第二，循证矫正要走专业化之路。循证矫正需有一套完整的工作流程，从矫正对象筛查、证据的收集与鉴别，直到矫正数据的分析，都需要投入大量时间和精力，这对警力、精力和能力都是巨大的挑战。兼职从事只能是过渡，专业化是必然方向。

第三，矫正技术问题。作为新生事物，矫正者对相关专业技能的掌握和运用不可能一蹴而就，需要一个边学习边实践的过程。工作中出现挫折，走了弯路，甚至发生失误，各方面也应包容对待。循证矫正在开展初期，必须作为监狱行为从各方面大力支持才可能顺利推进。

第四，评估工具问题。目前心理测量、再犯风险测量、矫正需求测量、效果的测量等，相关量表非常有限，可选择性不足。自评、他评、观察虽然也有其重要作用，但科学性、真实性、有效性难以准确认定，不便复制操作。有关方面应当组织专家更多翻译国外或开发本土化量表，以便更有效地推进循证矫正工作的深入开展。①

循证矫正研究案例比较典型的还有一些，如江苏省浦口监狱研究报告

① 张发昌：《新生代农民工侵财型罪犯循证矫正研究》，载《犯罪与改造研究》2016 年第 3 期，第 3-12 页。

《盗窃犯循证矫正实践》[①]、浙江省乔司监狱研究报告《男性短刑犯循证矫正的实证研究》[②]、吉林省铁北监狱研究报告《职务犯的循证矫正与教育创新》[③] 等，都有一些独到之处，受篇幅所限，这里就不逐一介绍了。

## 二、大力推动教育改造发展创新

近年来，中央作出了一系列关于加强教育改造工作的重大决策部署，司法部相继出台了一系列加强罪犯教育改造的规定，全国监狱系统结合当地实际精心组织，狠抓落实，教育改造工作的发展、创新都有了新的进展。

### （一）教育改造的理论创新

1. 罪犯改造内涵创新

有学者在《论我国罪犯改造的内涵》一文中指出，“罪犯改造是监狱机关以刑罚执行为载体，以守法公民为目标，围绕‘人的发展’，对罪犯组织实施的一种再社会化活动的过程”。其主要观点如下。

（1）认为再社会化是罪犯改造的实质

社会化是指人在与社会互动的过程中，通过社会诸多因素的交互作用和人不断地学习、调适，以适应和形成一定社会的思维方式、行为方式和生活方式的过程。认为罪犯是人社会化失败的结果。对罪犯的教育改造应从“修补”社会化缺陷入手，要求罪犯舍弃过去的价值标准，重新学习社会要求的价值观和行为模式。

（2）认为罪犯改造的目的就是帮助其社会化，改造是一种人性的复归

作者指出，“人性”是人在实践基础上形成的并与动物区别开的那些属性，“人的本性集中反映在人的需要及满足的方式中”。认为人性是可以变的，人的需要和满足需要的方式本身是不断发展的，罪犯作为社会人的

---

① 江苏省浦口监狱研究报告：《盗窃犯循证矫正实践》，载《中国监狱学刊》2014 年第 1 期，第 77-84 页。

② 浙江省乔司监狱研究报告：《男性短刑犯循证矫正的实证研究》，载《中国监狱学刊》2015 年第 6 期，第 96-102 页。

③ 吉林省铁北监狱研究报告：《职务犯的循证矫正与教育创新》，载《中国监狱学刊》2014 年第 6 期，第 85-88 页。

生活不合理性方面是完全可以改造的。

（3）认为强制性、多维性、开放性是罪犯改造的基本特性

罪犯改造是由法律规定，并受法律保护和约束的，对罪犯来说，改造是一个法定义务，具有不可抗拒的强制性。改造多维性特征表现为，其理论基础是多维的，学程构成是多维的，实践层面是多维的。改造的开放性特征是认为罪犯改造是一个与时俱进、无限发展变化、开放性极强的概念①。

2. 教育改造格局创新

上海市监狱管理局党委于2011年在其下发的文件中，明确提出要“围绕教育改造这个中心任务集全局之力，形成大教育格局”的重大课题。大教育格局的概念有广义与狭义之分，狭义的概念是指“监狱系统内部管理、劳动、教育等各职能部门以改造罪犯为宗旨，形成合理的系统结构，并能协调运作，良性运行，充分发挥监狱系统整体的改造功能”。监狱系统构建大教育格局是指狭义概念。

如何构建大教育格局，“略论大教育格局”一文的作者江伟人指出如下几点思路。

（1）重视顶层设计，不断完善体制机制

监狱系统构建大教育格局会遇到各种深层次矛盾和问题，呈现结构性问题和体制性问题并存的局面。要解决这些深层次矛盾和问题，就必须重视顶层设计，自高端开始进行总体研究，从根本上找准症结，从整体上明确对策。要以战略思维，全局视野对监狱系统的各方面、各层次、各要素进行统筹考虑，进一步明确构建大教育格局的整体思路、总体规划、基本方向、重点任务、先后顺序等。

（2）建立科学的罪犯分类制度和监狱分级制度

监狱系统构建大教育格局应当适应国际行刑趋势，从加强制度建设，完善体制机制入手，建立科学的罪犯分类和监狱分级制度。

（3）将罪犯改造质量评估与对刑释人员犯罪的调研相结合，促进教育改造工作的集约、高效

在监狱的特定环境里，罪犯迫于从众心理的压力、同时也出于趋利避

① 胡玺：《论我国罪犯改造的内涵》，载《中国监狱学刊》2012年第4期，第28页。

害、保护自己的本能，往往掩饰其真实思想，出现表现行为与真实思想分离的“双重人格”现象。同时监狱的特殊环境在客观上压抑和限制了罪犯意识的表露，也不利于民警全面、深入地认识罪犯。因此，罪犯改造质量评估体系必须接受实践的检验，离不开对刑释人员的调研，并应以刑释人员重新犯罪情况为依据，将两者结合起来。

（4）努力提高监狱民警素质

提高监狱民警素质，建立一支教育改造骨干队伍，是构建大教育格局的关键。[①]

3. 教育改造立体化理念创新

安徽省教育改造工作，经过2010年至2013年的积极探索，逐步形成了以“科学化引领、专业化保障、信息化支撑、社会化协同、制度化推进”为特色的发展格局，使教育改造工作焕然一新，受到社会各界的交口称赞。徐映雪、许晓刚著文将其概括为“教育改造立体化”，并指出，教育改造立体化其实是一个宏观的、总括的观念形态的印象架构，意指监狱教育改造在监狱整体工作中无处不在、无时不有的重要地位，要求我们在监狱开展的各项工作中都要对此加以充分的体现，要求监狱管理者在进行监狱改革与发展的顶层设计和制度安排上都要对此给予切实的谋划和考量。作者指出教育改造立体化由以下几个维度构成。

（1）手段的维度，讲求融合性

手段的维度，从教育改造的技术层面来认识，要将现代信息网络技术手段（如对罪犯信息库数据的分析应用、对个别教育和课堂教学的痕迹管理、网络教育方式和教育资源的充分利用）、现代矫正科学技术手段（如循证矫正方法、心理量表测试、改造效果评估）等，与传统的中国特色教育改造手段相融合。

（2）体验的维度，讲求针对性

作为个体或群体的罪犯，每个人对教育内容、形式和方法的主观态度，可接受程度不一样，其受到的影响程度也不一样。这就要求监狱民警遵从教育改造规律，遵从人的心理演进规律，以系统性保障完整性，以契

① 江伟人：《略论构建大教育格局》，载《中国监狱学刊》2012年第6期，第103–105页。

合性保证接受性，以针对性保证有效性。根据教育对象的具体情况，将教育的内容、形式和方法有机组合，因人、因类进行内容的取舍、形式的选择和方法的运用。

(3) 时间维度，讲求阶段性

监狱教育改造按照服刑人员的服刑过程分为入监教育、服刑期教育和出监教育三个教育大阶段。入监教育主要需开展针对监狱生活的适应性教育，重在立规行矩。服刑前期教育主要需开展针对个体罪犯的犯因认知和罪行危害性教育；服刑中期教育主要需开展个别化思想情感教育和类别化文化教育、集体化劳动技能教育；服刑后期教育主要需开展社会实用职业技能和生活技能教育。出监教育旨在帮助罪犯顺利回归社会，主要需开展国家形势政策、社会发展状况和社会环境模拟教育。

(4) 罪犯群的维度，讲求类别性

罪犯在监狱中的分类，第一标准应是人身危险性和管理等级，第二标准应是有利于教育改造。在罪犯人身危险性和管理等级的基础上，再根据罪犯的犯罪类型、文化程度、智力水平、年龄段等分组编班，进行相对集中关押和劳动，这样就方便了对特定犯群进行类别化教育和项目化改造，从而提高监狱整体教育改造时效。

(5) 资源的维度，讲求广泛性

教育资源具有广泛性，第一个主要资源是监狱。第二个主要资源是社会。社会的资源很丰富，帮教的力量很强大，就看我们的目的是否明确、认识是否到位、组织是否周密、实施是否坚决。第三个可以利用的资源当属情感的力量、亲情的感召。监狱的教育改造，每名罪犯改造效果如何，也是监狱、社会与其家庭的共同责任。第四个资源是罪犯的自我教育，包括群犯的资源和个犯的资源两个方面。这个资源的利用首先需要民警的引导，其次需要罪犯的自觉。没有什么教育比自我教育的力量更强大，民警要针对每一名罪犯的性格特征，通过多种方式方法，激起罪犯的学习、改造的自觉性，使他们内生积极向上的力量进行自觉改造。

(6) 空间维度，讲求的是文化渗透性

这里的空间，指的是对罪犯实施教育改造的整体环境和氛围。作者认为监狱对罪犯的教育改造，在相当大的程度上其实就是文化改造，因此必须以细心设计、点滴渗透、文火炖汤、整体推进的方式，在有意识地营造正能量监狱文化中，潜移默化地对罪犯施加正面的思想、心理和行为的影响，以利于罪犯在对文化的感知、接纳和学习中自我改造。①

4. 监狱文化理念创新

在新的历史时期，监狱文化越来越受到重视，经过多年的实践探索，监狱文化的内容、形式不断丰富，规模不断发展壮大。监狱文化的理念创新也应运而生。有学者提出“文化改造”的新理念，指出“文化改造是以文化的理念，以文化的模式，以文化的营造，以文化的力量来矫正罪犯的心智，来改造罪犯的灵魂，来扶正罪犯的认知模式”“文化改造就是以文化来改造罪犯，以文化来矫正罪犯，其实质是对教育行刑理念的提升”。在现代监狱的行刑环境里，文化改造是作为一种理念来倡导的，是作为一种活动来策划的，是作为一种力量和手段来运作的。

关于文化改造如何实现由理念到实践模式的重构与转换，作者指出，文化改造模式是文化改造理念具体的运作模式，是由理念到实践的模式重构与转换。在宏观上表现为文化改造是一个有机的体系构成，是由不同内涵的文化元素所构成的文化改造体系，涉及监狱的建筑文化、监狱的制度文化、监狱的行为文化和监狱的精神文化，是构建文化改造模式的骨架与主干线，对文化改造的理念起着“架构”性的作用。在微观上，文化改造则又是相对独立的能够单独应用或策划进行的具体的矫正与改造项目，是监狱的建筑文化、监狱的制度文化、监狱的行为文化和监狱的精神文化的延伸与展开，能够按照监狱行刑与矫正的理念及其行刑的需要而进行的实际操作，对文化改造实现由理念到实践的运用起到实质性的模式“转换”作用。

关于文化改造的路径，作者指出，因为文化的宽泛性，文化改造的模式也具有多维性的特点，文化改造的路径也具有多维性。根据当今监狱文化发展的态势，其路径如下。

（1）文化改造主体的确立

文化改造的主体具有“二元性”。监狱及其监狱民警是文化改造的领

① 徐映雪、许晓刚：《教育改造立体化略论》，载《监狱学刊》2015年第2期，第92-95页。

导与组织主体，罪犯是文化改造的客体，这是毫无疑问的。但是，罪犯在文化改造中还具有某种主体的特征和属性，如果仅仅只有罪犯文化改造客体被动地参与，而没有罪犯文化自我改造主体意识的确立，没有罪犯应有的主体意识的认同、接受、互动及其积极的矫正行为，文化改造就会失去行刑与矫正的原动力。因此，作为文化改造主体的监狱及其监狱民警，必须认识到罪犯在文化改造中的二重性，促使罪犯由被动参与转向主动参与，从而达到监狱实施文化改造之目的。

（2）文化改造平台的构建

构建文化改造平台，在完善与发展现有的监狱建筑的改造平台、监狱法制文化的改造平台、监狱劳动文化的改造平台、监狱心理矫治的矫正平台的同时，监狱应当在空间文化改造平台、传统文化改造平台和职业技术改造平台，进行完善和发展，使文化改造更贴近监狱提升改造质量的需要。

（3）文化改造环境的营造

营造文化改造环境，不仅仅限于监狱通过监狱文化的建设来构建起文化改造的环境与氛围，而且还在于行刑理念的提升，凸显文化在现代监狱制度构建中的矫正作用，完善与丰富监狱行刑的矫正手段，实现监狱行刑与矫正在文化领域内的转换与发展。

（4）文化心理需求的评估

罪犯的文化心理需求有显著的差异，为了使文化改造更符合与贴近罪犯矫正与行刑的需求，这就需要在现有的罪犯危险性或改造质量评估的基础上，制订出某种相应的文化心理需求量表，对罪犯的文化心理需求进行一定周期的心理评估。

（5）文化激励机制的建立

文化改造是一种激励性的改造，这种文化的激励通常有两种表现形态：一种表现为无形的形态，在文化改造中表现为精神的激励；另一种为有形的激励，即借助于文化的成果或文化的产品来激励罪犯产生的某种激励作用，类似于行政奖励中的一种文化奖励。[①]

① 陈光明：《论文化改造》，载《中国监狱学刊》2013年第2期，第33-35页。

（二）教育改造工作的发展创新

进入21世纪以来，根据司法部的部署，全国监狱系统的罪犯教育改造工作的发展创新，取得阶段性成果。综合有关资料，和我国著名学者的研究报告，主要有以下几点。

1. 司法部创新推出“5+1+1”教育改造模式，教育改造工作面貌为之焕然一新

一是实施“5+1+1”教育模式，这使罪犯的教育时间有了制度化保障，对罪犯的思想道德教育、法制教育和文化技术教育得以深入开展；二是课堂教学中突出思想政治教育的核心地位，并纳入监狱教育改造的考核内容；三是深化罪犯文化知识教育，文化教育以扫盲和普及初中教育为主，同时鼓励文化程度较高的参加社会上开办的函授大学、业余大学、电视大学等学习取得了较好效果。据统计，全国监狱系统2011年参加思想教育学习的罪犯非常踊跃，占应参加学习罪犯的100%，参加文化学习的罪犯有368319人，入学率为94%。其中，参加扫盲教育的56759人，参加小学文化教育的185171人，参加初中文化教育的105868人。此外，参加高中文化教育的7374人，参加各类高等教育的37456人。经考试获得各类文化教育证书的罪犯有166808人，其中获得扫盲证的35967人，获小学毕业证的88889人，获初中毕业证的35731人，获高中毕业证的6221人。此外，还有1357人取得了国家承认的大专及以上毕业证书。

2. 心理矫治手段的运用走向普及化

全国监狱普遍成立了罪犯心理健康指导中心，把普及心理健康教育作为监狱心理矫治工作的重要任务，不断增强罪犯心理承受能力和自我调控能力，提高其心理素质。对新入监罪犯和顽危犯的心理测试面达100%，顽危犯心理咨询面达100%，有效预防和制止罪犯自杀、脱逃和行凶伤害等监管事故的发生。

3. 罪犯改造质量评估工作深入开展

自2005年开始，司法部决定在几个省开展罪犯改造质量评估试点，在司法部的推动下，一些省、市、自治区也自行进行了罪犯改造质量评估试点。在试点监狱普遍进行了入监、改造中期和出监三个阶段的罪犯改造质量评估，加强了罪犯犯因性问题的研究分析，在不同改造阶段制订不同

的矫正方案，罪犯改造质量明显提高。目前，罪犯改造质量评估工作已在全国普遍开展，效果显著。

4. 出入监教育有了新起色

一些省结合监狱布局调整，新建了入监监狱、出监监狱。未建立出入监监狱的省（市、区），也加强了出入监监区建设，对出入监教育的内容、要求和时间等各项规定进一步进行了规范；强化了检测、评估等基础工作，使出入监教育工作迈上了一个新台阶。

5. 具有时代特色的"三库"建设已开始启动

经过多年的探索，全国不少地区的监狱在信息化建设的基础上，开始筹建罪犯改造标准库、罪犯改造典型案例库、罪犯教育改造专家库。目前有一些省建设的"三库"已陆续投入使用，使罪犯改造基础设施建设有了重大发展。

6. 罪犯个别化矫正工作深入开展

据2013年统计，全国已有半数省份开展了循证矫正工作试点，近几年来试点的省份还有所扩大。试点监狱初步建立从测试分析、制订方案、到个案评估的个性化矫治工作机制，实行"一人一案"原则，强化对罪犯的个别化矫治，聘请狱内外管理学、教育学、心理学、社会学等方面的专家共同参与矫治方案的制订，并指定专管民警负责矫治方案的落实，提高了个别化矫治效果。没有进行"循证矫正"试点的监狱，普遍对"顽危犯"进行了个别化矫治，也取得良好效果。

（三）教育改造"三化"建设水平明显提升。

司法部于2003年提出监狱工作应以"法制化、科学化、社会化"建设为监狱工作创新发展的总目标。经过多年的艰苦努力，全国监狱系统"三化"建设的整体水平明显提升。

1. 法制化水平的提升

近年来，司法部和部监狱局为了贯彻落实"监狱法"先后制定了《监狱教育改造工作规定》《教育改造罪犯纲要》《监狱教育改造罪犯工作目标考核办法》《关于加强监狱心理矫治工作的指导意见》等规定，使监狱法规定的教育改造任务的贯彻落实有了制度保障，提升了监狱的法制化水平。

2. 科学化水平的提升

进入21世纪以来，在司法部的领导下，在部监狱局的精心指导下，全国监狱系统教育改造工作的科学化水平得到明显提升。

（1）理论研究空前活跃，理论研究队伍不断壮大。一大批来自基层的中青年业务骨干十分踊跃地投身于理论研究工作，已成为监狱系统的理论研究骨干。同时更为可喜的是，有不少监狱系统外的专家、学者热心于罪犯教育改造的理论研究，加上我们系统内的新老专家、学者，已经形成一支庞大的理论研究大军。近几年来科研成果丰硕，一大批科学研究成果已被各地监狱广泛应用，提升了业务工作的理论指导水平。

（2）近几年来随着改造质量评估、循证矫正工作试点的深入开展，用现代罪犯矫正理论和技术指导罪犯改造社会实践，提高了监管改造工作的质量和水平。

（3）用现代科技手段强化教育改造。当前监狱布局调整已经取得阶段性成果，全国监狱加快了信息化建设步伐，提高教育改造工作的信息技术含量，充分发挥科技手段的重要作用，实现教育改造工作由传统向现代的转变。

3. 社会化水平的提升

近几年来全国监狱系统着力畅通教育改造工作社会化渠道，取得显著效果。2011年，全国监狱系统社会帮教志愿者人数为101587人；监狱系统累计与社会志愿者和各有关单位、社会团体签订帮教协议724089份，全年接受社会帮教罪犯达1200482人次，监狱利用社会资源开展罪犯教育工作取得了长足的进步。①

## 三、积极探索罪犯劳动改造手段创新

新中国监狱在毛泽东罪犯改造理论指导下，依靠党和国家改造罪犯的方针政策，和综合运用改造罪犯的手段、方法，成功地改造了日本战犯、国民党战犯、反革命犯和各类刑事犯，创造了人类社会刑罚史上的奇迹，

① 李玉黔：《中国监狱罪犯矫正工作的新发展》，载《罪犯与改造研究》2013年第2期，第22-24页。

受到世人赞誉。其中正确使用劳动改造罪犯手段是获得成功的重要原因之一。但是，进入21世纪，随着市场经济的深入发展，劳动改造罪犯手段，也遇到不少新情况、新问题。为了迎接挑战，司法部和部监狱局大力倡导监狱系统要树立创新发展理念，不断推进理论创新、制度创新和体制机制创新，让创新推动监狱事业的发展。经过多年的积极探索，罪犯劳动改造的理论研究，已有一大批科研成果相继问世，虽然一些热点问题目前尚无定论，但已有一些作品提出了一些很有研究价值的理论观点，有一些观点是发人深省、让人耳目一新的，令人感叹、令人关注。这些值得关注的问题主要有以下几点。

(一) 理论的发展创新

1. 罪犯劳动改造理论的发展创新

贾洛川在其主编的《罪犯劳动改造学》中，对罪犯劳动改造理论的发展创新作了系统的论述，现将其主要的学术观点分别介绍如下。

(1) 罪犯劳动改造本质的发展创新

罪犯劳动改造的本质问题是罪犯劳动改造学中一个十分重要的理论问题，关于如何认识和界定罪犯劳动改造的本质，作者提出以下主要观点。

①罪犯劳动改造是实现我国专政职能的重要手段。我国的监狱是人民民主专政的重要工具之一，我国的监狱以及组织开展的罪犯劳动改造活动，是实现我国专政职能的重要手段。这就要求我们要把握好这一最为重要的本质规定性，确保罪犯劳动改造服从和服务于实现我国专政职能这一大局。

②劳动改造是依刑事法律为根本依据的严肃执法活动。我国监狱对罪犯实施劳动改造是建立在严格的刑事法律基础之上的。有劳动能力的罪犯参加劳动，不仅是监狱给予罪犯的法定义务，而且是以强制执行为前提的严格的刑事执法活动。同时，对监狱人民警察来说，由于罪犯劳动改造是一项严肃的刑事执法活动，要求民警在组织和实施劳动改造中要做到劳动项目科学，劳动定额合理，劳动管理文明，劳动考核公正；要秉公执法，不徇私情，模范执行监狱工作的方针和政策，工作脚踏实地，认真负责。

③罪犯劳动是以生产劳动为基本形式的改造活动。劳动改造的形式很多，如生产性劳动，非生产性劳动，习艺性劳动，公益性劳动，自我服务

性劳动，等等。在劳动改造形式中，唯有生产劳动是最佳和最优的改造途径。这不仅因为生产劳动是人类社会实践中最基本的活动形式，而且因为生产劳动具有集体组织性、互助协作性、体力消耗性、经济效益性和社会沟通性等一系列特点，使其对罪犯的改造力度和改造作用最大。

（2）罪犯劳动改造目的发展创新

作者认为，罪犯劳动改造的目的，是指监狱通过对罪犯的劳动改造所要达到的预期结果。罪犯劳动改造的目的是行刑主体对罪犯劳动改造的一种主观要求，具有鲜明的主观性。同时它又是国家意志的体现，具有明确的法定性。罪犯劳动改造的根本目的是将罪犯改造成为守法公民，这是法律的要求，也是罪犯劳动改造所期望达到的根本目的和最终效果。这与监管改造、教育改造的目的是一致的，但罪犯劳动改造的目的有其自身的着眼点和侧重点，这就是罪犯劳动改造的直接目的。罪犯劳动改造的直接目的主要体现在以下几个方面。

①转变罪犯消极的劳动意识。劳动意识包括劳动观念、劳动思想、劳动态度等，劳动意识指导劳动行为，劳动意识有积极和消极之分。罪犯尤其是贪财性罪犯，其劳动意识是非常消极的，他们劳动观念淡薄，对劳动缺乏正确的认识，思想上抵制劳动，甚至鄙视劳动，一味贪图享乐，总想少劳多得，不劳而获。劳动改造首先要转变罪犯这种消极的劳动意识，通过强制罪犯参加劳动，改造他们消极的劳动意识，使他们体会到劳动成果的来之不易，树立正确的劳动观念。

②矫正罪犯不良的劳动习惯。作者指出，罪犯不良的劳动习惯是其长期的不良思想、不良行为影响下形成的，它具有稳定性和难改性。不良的劳动习惯反过来又助长不良思想、不良行为的持续进行。不良的劳动习惯对罪犯的副作用很大，很多罪犯往往屡教不改。不良的劳动习惯也只有在劳动中进行矫正，并且往往要经过较长时间的劳动才能养成良好的劳动习惯。通过劳动改造，罪犯具有了良好的劳动习惯，在走上社会后，他们才会自食其力，通过诚实劳动获取报酬。

③培养罪犯的劳动技能。作者指出，在市场经济条件下，劳动技能显得尤为重要。没有一技之长，在竞争中就会处于劣势，甚至无立足之地。很多罪犯在入狱之前由于没有一技之长，工作无门，无事生非，违法犯

罪。劳动改造最直接的目的就是要罪犯在服刑期间能掌握一定的劳动技能，为将来走向社会做好准备。

(3) 罪犯劳动改造功能的发展创新

作者认为，所谓罪犯劳动改造的功能，是指劳动改造对罪犯产生的作用、效果和影响，具有客观属性。罪犯劳动改造具有惩罚、教育、养成、锻炼、激励、保障、经济、稳定等功能。

①惩罚功能。罪犯劳动改造的惩罚性源于监狱的本质属性。监狱作为刑罚的执行机关，承担着惩罚罪犯、改造罪犯的根本任务。监狱劳动既是改造罪犯的手段，也是惩罚罪犯的手段。罪犯劳动改造的惩罚功能主要表现在：

第一，罪犯劳动改造的强制性。《监狱法》规定，有劳动能力的罪犯，必须参加劳动。罪犯劳动的强制性是由罪犯劳动改造的法定性决定的，违反罪犯劳动改造的法律规定就会受到国家的强制干涉，罪犯劳动改造是一种以国家强制力为后盾的严肃执法活动，其强制性非常明显和强烈。

第二，劳动要求的严格性。监狱对罪犯的劳动要求非常严格，在劳动的过程中，罪犯除应遵守一般的劳动规程、劳动纪律之外，还要遵守监管制度，接受严格的监管。

第三，劳动的低报酬性。罪犯在监狱参加劳动尽管是一种特殊性质的劳动，但由于也具有一般劳动的共性，罪犯也具有劳动者的特性，因而也有获取劳动报酬的权利。然而，在监狱服刑罪犯的劳动改造由于在本质上是一种刑罚执行活动，罪犯劳动带有明显的赎罪性质，不能完全体现一般社会劳动部门按劳取酬和同工同酬的原则。

②教育功能。罪犯劳动改造，劳动是手段，教育是目的。监狱通过对罪犯进行从事生产劳动意义的教育，使他们逐渐提高对劳动的认识，培养对劳动的兴趣，使他们由开始的被迫劳动逐渐过渡到自觉劳动。劳动改造的教育功能主要体现在以下几个方面。

第一，通过生产劳动，使罪犯了解社会财富来之不易，可以培养其热爱劳动、习惯劳动的思想，认识到创造财富的光荣，不劳而获的可耻。教育帮助罪犯清除头脑中的拜金主义、享乐主义和极端个人主义的错误观念，矫正好逸恶劳、贪图享受等恶习，树立正确的世界观、人生观和价值观。

第二，劳动能够培养罪犯的组织纪律性，使他们增强自律能力。现代化的劳动生产必须依靠劳动者的组织纪律性才能维持下去，把罪犯组织在这样的生产劳动之中，对于培养他们的组织纪律性，增强责任感和自律能力，无疑是有效的。

第三，通过生产劳动使罪犯尽可能地掌握一种或几种生产技能及知识，可以为刑满释放后的就业谋生创造条件，防止他们因恶习不改或生活无着落而重新犯罪。

第四，组织罪犯从事与正常社会条件相同或相近的劳动，可以培养罪犯与他人或社会组织的协调和合作精神。

③养成功能。很多罪犯在入监前沾染了好逸恶劳的恶习，缺乏劳动习惯。为使罪犯养成劳动习惯，在劳动改造实践活动中，要充分发挥管理的养成功能，通过实行“5S 管理”或其他管理方法，通过规范劳动现场、现物的管理，营造一目了然的工作环境，培养劳动者良好的工作习惯，其最终目的是提升人的品质，培养良好的工作习惯，适应现代化大生产和专业分工越来越细的要求。

④锻炼功能。马克思指出，“劳动首先是人和自然之间的过程，是人以自身的活动来引领、调整和控制人和自然之间的物质变换的过程。人自身作为一种自然力与自然物质相对应。”“当他通过这种运动作用于他身外的自然并改变自然时，也就同时改变他自身的自然。使他们自身的自然中沉睡的潜力发挥出来，并使这种力的活动受他自己控制。”组织罪犯参加生产劳动，有以下锻炼作用。

第一，组织罪犯从事适宜的劳动，可以增强体质，保持健康。

第二，罪犯劳动可以促进心理健康。在现代社会，心理问题已成为危及人的生命的隐形杀手。监狱的环境更易使罪犯产生各种心理问题。组织罪犯参加生产劳动，有利于改善罪犯的认知结构，锻炼意志，增强克服困难的勇气，增强人际沟通能力，促进罪犯的心理健康。

第三，罪犯劳动可以促进智力发展。一方面，罪犯在劳动实践中，可以使感性认识上升到理性认识，提高对事物的判断能力；另一方面，罪犯不断总结劳动经验，丰富自己的知识，并将这种理性认识指导自己的劳动实践，提高劳动能力和智力水平。

⑤激励功能。生产劳动对罪犯有激励作用。监狱根据罪犯的性别、年龄、文化程度、身体状况、犯罪前的职业、特长等情况安排合适的工种、岗位，尽量使他们学有所用，发挥特长，这样可以激发罪犯的兴趣和劳动热情，更好地工作。监狱还通过建立“以能定级、由级核量”的罪犯人力资源使用机制，落实等级工制度，实行绩效考核，设立劳动奖励基金，激励罪犯积极劳动，认真改造。现在监狱普遍实行计分考核，制订量化指标，评定等级，以分计奖制度。罪犯分数的高低不仅与其奖金挂钩，而且与其能否获得减刑、假释等直接关联，这样更能激励罪犯自觉接受劳动改造。

⑥保障功能。劳动不仅是公民的义务，也是公民的权利，是基本人权的一部分。罪犯虽然被剥夺了自由，但仍是公民，其未剥夺的基本人权应得到尊重和保障。从义务角度看，罪犯劳动是一种义务，具有强制性，监狱要强迫其参加劳动；从权利角度看，罪犯有劳动的权利，监狱应当保障，对此，《监狱法》也有相关的规定。劳动对于罪犯权利的保障功能也是不容忽视的，它符合罪犯的人权，是对罪犯人权的尊重和维护，对罪犯重返社会具有十分重要的意义。

⑦经济功能。组织罪犯劳动，其目的是要改造罪犯，所追求的主要是社会效益，但劳动创造财富，罪犯劳动生产产品，必然带来经济效益，其经济功能也是客观存在的。

监狱企业具有社会企业的基本功能，其生产的产品除了满足系统内部的需要外，还通过正常渠道融入社会经济运行之中，满足社会的需要，为社会主义经济建设做贡献。监狱企业的收入，除了按规定上缴财政外，还有一部分可以用来改善监狱自身的条件。

监狱劳动也给其带来一定的收入。罪犯劳动具有惩罚性，不可能与普通劳动者同工同酬，但也并不是没有任何报酬。监狱在保障罪犯的吃、穿、用等生活之必需外，根据罪犯劳动的情况，也给予一定的报酬，可以改善生活，甚至贴补家用。罪犯劳动改造对其本人及家庭也有经济上的帮助。

⑧稳定功能。良好的监管秩序是改造罪犯的根本前提。由于罪犯本身

就是社会秩序的破坏者，被关押在监狱之后，一下子失去了人身自由，因无法适应监狱的环境可能会出现自杀、自残、伤人、毁物等破坏监管秩序的行为，对监狱的安全稳定构成威胁。组织罪犯参加生产劳动，可以有序地安排他们的时间，不让他们无所事事、无事生非；同时也使他们旺盛的精力和积聚的体能得到有效消耗和发泄，以免因精力和体力无处宣泄而破坏监管秩序。同时，罪犯劳动不仅是监管秩序的一部分，直接维护着监狱的安全和稳定，而且使罪犯通过这种有序的劳动，逐渐形成遵纪守法的内在要求，从而自觉地维护监狱秩序，使监狱安全和稳定的状态得以持续维护。①

2. 罪犯劳动理论的发展创新

学者高寒在其《罪犯劳动制度改革构想》一文中指出，罪犯劳动在市场经济条件下遇到了很多问题。为了解决罪犯劳动中的问题，提高劳动改造的质量和效益，专家学者从不同角度给出了解决问题的方案和措施。但是，罪犯劳动中的问题不但没有得到有效解决，反而还有加重的趋势。作者认为根本原因在于我们对罪犯劳动的认识存在片面性，刑事法律夸大了罪犯劳动的改造功能和价值，削弱甚至否定了罪犯劳动的经济功能和价值。只有我们重新认识罪犯劳动，深入分析现行罪犯劳动制度存在的问题及造成的不良后果，才能有针对性地对罪犯劳动制度进行改革。为此，作者对如何认识罪犯劳动的性质、目的、功能等问题提出了自己的观点，并对现行劳动制度进行了剖析，提出了科学构建罪犯劳动制度的设想。现把其重要的学术观点和构建科学的罪犯劳动制度的意见分述如下。

（1）罪犯劳动性质的双重性

罪犯劳动是监狱的行刑活动和经济活动的有机统一体，它由劳动改造和监狱经济两部分内容构成。罪犯劳动的性质也必然具有双重性：

①罪犯劳动的一般属性——经济属性。劳动是个人生存和发展的基本手段，是社会存在和发展的基础和前提条件。因此，创造财富，满足人们的需要，是劳动最一般的功能和目的，从而，经济属性就是劳动最一般的属性。罪犯作为监狱行刑的对象，其劳动的主体具有特殊性，但劳动主体

---

① 贾洛川：《罪犯劳动改造学》，法律出版社 2010 年版，第 40-42、51-56 页。

的特殊性并不能改变劳动最一般的性质、功能和目的，罪犯劳动仍然是一种创造社会财富、满足社会需要的经济活动，罪犯劳动仍然具有经济属性。

②罪犯劳动的特殊属性——刑罚属性。作为改造的手段，强制劳动是自由刑题中应有之义。监狱除了执行刑罚、剥夺罪犯的人身自由之外，还要强制罪犯参加劳动，以期改造罪犯的思想，矫正罪犯的行为。罪犯劳动不能脱离监狱的行刑活动，并直接受其制约。罪犯劳动和刑罚的这种内在联系，决定了罪犯劳动具有鲜明的刑罚属性。

可以说，罪犯劳动同时具有经济属性和刑罚属性，它是监狱经济和劳动改造的统一体。经济属性是罪犯劳动存在和运行的基础，经济因素是罪犯劳动得以正常运行和发展的决定性因素；刑罚属性是罪犯劳动存在和运行的保障和指针，刑罚因素是罪犯劳动正常运行和发展的影响性因素。

（2）罪犯劳动目的的双重性

罪犯劳动目的的确定，取决于罪犯劳动的性质这一客观因素，而不是人们的主观因素。

①罪犯劳动具有经济目的。罪犯劳动的一般性质是经济活动，作为经济活动的劳动力主体，罪犯也要靠劳动来获取个人生存和发展所需的物质资料，按劳分配的原则也同样适用于有劳动能力的罪犯。因此，罪犯参加劳动的目的自然是从经济活动中获得物质利益，否则，罪犯就可能抗拒劳动。同时，监狱企业作为在经济上组织罪犯劳动的法人组织和市场主体，它必然要追求自身生存和发展所需的物质利益，否则监狱企业也难以生存下去。所以，追求利润是监狱企业生存和发展的内在的、必然的要求。

②罪犯劳动具有行刑目的。监狱企业有全面行使组织罪犯劳动的权利，并履行组织罪犯劳动的责任和义务，其组织罪犯劳动的行刑目的就是获得对罪犯的改造效益，或改造罪犯的社会效益。同时，劳动作为监狱的刑罚执行活动，罪犯在劳动过程中就以服刑主体的身份存在。作为服刑主体，罪犯参加劳动的目的是获得刑事利益——减刑或假释。作为刑罚活动，罪犯在劳动中的表现比如劳动态度、劳动纪律、劳动协作、劳动贡献等，可以作为衡量罪犯劳动改造效果的标尺。刑事法律制度不仅要规范和约束监狱认真履行行刑责任，也要激励和约束罪犯积极履行服刑义务。

(3) 罪犯劳动功能的双重性

可以说，作为一般经济活动，罪犯劳动有基本功能；作为特殊的行刑活动，罪犯劳动则有其特殊的功能。

①经济功能。作为社会劳动的组成部分，罪犯劳动必然具有社会劳动的一般功能，即创造社会财富。所以，发挥创造社会财富的经济功能，是罪犯劳动的社会性对罪犯劳动的基本要求，也是罪犯劳动在经济意义上存在和发展的前提条件。在我国现阶段，劳动仍是公民谋生的基本手段。罪犯是犯了罪的公民，国家将其关押在监狱，但罪犯仍有劳动的权利和义务，罪犯仍然要靠劳动谋生。在我国的刑事法律规定中虽然将劳动作为行刑活动，并将其规定为罪犯的服刑义务，但罪犯劳动本身的经济性质和目的的存在，客观上就决定了只要罪犯参加劳动，那么，对罪犯个人而言，劳动同样具有谋生功能，劳动也能够发挥谋生功能。

②改造功能。在劳动过程中劳动者之间所建立的生产关系会对劳动者的劳动积极性和创造性产生一定的影响。生产力发展了，生产关系改变了，劳动者就要在劳动观念、劳动态度和劳动纪律等方面不断调整，以适应变化了的生产关系的要求，使自己成为合格的劳动者。劳动者适应生产关系的过程，就是劳动者不断改变自己、提高自己的过程。因此，劳动天然具有对劳动者的劳动观念的改造功能和劳动行为的引导与矫正功能。而罪犯劳动过程不仅存在生产关系，而且还增加了特有的监狱行刑法律关系。在生产关系和行刑法律关系的共同作用下，罪犯在劳动过程中的观念和行为必然会发生一定的变化。罪犯接受和适应行刑法律关系过程，就是罪犯逐渐认罪服法接受改造、积极改造的过程。因此，罪犯劳动会从经济和行刑两个方面对罪犯发挥改造功能。

(二) 罪犯劳动经济制度的发展创新

1. 以法律明确规定罪犯享有劳动权

罪犯劳动具有经济性质和目的，这是罪犯劳动实践中罪犯享有劳动权的直接的、现实的经济基础。《监狱法》没有明确肯定罪犯劳动的经济性质和目的。罪犯劳动既然不是经济活动，而是刑罚执行活动，那么，罪犯在劳动改造过程中自然就不可能获得劳动报酬等经济待遇。所以，有关刑事法律在明确规定劳动是罪犯的服刑义务的基础上，必须同时明确规定劳动也是罪犯的权利。有关刑事法律只有明确肯定了罪犯拥有劳动权，实践中罪犯才能实际享受劳动的有关权益。

2. 完善罪犯劳动报酬制度

《监狱法》虽然规定对参加劳动的罪犯，监狱应当支付劳动报酬，但没有规定罪犯劳动报酬标准，罪犯劳动报酬支付方式，不发放以及不及时、足额发放罪犯劳动报酬的责任追究条款等内容。我们应在刑事法律中明确规定，有劳动能力的罪犯必须参加劳动，劳动是罪犯谋生的手段，是罪犯获取生活资料的主要途径。在确定劳动是罪犯谋生手段的前提下，完善罪犯劳动报酬制度。

3. 规范罪犯劳动保护制度和罪犯劳动赔偿制度

过去《监狱法》的规定以及罪犯劳动实践中突出的是罪犯劳动是惩罚性质，劳动被作为罪犯的服刑义务加以规定和落实，而涉及罪犯劳动权利的劳动保护和劳动赔偿问题，只作了原则性规定，缺乏详细而规范的规定，实践中操作性就更差了。以上问题导致监狱在行刑过程中遇到了越来越多、越来越难以解决的有关罪犯工伤和死亡的纠纷处理和赔偿问题。针对以上问题，《监狱法》应就罪犯劳动保护、劳动赔偿的基本标准和资金来源渠道、劳动纠纷处理程序和处理机关等问题，进一步作出明确的、具有可操作性的规定，使罪犯劳动纠纷和劳动赔偿问题的处理更加规范，为监狱创造良好的、比较宽松的执法环境。

4. 逐步推行罪犯自愿劳动制度和劳动竞争制度

如果《监狱法》就罪犯劳动的有关经济问题以及罪犯劳动权利及其保障问题作出规定，实践中监狱依法推行罪犯劳动谋生制度，那么，罪犯的劳动观念和劳动态度必然会发生和市场经济对劳动者的要求相一致的变化。当罪犯真正树立了劳动是权利，靠劳动谋生以及“劳动赎罪”的观念之后，罪犯个人的劳动积极性和主动性会进一步增强，刑事强制性在罪犯劳动正常运行中的作用会进一步下降，在此情况下逐步推行罪犯自愿劳动制度就有了一定的基础。实行罪犯自愿劳动制度，是罪犯劳动质的变化和飞跃的结果。

刑事法律在规定逐步推行罪犯自愿劳动制度的同时，应规定实行罪犯劳动竞争制度。在罪犯自愿劳动的基础上，允许和鼓励罪犯根据个人的劳动技能和经验，通过竞争的方式获得更能发挥自己能力的劳动岗位，从而获得更多的经济利益和刑事利益。实行罪犯劳动竞争制度，既可以打破过去完全由监狱单方面分配罪犯劳动岗位而造成的劳动力资源的浪费和岗位与技能不匹配的现象，也可以在一定范围和程度上实现罪犯的劳动选择权，借以增强罪犯的劳动主体意识，从而进一步强化罪犯劳动的自愿性和自觉性。

5. 建立罪犯劳动费用保障制度

罪犯劳动不是纯粹经济意义上的劳动，所以罪犯劳动费用就不能等同于一般企业的经营费用，完全靠企业自己按市场法则来筹集并通过经营活动来补偿。应在《监狱法》原有规定“国家提供罪犯劳动的生产设施和生产经费”的基础上，进一步从经济制度方面规定国家必须按照监狱押犯的数量的一定的比例，由中央和地方两级财政拨款的方式来保障罪犯劳动费用，且这个费用的比例必须是动态的。罪犯劳动的另外一部分费用，则由监狱企业通过经营活动来补充。

6. 建立劳动项目专有制度

罪犯劳动除了必须有资金供应途径等经济保障制度之外，罪犯劳动还必须有合适、稳定的劳动项目。现实中，罪犯劳动项目都由监狱（企业）自行选择，在改造、安全、经济效益和罪犯劳动能力等因素的约束下，罪犯劳动项目的选择空间已经十分狭窄，在省市行政区域范围内，大多数监狱罪犯劳动项目雷同，监狱企业相互间展开激烈竞争，使罪犯劳动的经济效益受到严重影响。而那些适合罪犯劳动的项目，却被大量社会企业占有，监狱企业无法涉足。因此，纯粹依靠市场行为和力量，监狱企业不可能争取到既符合行刑要求，又符合市场要求的罪犯劳动项目。所以，为了保障有劳动能力的罪犯都能够参加劳动，国家必须划定罪犯劳动项目范围，并明确规定将那些适合罪犯劳动的生产项目，逐步乃至最终全部划归监狱企业，社会企业日后不允许再进入该领域。在国家划定的罪犯劳动项目范围之外，监狱企业也可以选择其他合适项目，以弥补罪犯劳动专有项目的不足。只有政府力量和市场力量的结合，才能保证罪犯有稳定、可靠的劳动项目，罪犯劳动才能够从法律规定变为客观现实。

（三）罪犯劳动改造制度的创新

我国监狱开展罪犯劳动已有几十年的历史，但从法律到实践普遍缺乏如何使劳动充分发挥对罪犯的改造功能的有效制度和做法，尤其在市场经济条件下，在罪犯劳动事实上已卷入市场大潮以及监狱经费不再与罪犯劳动紧密挂钩的背景下，怎样使罪犯劳动在适应市场经济要求的前提下，更好地发挥其改造功能，迫切需要在制度上进行改革和创新。

1. 改进和完善罪犯劳动刑事利益激励制度

《监狱法》对罪犯劳动的认识以计划经济模式为背景，其所规定的激励罪犯劳动改造的措施，在市场经济下的罪犯劳动实践中发挥不了应有的作用。相反，在罪犯劳动有关经济制度缺失的情况下，罪犯劳动改造却产生了严重的功利化问题。为了提高罪犯劳动的改造效益，必须改进和完善罪犯劳动的刑事激励制度。《监狱法》应当规定，将罪犯遵纪守法、完成必要的劳动任务，作为罪犯日常处遇的主要根据，罪犯可因此得到较多的经济待遇和“自由”以及教育和培训的机会等待遇。降低劳动表现与减刑的相关度，设立减刑考核期，对于在减刑考核期内有故意违纪，甚至违法犯罪行为发生的罪犯撤销减刑。同时要适当提高罪犯劳动考核标准，使少数罪犯在劳动中经过努力能够达到标准获得减刑。绝大多数罪犯的劳动改造激励，将以日常的处遇提高和改善为主。通过以上制度的建立和完善，罪犯劳动改造的功利化问题可以得到一定程度的解决。

2. 推行罪犯劳动个性化制度

罪犯劳动个性化的实施在实践中受到多种因素的制约，因而在监狱中不可能广泛推行。监狱（企业）只能通过罪犯劳动项目选择和罪犯职业技能培训两条途径，来促进罪犯劳动个性化制度的实施。在罪犯劳动项目的选择上，监狱（企业）应尽量选择技术含量较高、罪犯经过努力能够胜任的劳动项目，以满足更多罪犯的个性化需求。在职业技能培训方面，监狱（企业）应突破罪犯职业技能培训完全以监狱生产需要为原则的观念，有利于罪犯将来就业的实用技术即使监狱生产不需要，也要从实际出发，让其加以掌握。

3. 试行罪犯劳动社会化制度

目前，罪犯劳动市场化运作，只是劳动项目选择、生产资料采购以及劳动产品销售等环节实现了市场化，而劳动过程管理、劳动力选择等并未进行市场化运作。所以，以监狱（企业）为经营管理主体的罪犯劳动市场化，还不是完全意义上的市场化，罪犯劳动的核心内容如劳动力选择和劳动过程管理等仍然以监狱行刑方式运作。为了使罪犯劳动在更大程度上实现市场化运作，国家应制定政策，允许社会企业雇用监狱的罪犯劳动力，监狱（企业）也依法可以将罪犯劳动力提供给社会企业使用。社会企业使用监狱的罪犯劳动力，必须和监狱（企业）或罪犯订立劳动合同。将二者关系纳入合同关系和法制轨道。罪犯进入社会企业劳动，可以使罪犯充分融入到市场经济活动之中，这对罪犯的再社会化具有重要的、不可替代的价值和作用。为了实现罪犯劳动的社会化，我国应当在每个省建立“罪犯出监监狱”专门收押其他监狱即将刑满释放的罪犯，由出监监狱统一负责实施罪犯劳动社会化事宜。从安全角度出发，适用社会化劳动的罪犯，必须符合一定的条件。对于余刑在两年以下、人身危害性较小的罪犯，可以允许到社会企业劳动，其余罪犯则不适宜采用社会化劳动的方式。①

关于罪犯劳动改造活动的发展创新，一些学者，如江苏的夏苏平、上海的江伟人、浙江的叶美德、湖北的傅孟生等都作了深入研究，提出了一些很有研究价值的观点。受篇幅所限，这里就不一一介绍了。

## 四、积极倡导开展罪犯心理矫治工作

自20世纪80年代初以来，国家和司法部及部监狱局，一直积极倡导在监狱系统开展罪犯心理矫治工作。1981年9月时任中共中央书记处书记的习仲勋同志在全国第八次劳改工作会议上指出：“我们的劳改干部怎么做他们的工作？这里面大有文章，有做人的工作的艺术也有心理学。我就主张你们搞一个心理研究所，关于犯人的心理研究。有没有？”（于桑答没有）“先搞一个小组也好嘛！这是一个很重要的工作。”1989年司法部监狱局在全国监管改造会议上，明确提出教育改造要关注罪犯心理健康和心理障碍的问题，并要建立罪犯心理矫治制度。从此确定在全国监狱系统建

① 高寒：《罪犯劳动制度改革构想》，载《中国监狱学刊》2012年第3期，第106－108、112－115页。

立罪犯矫治制度。1994 年司法部监狱局将开展罪犯心理矫治确定为现代化文明监狱验收的标准之一。2003 年 6 月司法部发布第 79 号令——《监狱教育改造工作规定》，其中专列一章对“罪犯心理矫治”作了较为具体的规定，标志着罪犯心理矫治作为我国监狱改造罪犯的重要措施、方法，其地位得到司法部确认。2009 年司法部颁发了《服刑人员心理健康指导中心建设规范（试行）》《关于加强监狱心理矫治工作的指导意见》，对罪犯心理矫治的开展提出了明确的目标和要求。2014 年 6 月司法部监狱局对监狱系统心理矫治先进工作者予以通报表彰。这些重要举措有效地推动了罪犯心理矫治工作的开展。据几位学者的研究，罪犯心理矫治工作开展情况如下。

（一）监狱系统开展罪犯心理矫治的基本情况

中国监狱系统的罪犯心理矫治工作是从 20 世纪 80 年代末开始起步的，经过 30 多年的努力，已经在全国普遍开展，成效显著。我国监狱系统的罪犯心理矫治工作的普及率有很大提升，2000 年的典型调查，普及率为 79.9%；2004 年的典型调查，普及率已达 93.1%。开展罪犯心理矫治的监狱大部分设置了相应的组织机构，从事罪犯心理矫治的专业队伍不断扩大，据统计，截至 2015 年，全国监狱系统民警中取得国家咨询师资格证书的已达 46000 人，占民警总数的 14.4%，其中拥有三级心理咨询师资格的民警 36000 人，拥有二级心理咨询师资格的近万人。① 罪犯心理矫治的各项具体工作已在有序开展：

1. 罪犯心理健康教育开展情况

罪犯心理健康教育是心理矫治的基础工作，是心理评估、心理咨询、心理治疗正常开展的前提。它通过向罪犯宣传心理卫生和心理健康方面的知识，启发罪犯自觉参与心理矫治工作，调整心理状态，增强社会适应能力，消除心理障碍，逐步达到恢复或重塑健康心理的目的。从目前已经开展这项工作的监狱来看，其成效是显著的，受到罪犯的普遍欢迎，有力地配合了对罪犯的教育改造工作。

---

① 李豫黔：《监狱心理矫治工作的发展历程及新时期的创新思路》，载《中国监狱学刊》2017 年第 1 期，第 6 页。

从实地调查的情况看，很多监狱在罪犯心理健康教育方面进行大胆探索，积累了许多宝贵的经验。有些省市的监狱局组织编写了统一的服刑人员心理健康教育教材；许多监狱利用监内报刊、黑板报、广播、电视、网络等媒体宣传心理卫生、心理健康知识；有的监狱自办了《心理健康报》《心理指南》《心理导报》等专门报纸；有的省未成年犯管教所创办了“个性化监室”，根据未成年人的特点，所里为未成年犯在室内购置了鱼缸及多个品种的花草，并允许未成年犯在室内按照个人的生活习惯、审美情趣，自行安放生活化摆设及家人照片等，让未成年犯感到温馨、愉悦，减少压抑感；还有监狱编排了心理游戏、心理保健操等，均收到了很好的效果。

2. 罪犯心理测试开展情况

从20世纪80年代开始，我国就有人尝试在监狱对服刑人员进行测试，在1990年以后达到高峰，各监狱竞相开展这项活动。这一时期的罪犯心理测试所使用的量表主要是翻译和修正西方的，主要有爱森克人格问卷（EPQ）、卡特尔16种人格因素测验（16PF）、明尼苏达多项人格测验（MMPI）、90项症状自评量表（SCL90）以及智力、记忆测验量表等。为了进一步提高罪犯心理测验的应用水平，使心理测试量表更加符合中国罪犯的实际，司法部监狱局于1994年组织课题组研制适用于全国监狱系统的罪犯心理测验专用量表——《中国罪犯心理评估系统》（COPA）。其中《中国罪犯心理测试个性分测验》（COPA-PI）已于2000年上半年正式出台，并在全国近200所监狱试用，效果较好。通过心理测验，对我国不同类型罪犯的心理行为特征、智力技能状态、心理健康状况等有了较为全面而准确的掌握。在此基础上，全国监狱系统对有逃脱倾向、自杀倾向、自伤自残行为和精神异常罪犯普遍开展了心理测量和心理分析，为进一步实施心理咨询与治疗和有针对性的教育改造提供依据。目前，全国监狱系统罪犯心理矫治工作已在深入开展，并普遍建立了罪犯心理档案，注重对重点案例、典型案例的分析研究。

3. 罪犯心理咨询工作开展情况

我国监狱的罪犯心理咨询工作始于20世纪90年代初，经过多年的理论研究和实践探索，目前已取得一定成效。有关罪犯心理咨询的地位、作用、原则、方法以及心理咨询与罪犯思想教育的关系等理论问题，学者们结合我国国情和监狱工作实际进行了广泛的研究。通过典型调查发现，在实际工作中，监狱心理咨询除了采用社会上通用的门诊咨询、电话咨询、书信咨询等形式外，还在个别咨询、团体咨询、现场咨询、网络咨询等形式上进行了有益的探索。罪犯心理咨询的内容丰富，涉及罪犯的个人生活事件、学习劳动情况、人际交往、职业选择、心理健康状况等多个侧面。罪犯心理咨询在我国监狱中的实践和进一步发展，使我国传统的罪犯思想教育工作得到扩展和强化，使罪犯自我改造的积极性得到激发，在一定程度上促进了罪犯改造的进程。2004 年的问卷调查显示，我国监狱系统已开展心理咨询的占比已达 91. 3%，尚未开展心理咨询的只占 9. 7%。可见，我国监狱的罪犯心理咨询工作已形成一定的规模，取得了一定成效。

4. 罪犯心理治疗工作开展情况

罪犯心理治疗的对象主要是罪犯中的变态心理者、人格障碍者、产生监禁反应者，以及在精神上出现其他异常状态者。这类罪犯目前在罪犯群体中占有一定的比例，而且有不断增多的趋势。他们是临床精神医学意义上的患者，仅使用一般常规的改造手段是难以治愈的，必须进行心理治疗，有些还要辅以药物治疗。由于心理治疗的专业性很强，所以要由临床心理学家、精神病医生等专业人员和经过专门培训的少数监狱人民警察施行，要持证上岗，以免造成精神伤害或延误治疗。

目前因监狱各种条件的限制，心理治疗在狱内的应用还不够广泛。从 2004 年问卷调查的结果看，心理治疗工作开展比较正规，有专职心理医生，设备健全，并积累了一些成功治疗的监狱只占 15. 9%；有 66. 2%的监狱虽然也开展了一些心理治疗工作，但工作不规范；还有 16. 6%的监狱尚未开展这项工作。

5. 罪犯心理矫治专业队伍状况

罪犯心理矫治是由专职心理矫治人员从事的工作。为了使这项工作得以顺利开展，从司法部监狱局到各省市的监狱局及监狱，都十分重视心理矫治队伍建设。通过举办培训班，或者主动与当地的心理学会、高等院校联系，邀请他们的专家教授到监狱开办心理咨询门诊，举办专题讲座等，对监狱民警进行指导、培训，努力建设一支高素质的专业队伍。司法部监狱局先后举办了多期全国性的心理矫治短期培训班或资格证书班，很多省、区、市的监狱局和一些监狱也各自举办了此类培训班，培养了一批专业人才，他们为我国监狱心理矫治工作的初步开展做了许多开创性的工作。2004 年以来，司法部监狱局又与国家和社会保障部合作，在全国监狱系统启动心理咨询员、心理咨询师的培训和资格认证工作，这对全国罪犯心理矫治队伍的专业化建设具有极其重要的意义。

我国罪犯的心理矫治队伍建设的现状，从 2004 年的问卷调查结果来看，有 75.9%的监狱配备了 1 名以上的专职心理矫治工作人员，其中有 7.6%的监狱配备了 5 名以上的专职人员，而且比较重视专业培训工作。①

（二）监狱系统罪犯心理矫治存在的主要问题

虽然我国监狱系统罪犯心理矫治工作近些年来得到了较大发展，在改造罪犯实践中发挥了一定作用，但是还存在一些问题，还面临着很大的挑战。

1. 罪犯心理矫正工作开展不平衡，领导重视程度不一致

从整体情况看，罪犯及民警对心理咨询工作的认可程度不是很高；目前硬件设备配置不是很完备；制度建设方面不是很健全，相关制度亟待在实践中不断完善。目前罪犯心理矫治工作发展很不平衡，司法部预防犯罪研究所于 2008 年年底进行的一项调查表明，心理矫治在罪犯教育改造工作中发挥的作用日益彰显，全国已经有 93.1%的监狱开展了心理矫治工作，山东、江苏、北京、上海、浙江等省（区、市）开展较好。但是，有的省矫治效果不甚理想：16.6%的监狱反映效果很差，74.2%的监狱反映成效一般。某省一个监狱自 2005 年至 2009 年共接待咨询案例近 700 人次，真正取得实质性矫治效果的仅有 20 余例。②

2. 机构设置不平衡，队伍不稳定

有些省（市、区）在监狱中设立了罪犯心理矫治的专门科室或监区，有些省（市、区）有专门的机构和人员挂靠在教育科，有些地区没有设立

① 章恩友、宋胜尊、李志艳：《中国监狱心理矫治工作现状和问题研究》，载《中国监狱学刊》2005 年第 3 期，第 89-91 页。

② 李豫黔：《罪犯心理矫治工作的发展历程及新时期的新思路》，载《中国监狱学刊》2017 年第 1 期，第 7 页。

机构，仅有几个人兼职开展工作。从监狱系统总体上看，专职人员明显缺乏，兼职民警虽然具有一定的心理咨询能力，但是依然与实际需要差距较大，而且不够稳定，因工作调动、升职调整、精简机关人员等原因，许多兼职民警已不再从事心理矫治工作，使提升心理矫治工作者的业务素质更加困难。

3. 理论研究不能满足实践的需求

近十几年来，我国关于罪犯心理矫治的理论研究，在法制心理学、监狱学领域成为焦点、热点，相关著作、教材、论文不断出现，而且研究方法不断创新，实证的调查统计方法被广泛应用。但是从总体上看，罪犯心理矫治的理论研究还远远不能满足实践发展的需求。实践中运用的大量心理评估、心理咨询、心理治疗的理论和方法，主要是借鉴国外特别是西方国家的，没有很好地实现本土化，尚未建立起符合中国传统文化、有中国特色的犯罪心理矫治理论、方法和技术体系，有关罪犯心理矫治的一些基本问题（如内涵、性质、对象、定位、运行模式等），尚未形成统一的认识，这在很大程度上影响了实际工作的效果。

4. 心理咨询工作队伍的专业素质亟待提高

心理矫治与其他罪犯改造方法相比，具有更强的专业性，更需要规范化运作。然而在实际工作中，由于罪犯心理矫治的理论研究滞后，规章制度不健全，部分矫治工作者专业水平不高、经验不足，造成在现实工作中存在着许多不专业、不规范的现象。比如，对罪犯的心理健康教育手段方法单一，内容针对性差；心理测验的实施，结果的解释和使用比较随意；心理咨询的次数、时间、层次不够，对自我心理投射不敏感；心理治疗中对症状的识别困难或诊断随意，对治疗理论和方法的运用专业性不足；等等。

同时，我国矫治工作的专业人才配备与许多西方国家的做法有所不同，我国专业人员大多数都是经过培训学习，取得国家心理咨询师资格的在职警察，只是根据需要聘请少量的社会人士。这种做法有其优势，但不足之处也很明显，他们的身份是双重的，拥有警察身份的人，要取得犯人的信任和配合更加困难；他们中的许多人过去没有心理学的背景，虽然经过几个月的培训，取得了心理咨询师资格，但在实践中真正能有效开展心理矫治工作的警察并不多，他们中的多数还需要实践的锻炼和继续接受更高层次的教育和培训。

（三）监狱系统罪犯心理矫治工作今后发展方向

当前，教育改造作为监狱工作中心任务，已经越来越受到中央和各地的高度重视，一些长期制约罪犯教育改造和心理矫治工作的困难和问题正在得到有效解决，罪犯心理矫治工作正面临前所未有的发展机遇。同时，随着我国《刑法修正案（八）》《刑法修正案（九）》等出台，刑事法律政策有了新的变化，罪犯构成日益复杂，罪犯的数量将不断增加，这给监狱的监管安全和教育改造工作提出了更加严峻的挑战。针对罪犯心理矫治工作的特性，结合现实基础和有关情况，在健全组织机构配齐配好专业人员的前提下，应着眼于建立具有中国特色的罪犯心理矫治理论方法体系，着眼于罪犯心理矫治与其他改造手段的协调配合，着眼于进一步发挥心理矫治的作用，进一步发展和完善罪犯心理矫治工作。

有两位知名学者对我国罪犯心理矫治工作今后如何发展创新有以下几点设想。

第一，建立具有中国特色的罪犯心理矫治理论和方法体系。

目前我国罪犯心理矫治实践中运用的大量心理评估、心理咨询治疗理论和方法主要是借鉴国外特别是西方国家的。这样的汇总学习、借鉴是必然的，因为现代心理学发源于西方，其发展水平要远远超过我们，在监狱中为犯人提供心理学服务也有很长的历史。但是，这种学习、借鉴不应当是盲目照搬，必须有个本土化的过程。因为来自西方的心理学理论和方法，深受西方文化和社会习俗的影响，而我国的社会文化，在历史沿革、文化传统、社会结构、经济条件、价值观念、生活习俗等方面，都与西方国家有诸多不同。与此相联系，中国罪犯的人格特点、心理矛盾等，与西方国家罪犯相比，差别也很明显。因此，在中国监狱开展心理矫治工作，就要根据我国罪犯改造的实际情况，对西方的理论、方法和技术体系进行适当的改造和调整，形成具有中国特色的罪犯心理矫治理论和方法。

建立具有中国特色的罪犯心理矫治理论和方法体系，一是要继承、弘扬我国传统文化特别是传统医学中包含的丰富的心理治疗思想；二是要自觉地总结、继承我国监狱几十年来改造罪犯的成功经验，使之与现代心理矫治工作相互补充，共同发展。只有这样，我国的罪犯心理矫治在理论和方法上才会扎根于中国社会，成为改造罪犯的有效手段。

第二，加强罪犯的心理矫治与其他改造手段的协调配合。

在20世纪90年代之前，管理、教育、劳动一直是我国监狱最主要、最基本的罪犯矫正手段，以此为基础建立起来的中国特色的监狱制度和矫正体系，在新中国监狱的历史上发挥了重要作用。后来出现的罪犯心理矫治技术，虽然在理论基础、工作原则与方法等方面与以往的改造手段有很大的不同，但绝不是完全独立的所谓现代矫正技术。我国监狱的罪犯心理矫治要得到健康发展，必须加强与其他改造手段的协调配合。一方面，要把罪犯心理矫治看作是原有改造手段的延伸和拓展，是对原有罪犯矫正体系在技术上的提升。而开展罪犯心理矫治必须继承我国监狱历史上已经形成的较为成熟的罪犯矫正理论与经验。比如，我国监狱在长期实践中积累了丰富的罪犯思想教育工作经验，造就了一大批思想教育工作者，尽管他们无法替代现代心理咨询和治疗专家的工作，但二者的工作目标是一致的，可以相互补充、相互配合，共同帮助罪犯消除犯罪心理和其他心理问题，塑造健全的人格，最终实现改造人的目的。另一方面，传统改造手段应该沿着科学化的轨道，从现代心理学等学科的意义上实现内容和方法的创新。比如，罪犯管理的制度设计如何更好地发挥激励、约束作用，罪犯教育如何更能适应罪犯的心理需求和人格完善，罪犯劳动如何实现矫正不良习惯、塑造健康人格的作用等，都需要运用现代心理学的知识和方法来解决。罪犯心理矫治只有全面融入到监管改造工作中，同时突出发挥自身技术性、专业性、可操作性的优势，才能保持长久的生命力。[①]

第三，以促进监管安全稳定为前提，进一步发挥心理矫治的独特作用。

罪犯心理矫治工作作为监狱工作的一部分，促进监管安全稳定是其不可推卸的职责使命。监狱罪犯心理矫治工作要“以安全稳定为前提，以提高罪犯改造质量为中心”，积极开展以危险性程度为重点内容的心理评估，对罪犯发生自杀、自残、逃脱、暴力等事故的危险程度做出风险等级预

① 章恩友：《罪犯心理矫治的实践与思考》，载《中国监狱学刊》2011年第3期，第6-7页。

测，并提出管理和矫治建议；在对罪犯进行心理咨询的过程中，一旦发现罪犯存在行凶、自杀等影响监管安全的倾向，应及时干预并报监狱有关部门。要建立危机干预机制，在提高狱政管理工作效能，及时掌握犯情动态，消除安全隐患，防止脱逃、狱内案件、非正常死亡等事件，减少狱内重大事故发生方面发挥积极作用。

第四，以维护罪犯心理健康为核心，进一步发挥罪犯心理矫治的基础作用。

解决和消除罪犯的心理问题和情绪困扰，预防和治疗犯人的心理疾病，维护罪犯的心理健康是监狱开展罪犯心理矫治工作的基本职能。一方面，罪犯走上违法犯罪道路，在一定程度上是由于其反社会人格或不良情绪恶化所致，或与其心理素质低、心理状况差有关；另一方面，监狱的特殊环境和漫长的监禁生活又常常容易使罪犯产生新的心理疾病和人格障碍。监狱罪犯心理矫治工作要积极开展心理健康教育、心理矫治、心理危机干预工作，帮助罪犯调节情绪、解决心理问题、消除不良心理、克服“监狱人格”，预防和矫治罪犯的心理问题和心理疾病，增进罪犯的心理健康。在罪犯心理健康教育方面，进一步搞活教育形式，创办面向罪犯的专业性报刊，使心理健康教育常态化。在心理咨询方面，进一步加强规范化建设，严格咨询的程序，提高个案咨询的质量。在心理治疗方面，要充分利用社会力量和现代科技手段，提高治疗效果。

第五，以提高教育改造质量为中心，进一步发挥罪犯心理矫治工作的治本作用。

将罪犯改造成守法公民是监狱工作的根本宗旨，也是罪犯心理矫治工作的重要使命。罪犯心理矫治工作不仅仅要维护罪犯的心理健康，还要矫治罪犯的犯罪心理，促进罪犯成为守法公民。要切实注意到一些具有较强犯罪心理的罪犯，其心理健康水平却较高，没有明显的心理疾病，不能将矫治罪犯的心理疾病和矫治罪犯的犯罪心理完全等同起来。要深刻地认识到罪犯心理矫治的原理和技术是监狱教育改造的依据和基础，要始终坚持用监狱罪犯心理矫治工作提高教育改造质量、实现矫正目标的价值取向。要通过积极开展罪犯心理矫治工作，切实改变以前认识罪犯凭经验、凭感觉，定性多、定量少的现象，运用科学的心理测量方法，对罪犯进行心理测试和评估，深入了解罪犯的内心世界和人格特征，从而为制订改造方案、科学改造罪犯奠定坚实的基础。①

第六，逐步实现罪犯心理矫治的专业化和规范化。

罪犯心理矫治既是一项现代矫正技术，又是一项心理学职业行为，必须逐步达到职业化、专业化的要求。这就需要特别重视对专业人员的选拔和培养，对从业者应当进行职业适应性分析，并建立完善的培训和督导制度，不断提高他们的职业素养和专业素养，确保他们运用专业方法和技术的准确性和科学性。在此基础上，不断克服实际工作中的主观性、随意性、实现罪犯心理矫治的规范化。同时，国家监狱管理部门要在充分论证的基础上，制定统一的心理矫治工作规范，在机构设置、人员配备、工作内容与原则、经费与设施保障等方面作出统一规定。②

目前，我国罪犯心理矫治开展情况已如上述，建议各省监狱管理局要对本省罪犯心理矫治工作开展情况，认真做一次评估，既要看到取得的成效，又要实事求是地找到存在的问题，制定切实可行的改进措施，把今后的罪犯心理矫治工作做得更好、更有成效。

## 第二节　新世纪监狱职能回归改革的实践

### 一、监狱系统面临的新形势

进入 21 世纪以来，随着我国社会主义市场经济和改革开放的深入发展，依法治国方略的深入贯彻实施，我国社会主义现代化建设取得了举世瞩目的辉煌成就。我国经济持续中高速增长，人民生活水平大幅度提高，经济实力、科技实力、国防实力、国际影响力都上了一个大台阶。与此同时，我国的经济结构、分配方式结构、产业结构、社会意识结构、社会分层结构和利益主体结构等经济社会结构都发生了深刻变化。

这些发展变化既为我国未来的经济社会发展注入了新的活力，也使我

① 李豫黔：《监狱心理矫治工作的发展历程及新时期的创新思路》，载《中国监狱学刊》2017 年第 1 期，第 88-98 页。

② 章恩友：《罪犯心理矫治的实践与思考》，载《中国监狱学刊》2011 年第 3 期，第 7 页。

国的社会管理治国理政面临不少新问题和新挑战。当前我国正处在经济社会发展的重要机遇期，也是人民内部矛盾凸显、刑事犯罪高发、对敌斗争复杂的时期。在这种经济转轨、社会转型的新的历史时期，监狱工作也面临着一些新情况和新挑战。其突出表现有以下几点。

（一）现行监狱体制不适应经济转轨要求

在计划经济时代，监狱企业具有执行国家指令坚决，生产场所稳定，劳动力资源充足，生产设备配套，生产管理严格，生产质量良好，能够如期完成国家下达的生产任务等优点。这些优点和长处，较之社会上一般中小企业，具有一定优势。因此，在计划经济时代，监狱经济发展势头良好。据统计，截至1998年年底，全国监狱工业形成200多个行业，产品达5000多种；全国监狱农场土地面积已达70万公顷，涉及农、林、牧、副、渔、工等多种门类；全国监狱企业资产达427.4亿元，监管改造资产达145.4亿元,[①] 为监管改造工作奠定了坚实的物资基础。

自从20世纪80年代以来，我国在从计划经济向市场经济转轨过程中，监狱企业的一些弱点和短处逐步显露出来。比如，生产设备陈旧，科技人才匮乏，新产品开发乏力；营销手段不如社会中小企业灵活；设备、人才、资金、新产品研发等生产资源不如社会大型企业雄厚，监狱企业不适应市场经济要求的问题越来越突出。至2002年上半年，全国监狱系统亏损挂账42亿元，资产负债率高达79%。当时的《监狱财务制度》规定，监狱经费的部分来源要由监狱生产创收来解决，在执行过程中监狱生产创收占监狱经费的比例，一些省份高达40%~50%。监狱生产不适应市场经济出现大面积亏损、债务负担沉重的问题，使全国监狱系统陷入极度困难之中，很多监狱只能靠压缩公务支出和拖欠民警工资来维持低水平运转。[②] 为了求生存，获得新的发展机遇，监狱上下紧急动员起来，从监狱领导班子到每个警察职工，大家都把主要精力放在抓生产搞创收上来，监管改造工作的中心地位被生产经营工作取代，致使监狱刑罚执行的职能偏离了轨道。刑罚执行是监狱的天职，只能加强，不能削弱，更不能偏离。这种形

① 张金桑：《岁月铭记》，法律出版社2000年版，第23页。

② 《关于修订〈监狱财务制度〉若干问题的思考》，载《中国监狱学刊》2002年第2期，第36页。

势要求改革监狱现行体制，复归监狱职能。

（二）罪犯构成及改造特点受社会转型影响发生了新的变化

以经济结构、社会结构调整为主要标志的社会转型，给经济、社会发展注入了新的活力。与此同时，方方面面的结构调整，必然伴随着社会各利益主体的利益调整，使得人民内部矛盾凸显，滋生和诱发犯罪的因素增多，刑事案件高发，对敌斗争复杂。这种新形势使罪犯构成，罪犯的思想、心理、行为及其改造特点等与以往相比都发生了重大变化。

1. 罪犯年龄结构上低龄化趋势明显。截至 2001 年年底，全国在押犯中 18~50 岁的中青年占总数的 94.75%。[①]

2. 罪犯的文化结构上低学历现象普遍。截至 2001 年年底，全国罪犯小学以下文化程度的占 50.74%。

3. 罪犯的犯罪经历结构上，具有二次以上犯罪经历的罪犯明显增多，截至 2001 年年底，判刑二次以上罪犯占总数的 13%以上，与 1995 年相比增幅超过 40%。

4. 罪犯的犯罪性质结构上更趋复杂化，截至 2001 年年底，财产型罪犯以及与财产有关的罪犯比例为 90%，重大刑事犯、暴力犯、重刑犯、流窜外省作案以及职务犯均呈上升趋势。同时知识产权类犯罪、金融犯罪、高科技犯罪、涉外犯罪等也随着中国进入世界贸易组织后日益增多。[②] 据江苏省 2014 年调查，罪犯构成依然呈现低龄化、低学历化、累惯化、犯罪性质复杂化等特点，与 21 世纪初罪犯构成的总趋势是一致的。

同时罪犯的思想行为特征也发生了新的变化，有些学者把这些变化概括为四个基本特征：一是人生观、道德观、法律观三观颠倒，反社会意识增强，价值观念扭曲；二是利欲、性欲、情欲三欲膨胀，心理需求呈现畸形，狱内消费趋向超前；三是罪恶感、罪责感、赎罪感三感意识淡薄，改造动机趋向功利，服刑意识、义务观念淡化；四是冲突性、反复性、纠合性三性突出，交往关系趋于庸俗，改造过程趋向曲折。

罪犯构成和罪犯改造特征的改变，不仅增加了新的犯罪类型，原有的

---

① 中国监狱学会：《中国监狱学会 20 年》，法律出版社 2006 年版，第 254 页。

② 刘江华：《论教育改造工作如何与时俱进》，载《中国监狱学刊》2003 年第 2 期，第 6 页。

犯罪类型也增加了新的致罪因素，而且不认罪不悔罪问题突出。这些新情况、新特点，对传统的罪犯改造理念、罪犯改造方法、罪犯改造路径和罪犯改造体制、机制都构成新的挑战。

### （三）监狱的封闭性、发展滞后性与全面改革开放的要求不适应

1. 与全面改革的大环境不适应

自党的十一届三中全会以来，特别是进入 21 世纪以来，我国改革的广度和深度不断拓展。改革的总目标就是完善和发展中国特色社会主义制度，推进国家治理体系和治理能力现代化。这是坚持和发展中国特色社会主义的必然要求，也是实现社会主义现代化的应有之义。推动中国特色社会主义制度更加成熟、更加定型，是一项宏大的系统工程，必须全面、系统地改革和改进，是各领域改革和改进的联动和集成，在国家治理体系和治理能力现代化上形成总体效应、取得总体效果。[①] 推进国家治理体系和治理能力现代化，就是要适应时代变化，既要改革还要适应实践发展要求的体制机制、法律法规，又要不断构建新的体制机制、法律法规，使各方面制度更加科学、更加完善，实现党、国家、社会各项事务治理制度化、规范化、程序化。监狱是刑罚执行机关，是社会安全稳定的调节阀，是国家治理体系组成部分。自新中国成立以来，逐步建立起具有中国特色的监狱制度、刑罚执行体系、罪犯改造路径方法。这些制度、体制、路径方法的基本面是好的，是适应我国国情的。但目前监狱工作的现状，与我国经济社会发展要求和人民群众的期待相比，特别是与国家治理体系和治理现代化的改革要求相比，还有很多不适应、不完善和不规范的地方。

2. 与全面开放的大环境不适应

从党的十一届三中全会作出“把党和国家工作中心转移到经济建设上来、实行改革开放”的历史性决策以来，我国坚持对外开放的基本国策，开放的步伐逐步加快，党的十八大以后我国已经进入全面改革开放的重要历史时期，对外交往进一步扩大。世界各国的资金、工农业产品、服务产品、文化产品、能源产品、各类人员大量涌入中国，中国的资金、工农业产品、服务产品、文化产品、能源产品和各类人员也大量地走出国门，融

① 习近平：《谈治国理政》，外文出版社 2014 年版，第 104-105 页。

入世界之中。可以说，当今的世界，已经进入到中国离不开世界，世界也离不开中国的重要历史时期。中国监狱的封闭性、发展相对滞后性的现状，与这种大环境、大气候很不协调、很不适应。

鉴于以上形势变化，司法部审时度势，及时对监狱工作进行重大调整，着力抓好以改革创新、强化监狱职能为主要内容的调整创新顶层设计，使监狱工作实现历史性转变。2001 年 12 月时任司法部部长张福森代表司法部党组，在我国司法厅（局）长会议上提出监狱工作要“以提高教育改造质量为中心”的战略调整任务。2003 年 11 月司法部在“三化”建设工作座谈会上，明确提出监狱工作应以“法制化、科学化、社会化”建设为监狱工作创新发展的总目标。这些重大决策勾画出监狱工作调整创新顶层设计的基本轮廓。以后又进行了一系列战略部署，充实监狱工作调整创新顶层设计的具体内容，使监狱工作的战略调整和创新发展呈现良好的态势，取得了良好的效果。

## 二、全力推进监狱体制改革，促进监狱职能回归

根据《国务院批转司法部关于监狱体制改革试点工作指导意见的通知》要求，司法部于 2003 年 2 月决定在黑龙江、江西、上海、湖南、重庆、陕西六省市进行我国监狱体制第一批改革试点，取得初步成效后，于 2005 年又决定对八省区进行第二批监狱体制改革试点，认真总结两批试点经验后，2008 年，监狱体制改革在全国全面推行。监狱着力进行以下体制改革。

### （一）监狱经费保障体制改革

随着我国国情的发展变化和监狱自身的发展变化，我国监狱经费保障体制经历了不断调整不断变革的路程。新中国成立初期至 1954 年实行“统收统支”；1954 年至 1963 年实行“以收抵支，差额预算管理”；1963 年至 1980 年实行“收支全额管理”；1980 年以后实行“以收抵支，定额上缴，结余留用，超支不补”的“财务包干”；1997 年实行“以财政拨款为主，监狱生产补充为辅”的体制。虽然各历史时期监狱经费保障形式不同，但监狱经费始终由“国家财政拨款和监狱生产补充”构成，这一点是

相同的。这种监狱经费保障体制，在计划经济时代，由于监狱生产效益较好，监狱经费保障问题并不突出。但在市场经济条件下，监狱企业对市场竞争的不适应，和监狱行刑法则与市场法则的不相容，监狱企业亏损日益严重，监狱经费缺口越来越大，监狱经费保障问题凸显。

为了解决监狱经费保障不足的困难，国家从社会安全稳定的大局出发，国务院办公厅于2003年批转了司法部关于监狱体制改革的指导意见，明确提出监狱经费"全额保障"的改革目标。这一改革目标，经过监狱体制改革两轮试点后，着力进行如下改革。

1. 对监狱财务进行清产核资与资产划分

清产核资的内容包括监狱与监狱企业的各项资产、负债、收入、支出及所有者权益。资产划分的范围包括监狱和监狱企业实际拥有的流动资产、固定资产、无形资产、长期投资等全部资产。资产划分后监狱和监狱企业按照国家国有资产登记的有关规定，分别进行产权登记明确各自产权。

2. 明确监狱经费保障范围、核定标准

根据《监狱法》第8条的规定，综合监狱执法管理的实际需要，明确监狱经费支出项目、支出范围、项目标准。

3. 监狱经费由国家财政予以全额保障

全额保障，按照"分级管理、分级负担"的原则，中央直属监狱由中央财政负担，地方监狱由地方财政负担。基于我国各地区经济发展水平和财力状况有很大差别的实际状况，中央财政通过转移支付的方式，对那些经济发展水平和财力状况较低，全额保障有困难的省份予以补贴。

试点中存在的主要问题是经费全额保障仍有缺口。多数试点省份的监狱经费按照规定的标准虽然已经到位，但普遍反映存在以下问题：现行监狱经费基本支出标准偏低，难以满足实际工作需要；现行标准还存在着漏项，有些必要的经费支出没有纳入标准内；现行标准没有考虑物价上涨因素；民警的福利没有来源，解决监狱大量遗留问题也没有资金渠道。为维持监狱的正常运转，监狱企业的部分收入弥补监狱经费不足的现象仍然存在。[1]

(二) 监狱管理体制改革

在计划经济时代逐步形成的“监企社合一”的监狱管理体制，随着市场经济的发展，对监狱刑罚执行职能的冲击越来越突出，改革势在必行。根据监狱体制改革试点经验，“监企社合一”的管理体制着力进行如下改革。

1. 剥离监狱办社会职能改革

监狱办社会问题形成原因很复杂，既有政策原则方面的问题，也有处所环境条件问题，更有当时社会服务系统是否健全问题，是一个时代性问题。剥离监狱办社会职能问题，情况同样复杂。改革试点中，那些地处大中城市，社会服务系统比较健全，地方财政状况比较好的监狱，剥离办社会职能进展比较顺利，剥离得也比较彻底；那些地处偏僻，远离大中城市，社会服务系统不够健全，地方财政状况又不太好的监狱，剥离办社会职能改革就比较困难，只能做到部分剥离；对于那些地处偏远又比较封闭，社会服务系统很不健全，地方财政又很困难的监狱，剥离办社会职能的改革就更为困难，只能是目前具备条件的改革项目先行改革，目前不具备条件的改革暂缓改革。据调查统计，第一批试点省市共移交所办法庭 3 个，占总数的 43%；移交公安派出所 10 个，占总数的 25%；移交中小学 39 所，占总数的 76%。

2. 去监狱直接管理企业职能改革

实行监企分开，去除监狱直接管理企业职能改革是监狱体制改革的重点。按照国务院通知要求，试点各省（区）市，都积极开展监企分开，去监狱直接管理企业职能改革，基本上实现了监狱与监狱企业在机构、职能、人员、资产上实行分开，初步形成相对独立的刑罚执行、监狱生产经营两套体系，分开管理、分开运行的格局。但是，由于试点各地情况不同，改革中监企分开、去监狱直接管理企业职能的程度也不尽相同。据 2010 年典型调查，改革中监企上下都分开，真正形成监企分开运行的监狱占 19%，约占五分之一；改革中监企分开不彻底，机关分开了，在基层仍

① 李豫黔：《试点成效明显，改革任重道远》，载《中国监狱学刊》2005 年第 3 期，第 7 页。

沿袭传统的管理模式，形成上分下不分的占81%，约占五分之四。随着体制改革的深入进行，上述比例又发生一些变化，监企真正分开的比例有所上升，但监企没有真正分开、监狱直接管理企业职能不够彻底的仍占有相当比例。

3. 监狱规范运行改革

监狱职能规范运行改革，制约因素较多，既有监狱经费全额保障是否到位、监企分开是否到位因素；也有监狱体制改革各项配套政策是否健全、是否落实因素；还有监企间分工协作关系是否厘清，是否到位等因素。因此，监狱职能规范运行改革是监狱体制改革的难点。不可能一蹴而就，需要有一个过程，只能逐步深化、逐步规范。按着监狱职能规范运行的总体要求需要进行如下改革。

（1）构建罪犯劳动改造新体制并使其规范运行的改革。国务院关于监狱试点改革的指导意见指出："监狱国有独资公司（现为监狱企业集团公司及其子公司或分公司）是改造罪犯工作的组成部分，主要任务是为监狱改造罪犯提供劳动岗位，为改造罪犯服务，不同于以营利为目的的社会企业，但也要讲效益。"这一重要指导意见，不仅指明监狱企业的特殊性质，也为构建罪犯劳动改造新体制指明了方向。指导意见指明监狱企业是"为监狱改造罪犯提供劳动岗位，为改造罪犯服务""是改造罪犯工作的组成部分"，从而指明监狱企业是罪犯劳动改造管理体制的组成部分，劳动改造罪犯是监狱与监狱企业的共同任务。因而如何构建监狱与监狱企业分工又协作的罪犯劳动改造管理新体制就成为监狱体制改革的重要课题。在监狱体制改革试点中，构建监狱与监狱企业分工与协作的罪犯劳动改造管理运行体制，一般是这样安排的：监狱主要负责提供有劳动能力的罪犯参加生产劳动，对罪犯劳动现场进行组织管理、监狱安全和生产安全管理，开展职业技术教育、劳动教育和就业指导，考核罪犯劳动改造效果，并依法实施奖惩。监狱企业主要负责为罪犯劳动改造提供劳动场所和生产劳动项目，提供生产劳动必需的设施设备、生产原材料和工艺技术，负责生产计划管理、设备管理、劳动定额管理、成本管理、质量管理、供销管理、新产品开发等生产经营管理工作，考核罪犯劳动绩效并给罪犯发放劳动报酬。监狱和监狱企业在考核罪犯劳动改造表现、罪犯生产安全教育管理、罪犯岗位技术培训和就业指导等双方共管领域进行协作。这种安排只是初步的原则性安排，还需要在今后的实践中不断改革完善，逐步实现规范运行。

(2) 要下大力气促进狱政管理、教育改造的规范运行。改革开放以来，特别是监狱体制试点改革以来，全国各地监狱做了很多探索，这些情况笔者将在后面有关部分做专题介绍。

### (三) 监狱企业管理体制改革

根据司法部提出并经国务院批准的监狱企业改革目标，监狱企业管理体制改革在改革试点中主要抓了以下改革。

#### 1. 监狱企业实行公司制改革

监狱企业进行公司制改革，采取的是集团公司企业类型。集团公司是一种以控股型母子公司关系为基础的垂直型组织体制，由一个母公司和若干个子公司组成，母公司对子公司掌握绝对控股权。集团公司又分为两种类型，一种是纯粹型集团公司，母公司本身不直接从事生产经营活动，而是通过全部或部分拥有子公司的股份或股权，对子公司实行控股；另一种是混合型集团公司，母公司既通过股份持有控制子公司，又直接进行部分生产经营活动。监狱企业集团公司属于纯粹型控股公司。按照体制改革要求，监狱管理局和监狱分别将负责生产经营活动的内设机构和组成人员分离出来成立监狱局领导下的监狱企业集团公司及其子公司或分公司。这项改革是一个系统工程，着重抓了几个环节的改制改革。

(1) 建立明晰的产权制度。各试点单位都在清产核资的基础上，对监狱和监狱企业的产权进行了明确的划分。对于由于历史原因和管理问题造成的有关房屋产权和土地使用权不清等问题，则按照《国有资产产权界定和产权纠纷处理暂行办法》等规定进行界定，建立了监狱企业集团公司的产权制度。

(2) 确立监狱企业集团公司及其子公司独立法人地位。目前试点改革中有三种做法：一种是由省国资委下属的国有资产投资公司作为国家授权的投资机构；第二种是由省监狱管理局作为国家授权投资机构，代表国家行使出资人原始所有权；第三种是由省监狱国有独资公司即集团公司作为国家授权的投资机构。

（3）建立监狱企业集团公司及其子公司的法人治理结构和内部管理机构。监狱体制改革试点过程中，按照体制改革的要求，监狱管理局和监狱分别将负责生产经营工作的内设机构分离出来，组建监狱管理局领导下的监狱企业集团公司及其子公司或分公司。由省级人民政府将监狱企业的经营权、管理权、监督权授予省监狱管理局。省监狱管理局代表国家行使出资人权利，将生产经营管理权授予监狱企业集团公司。监狱企业集团公司在监狱管理局领导下，由公司董事会全权管理公司事务，对监狱管理局负责，并对所属子公司实行管理、指导和监督。按照公司法建立法人治理结构的要求，试点各地的监狱企业集团公司及其子公司相继建立了董事会、监事会和经理。建立法人治理结构是个新事物，由于对其理解和认识的不同，各地建立法人治理结构的情况也不尽相同。据 2010 年调查，在选取的样本中，第一、二批试点省市监狱企业集团已设立董事会、监事会和经理的占 13.9%，设立董事会和经理的占 41.7%，只设经理的占 44.4%。第三批试点省市监狱企业集团公司已设立董事会、监事会和经理的占 35.5%，设立董事会和经理的占 16%，只设经理的占 25.8%，尚未设立法人治理结构的占 25.8%。监狱企业集团子公司设立法人治理结构的情况如下：在选取的样本中，第一、二批试点省市已设立董事会、监事会和经理的占 11.1%，设立董事会和经理的占 36.1%，只设经理的占 52.8%，设立经理的总数达百分之百。第三批试点省市设立董事会、监事会和经理的占 22.2%，设立董事会和经理的占 22.6%，只设经理的占 42%，尚未建立法人治理结构的占 9.6%。

监狱企业集团公司及其子公司内部管理机构设立情况如下：据 2010 年调查，在选取的样本中，除了第三批个别监狱企业之外，各省市的监狱企业集团公司及其子公司都根据实际情况建立了相应的内部管理机构，如三部一室、五部一室等，其中监狱企业集团公司的总人数在 18～50 人不等，大部分省市都控制在 35 人以下。但大部分被调查者认为设置情况不是很理想，有 45.4%的被调查者认为，监狱企业集团不仅人员不足且懂企业运作的人员太少。

2. 探索监狱企业发展方向改革

按照国务院和司法部对监狱企业性质的定位，监狱企业是改造罪犯工作的组成部分，其主要任务是“为监狱改造罪犯提供劳动岗位，为改造罪犯服务，不同于以营利为目的的社会企业，但也要讲效益”。监狱企业为改造罪犯服务的定位指明了监狱企业发展的两个维度，一是监狱企业要稳定发展、可持续发展；二是监狱企业的发展要有利于罪犯改造。试点各省市对监狱企业发展的两个维度进行了如下探索。

（1）积极进行减少市场竞争风险改革。为使监狱企业减少市场竞争风险，获得稳定发展、可持续发展，试点各省市监狱大都选择了市场营销和新产品开发两头在外的来料加工产业作为自己的主导产业。据2010年调查，在选取的样本中，有87.9%的监狱企业在体制改革中选择来料加工业作为自己的主导产业。同时一些在本行业内发展前景较好或者产品具有一定优势的监狱企业，为减少市场竞争风险也开始转向来料加工产业。还有一些监狱企业，为减少市场竞争风险，正期盼着从事政府采购生产项目。

（2）退出不利于罪犯改造的产业。试点各地在产业结构调整中，都在加快退出室外农牧业劳作业；退出狱外劳务产业；退出高风险的冶炼、建材产业；退出实行三班连续生产产业等改革。一些从事来料加工产业的监狱企业，经过实践发现有些加工产品有噪声和粉尘污染，不利于罪犯身心健康或不利于罪犯改造，已列入计划抓紧时间调整。

3. 积极探索监狱企业领导体制及其运行体制的改革

监狱企业领导体制改革目前试点省市有两种模式，一种是按照现代企业建立法人治理结构要求组建董事会领导下的总经理负责制。具体形式是经省市人民政府授权监狱局组建国有独资公司，承担国有资产保值增值责任。国有独资公司是在监狱局领导下的具有独立法人资格的监狱企业。监狱局在人事、行政、劳动改造、执法管理、监企协调和监督检查上对监狱国有独资公司实施统一领导和管理。监狱国有独资公司直接经营管理监狱企业全部国有资产，统一负责各监狱罪犯劳动改造项目管理和生产经营管理。另一种是按照一般国有企业模式，实行党委领导下的总经理负责制。监狱国有独资公司在监狱局党委领导下，通过建立总经理办公会议制度，研究决定监狱国有独资公司经营决策及子公司生产经营管理的重大事项。实行这种领导体制的，监狱国有独资公司和监狱局、监狱与子公司或分公司的领导不再交叉任职。司法部原副部长范方平在总结布置监狱体制改革的讲话中指出:“这两种体制，哪一种代表国有独资公司领导体制的发展方向，还需要在实践中探索，待时机成熟时加以规范。”

除监狱企业领导体制外，在监狱体制改革中还对监狱企业管理运行体制进行了有益探索，尽管目前尚无定论，但对监狱企业性质的认识是比较一致的。监狱企业管理运行体制应根据监狱企业特点进行选择。目前无论是监狱理论界还是实务界大多数都认为不能选择一般社会企业管理运行体制，这无疑是正确的。但我们到底应该选择什么模式，目前只有一些原则设想，尚没有具体的说法。笔者认为，国外一些职业技术学院的校办实验厂或实习厂和监狱企业颇有一些相似之处，都不是以营利为目的，而是为培养人才服务，投资主体与主办主体是一体的。当然也有一些不同之处。我们在研究监狱企业管理运行体制时可以从中做些借鉴。

## 三、着力进行监狱布局调整，营造良好的罪犯改造环境

20世纪末全国监狱分布状况主要是新中国成立初期形成的基本格局，“严打”期间回收、扩建、新建一些监狱后又充实和发展了这种基本格局。新中国成立初期，为巩固新生政权，服务国家全面经济建设，监狱发展建设实行有利于地方经济建设，不与民争利原则，全国新建监狱大部分分布在远离城市、交通不便、信息闭塞、经济落后地区。后来又根据战备需要进行三线建设，又使一部分原来处于城市中心、交通便利的一线监狱迁到了远离城市、交通不便的大、小三线地区。这种监狱布局适应了新中国成立初期国内政治、经济形势和国际形势，推动了监狱事业的发展。进入21世纪以来，随着我国市场经济的发展和法制建设的不断完善，这种监狱布局状况带来的不利于罪犯改造、不利于监狱发展的种种弊端逐步显现，越来越不适应形势发展的需要，监狱布局调整势在必行。

根据国务院的部署，司法部于2002年年初全面启动监狱布局调整工作，提出全国监狱布局调整的目标、要求和规划，明确监狱布局调整的任务是要实现监狱布局科学、合理，关押总量满足需要，建设水平有新的提高。要求在调整过程中实现“三个转向”，即由偏远地区转向城市和交通沿线，由分散转向集中，罪犯劳动由室外转向室内。确定青海、四川、湖

南、广西、河北、辽宁六省（自治区）为监狱布局第一批重点调整省份；河南、云南、内蒙古、安徽、贵州、山西等七省（自治区）为第二批重点调整省份，计划到2010年基本完成全国监狱布局调整工作。这些部署为监狱布局调整指明了总的方向和基本要求。2002年12月，由司法部拟定的《监狱建设标准》，经建设部、国家计委批准下发执行。该标准为新建、扩建、改造监狱提供了新的建设标准。2006年4月国务院召开监狱体制改革会议，着重研究了监狱布局调整和监狱体制改革问题，下发了《研究监狱布局调整和监狱体制改革试点有关问题的会议纪要》（以下简称《纪要》）。《纪要》在建设资金保障、建设用地及建设收费减免、落实专项经费等方面给予了一系列优惠政策，有力地支持了监狱布局调整工作。2006年冬，司法部在深入调研的基础上，制定了《关于进一步推进监狱布局调整工作的意见》（以下简称《意见》），经国务院总理和有关领导同志审阅同意后，由司法部、国家发改委、财政部、国土资源部、建设部五部委签发，发送各省（市、区）人民政府执行。《意见》要求到2010年监狱布局不合理的问题基本得到解决，狱政设施普遍得到改造更新，全面实现“布局合理、分类科学、功能完善、投资结构合理、管理信息化”的要求。2006年12月，司法部召开全国司法厅（局）长会议，部长按照《意见》要求，对进一步做好监狱布局调整工作进行深入部署。

此次监狱布局调整工作的最大特点是国家高度重视，国务院召开专门会议进行研究部署，司法部大力推进，地方政府密切配合，各省司法厅、监狱局积极响应，认真贯彻落实。在这种良好氛围的推动下，各地区的监狱布局主要抓了以下几项大的结构调整。

（一）区位设置结构调整

区位设置结构不合理有三种情况。第一种是区位选择结构不合理。由于历史原因，全国有不少监狱建在地处偏远、远离城市、交通通信不便、信息闭塞、经济社会发展落后以及自然灾害、地质灾害频发地区。这种区位选择，对罪犯的通信、会见、开展社会帮教等带来许多不便，影响罪犯的社会化改造；同时生活环境艰苦，引进人才困难，警察职工队伍不稳定，积极性不高；而且监狱承担“办社会”职能，不仅加大办监狱成本，还影响监狱履行刑罚执行、改造罪犯的根本职能。第二种是区域分布结构不合理。在省（市、区）辖区内，有的地区监狱密集，重复布点；有的地区较大范围内没有设置监狱，形成布点空白。这种区域分布不合理的状态，造成两方面的问题，一方面监狱过于密集地区，罪犯过于集中，罪犯改造压力较大。而且监狱过于集中，形成设施重复建设，造成建设资源浪费，加大监狱建设成本。另一方面应该布点而没有布点地区的在押犯跨地区关押，给罪犯的通信、会见、地区性的联合帮教带来诸多不便，不利于罪犯改造，也不利于地区经济社会发展。第三种是区位设置建设标准结构不合理。区位设置建设标准与时代的差异较大，早期设置的监狱，建设不规范，无统一标准；中期设置的监狱，建设标准过低；直至20世纪80年代以后，监狱建设才有了统一的标准。这种结构不合理情况的积淀致使全国不少省份的监狱，建设标准过低，安全保障能力差，加之年久失修，现今危旧房屋、危旧监墙、警戒设施老化等安全隐患较多，与监狱现行建设标准差别较大，与监狱现代化建设要求相去甚远。有此类情况的监狱，属于区位设置结构不合理的范畴，应当列入监狱布局调整计划。

监狱布局调整，全国各地都把区位设置结构调整列为重点调整计划。例如，山西省计划将全省21个监狱调整为17个，属于重大调整的有8个监狱，其中撤销5个，迁建3个。① 撤销的5个监狱中，属于地处偏远、交通不便的1个，属于地质灾害严重的1个，属于区域分布不合理的3个。在迁建的3个监狱中，属于地处偏远、交通不便的1个，属于地处闹市区、无发展空间的2个。随着监狱布局调整深入推进，全国大部分监狱逐步从“三边”地区迁往城郊，据司法部测算，到2010年年底90%以上的监狱基本上位于或者靠近大中城市、城镇和交通沿线。

（二）规模设置结构调整

规模设置结构不合理带有普遍性，有不少省份存在这方面问题。主要存在两种情况，一种是监狱（或关押点）在押犯规模小，过于分散；另一种是监狱在押犯规模过大，有的甚至超过5000人。这种规模不当的状况给监狱建设带来一系列弊端。监狱规模小，过于分散的监狱布局，加大了监狱建设成本，造成监狱资源的浪费；监狱规模过大，不便于管理，监管

① 宋建伟：《对山西监狱布局调整问题的思考》，载《中国监狱学刊》2007年第1期，第41页。

安全和罪犯改造的压力增大。在当前改造一线警力不足的情况下，无论是过于分散还是规模过大的监狱布局，都将使警力不足的矛盾变得更加突出，监狱民警整天忙于处理日常管教工作，不能集中主要精力和更多的时间做好罪犯矫正工作，影响罪犯教育改造质量的提升。这些弊端都是显性的，是监狱广大民警所熟知的。因此，在这次监狱布局调整中，规模设置结构调整的积极性很高，各地都按照《监狱建设标准》中关于“小型监狱关押1000~2000人，中型监狱关押2001~3000人，大型监狱关押5000人”的规定，积极进行调整，认真解决监狱规模小、过于分散和规模偏大的问题。例如，山西省在监狱布局调整前共有21个关押点，平均在押犯规模1456人。其中在押犯规模不足500人的单位占10%，在押犯规模在500~1000人的单位占48%，在押犯规模不足1000人的监狱共有12个。[①] 在监狱布局调整中，山西省在对全省在押犯规模及本省经济、人口发展情况作了进一步调研后，根据司法部的要求，全省在押犯总规模核定为3.7万人，调整方案中大部分在押犯规模在2000人以上，押犯规模在1000人的小型监狱共5所，比调整前减少了7所，占监所总数的29%。[②]

### （三）分类设置结构调整

自新中国成立后至20世纪末，中国监狱分类设置结构属于基础性静态结构。所谓基础性结构，是指各地都按照罪犯的性别、年龄、犯罪性质和罪刑轻重等基础性要素分类设置女犯监狱、未成年人管教所、成年男犯监狱；成年男犯监狱又分为重刑犯监狱、轻刑犯监狱。还有一些省设置了传染性病犯监狱。所谓静态分类是指在《监狱法》未颁布前，没有按罪犯改造表现进行分类关押。《监狱法》颁布后，根据法律规定，也只是在监狱内部根据罪犯改造表现设立不同类型的监区，对罪犯进行不同方式的管理教育，并没有根据罪犯改造表现设立不同类型的监狱进行分类改造，就监狱设置的总体情况而言仍属静态性的。这种基础性静态型的监狱分类设置结构，基本适应20世纪80年代以前我国在押犯构成情况和罪犯改造需要。随着我国罪犯构成情况日趋复杂和罪犯改造难度的增加，这种基础性

① 宋建伟：《对山西监狱布局调整问题的思考》，载《中国监狱学刊》2007年第1期，第41页。
② 宋建伟：《对山西监狱布局调整问题的思考》，载《中学监狱学刊》2007年第1期，第41页。

静态型分类不适应罪犯改造需要的情况日趋明显。一是当前在押犯构成日趋复杂，除原有的犯罪类型之外，增加了许多新的犯罪类型，如涉黑涉毒犯罪、“法轮功”犯罪、计算机犯罪、智能犯罪等，而且重刑犯、累惯犯所占比例明显上升，这些不同类型的罪犯，其自身危险性程度有很大区别，有的危险性很大，有的危险性很小。而传统的基础性分类，把罪犯危险性程度不同的各类罪犯混押在一起，既增加了监管安全压力，又使有限的监狱资源不能得到合理配置。二是这种静态型的分类，没能反映罪犯改造的动态变化，使各种改造表现的罪犯关押在同一个监狱，没有充分体现分类关押、分类施教、分类管理的原则，没有充分激励罪犯改造的积极性。鉴于此，司法部于2003年颁发《关于进一步推进监狱工作法制化科学化社会化建设的意见》，要求“对监狱进行科学分类。按照警戒程度，实行高、中、低度不同戒备等级；按照功能划分，建立新收罪犯、即将刑满释放犯、老病残罪犯的监狱（监区）”。

监狱按戒备等级和功能进行分类是一项重大改革，涉及监狱体制改革、监狱布局、监狱资源配置和国家投资等方方面面的工作。既要有改革意识勇于实践，又要有大局意识、科学意识深入进行调查研究，有计划有步骤地进行。目前监狱分类的前期工作，全国正在有序地运作。司法部在上海等4省市进行高戒备等级监狱建设的研究工作。河南省监狱局正在许昌监狱进行高戒备等级监狱建设试点，按片区在监狱中修建高度监禁监区，并设置重危罪犯单仓关押室，各项工作正在有序地进行中。[①] 江苏省监狱管理局专门成立了课题组，以我国推进低度戒备监狱建设为视角，进行半开放监狱建设的可行性研究和实践探索，对半开放式监狱及低戒备等级监狱建设，提出了许多具有开创性的调研意见。[②] 湖北沙洋监狱管理局于2002年试点启用半开放式监区，监狱在罪犯中设置“罪犯改造自律委员会”，实行较高的罪犯自治管理，罪犯自己组织劳动等。上海宝山监狱于2004年探索试行“周末监禁”，罪犯一周内前5天离开监狱到指定工厂上班，下班后自行回家住宿，周末回监狱正常服刑。

① 陈富生：《关于建立监狱戒备等级的探索》，载《中国监狱学刊》2013年第3期，第94页。

② 江苏省监狱管理局课题组：《半开放型监狱可行性研究》，载《中国监狱学刊》2015年第3期，第11-17页。

监狱按专业功能分类工作，也在进行积极探索。不少省份按照司法部对监狱进行功能分类要求，设立了入监监狱、病犯监狱，还有几个省建立了出监监狱、特种犯监狱（监区）。到目前为止，监狱按戒备等级和功能进行分类，在全国已初现雏形。

监狱布局调整是一项内涵丰富、结构多元的系统工程建设，有一个不断调整充实提高的过程。这次监狱布局全国性的大的调整，按照司法部的规划已于2010年基本完成。一些地区性的监狱布局调整项目和监狱内部一些建设项目的调整更新工作，目前正在有序深入地进行中。

## 四、积极倡导搞好罪犯改造质量评估工作

2002年4月，司法部监狱局在“南京会议”上提出要“探索罪犯改造质量评估”的重大课题。2005年司法部在沈阳召开的全国监狱局长会议上明确提出要加快建立适应现代监狱制度的罪犯改造质量考核评估体系，并决定在江苏、湖南两省率先开展试点工作。自此随着两省罪犯改造质量评估的研究、试点工作深入展开，其他省份也相继跟进。经过几年的研究、试点，现已取得了阶段性重要成果。

### （一）江苏省监狱局初步的研究成果

经过几年的研究探索，江苏省于2004年10月出版了《罪犯改造质量评估》，该研究成果具有较强的创新性、实践性和前沿性，荣获2005年司法部第三届“金剑文化”二等奖，2006年第二届全国法学教材与科研成果三等奖。该研究成果及其后继的研究成果，主要回答了以下几个问题。

1. 罪犯改造质量评估体系的理论基础

《罪犯改造质量评估》一书中的作者认为，对罪犯的矫正具有综合性，既涉及对其行为的矫正，又有心理的转变和认知结构的改善。评估标准的建立需要综合运用法学、社会学、行为学、心理学和管理学等多方面知识和理论，通过对罪犯这一特定的群体进行系统的分析，建立满足于罪犯个体矫正的评估和检测的标准体系，才能确保该标准立足于科学的范畴之内。[①] 综合运用监狱学及上述各学科的理论，此书作者之一的宋行认为要

① 于爱荣：《矫正质量评论》，法律出版社2008年版，第28页。

着重厘清以下几个问题。

（1）罪犯的矫正目标。《监狱法》明确规定“守法公民”是罪犯矫正的目标。认为“守法公民”是基于罪犯的犯罪而言，实现这一目标使罪犯不同样的犯因性问题再次犯罪，和不因服刑而产生新的可能引发犯罪的犯因性问题而再次犯罪。因此，使罪犯的犯因性问题得到改善，是守法公民这一矫正目标的具体内涵。

（2）现代监狱矫正活动的目的。根据法国米歇尔·福柯关于“法律的惩罚针对着一种行为，而惩罚技术则针对着一种生活。因此，用一种知识形式重构一种生活的所有悲惨的细节，用一种强制活动填补那种知识的空隙并对它施加影响，就属于惩罚技术的任务了”的论述，认为现代监狱的矫正活动，总是基于罪犯的社会化失败，利用知识对罪犯进行重构而促使其再社会化。如果说预防犯罪是我国刑罚的目的，那么，这种重构的目的是为了预防或减少罪犯再犯罪的可能性。

（3）罪犯犯因性需要是多种因素相互作用的结果。西方多位学者的研究认为：“行为是个人与环境之间互动的结果，一个人的生物构成会以一定的形式限制他对环境的反应能力。不能仅靠单个因素来解释一个行为反应的原因。多种因素在复杂的系统中通过互动产生了特定的行为。”“无论哪种犯罪，从最轻微的到最残忍的，都不外乎是犯罪者的生理状态、其所处的自然条件和其出生、生活或工作于其中的社会环境三种因素相互作用的结果。”作者据此认为，让罪犯不因犯因性问题再次犯罪，就必须使罪犯个别化的生理、心理和社会的犯因性问题得到有效改善。

（4）罪犯矫正质量评估标准的内涵。作者认为，既然犯因性问题的改善是守法公民这一矫正目标的内涵，那么罪犯矫正质量评估标准，即是罪犯生理、心理和社会犯因性问题的改善状况①。

由此可见，综合运用法学、社会学、行为学、心理学和管理学等多方面的知识和理论，厘清上述种种理论观点，以此作为建构罪犯改造质量评估标准的理论基础。因此，江苏省的罪犯改造质量评估的系统模式简言之，是以罪犯总体犯因性需要为主导标准，以罪犯阶段性犯因性需要为辅

① 宋行：《罪犯矫正质量标准建构研究》，载《中国监狱学刊》2008年第5期，第59-60页。

助标准的构建体系。

2. 构建罪犯改造质量标准的基本思路

作者于爱荣和张庆斌认为，西方国家为了使罪犯能够顺利复归社会，除广泛采用非监禁式矫正处遇外，对监狱矫正主要依据罪犯的危险程度，制订矫正计划，选择一系列的矫正项目，并对罪犯个体的矫正效果进行分析评估，提出相应的改进措施。由于我们的社会制度、政治制度、文化背景、宗教意识等与西方具有明显的差异，罪犯矫正的体制、内容、方法也与西方明显有别，由此，在构建罪犯改造质量标准时，必须充分考虑到以下几个方面。

（1）罪犯改造质量标准与中国国情和罪犯改造实际紧密结合。

（2）罪犯改造质量标准要系统借鉴和吸收西方发达国家成功的矫正经验。

（3）罪犯改造质量标准应满足罪犯个体评价的需要①。

3. 罪犯改造质量评估的标准体系

综合江苏几位作者的观点，笔者认为江苏省监狱系统试行的罪犯改造质量评估的标准体系，即江苏模式由入监评估、中期评估和出监评估三部分标准构成。

（1）罪犯入监评估标准。罪犯入监评估标准，即诊断标准的定性：根据罪犯入监后的检测结果，结合阅档、函调、面谈和量表测试方法等收集的基本信息，进行综合分析，确定罪犯的犯因性问题，并对罪犯的犯因性问题，依据检测的量化结果，分别作出正常、基本正常和不正常的三级定性评价。入监评估标准包括下列几个具体标准。

①罪犯人格缺陷诊断标准。对罪犯人格缺陷诊断的目的，是认识罪犯的人格缺陷，为确定诊断目标和制定个别化矫正方案提供依据；罪犯人格缺陷的诊断标准是明尼苏达人格量表、艾森克人格量表和司法部《中国罪犯个性分测验量表（COPA）》的常模；罪犯人格缺陷的诊断方法是用这些量表对其进行测量。

②罪犯的犯因性心理诊断标准。罪犯的犯因性心理诊断的目的，是认

① 于爱荣、张庆斌：《罪犯改造质量评估：江苏模式的理论起点与构造体系》，载《中国监狱学刊》2007年第3期，第21–22页。

识罪犯的心理犯因，便于对罪犯开展有针对性的心理指导和矫正；罪犯的犯因性心理诊断标准是“罪犯犯因性心理量表”常模，重点测试罪犯的情绪易变性、焦虑、抑郁倾向、精神异常症状、适应性、偏执状况；罪犯的犯因性心理诊断方法，采用心理认知行为量表（XRX/WXRX）中的心理分量表进行测量。

③罪犯犯因性认知诊断标准。罪犯犯因性认知诊断的目的，是认识罪犯的犯因性认知问题，便于对罪犯开展有效的认知矫正；罪犯犯因性认知诊断标准是“罪犯犯因性认知量表”常模，主要测试罪犯的同情心、进取心、人生观、守法行为与素养、社会适应能力等 20 项认知指标；罪犯犯因性认知问题的诊断方法，采用心理认知行为量表（XRX/WXRX）中的认知分量表。

④罪犯犯因性行为诊断标准。对罪犯犯因性行为进行诊断的目的，是认识罪犯的犯因性不良行为模式，便于对罪犯开展有针对性的行为矫正；罪犯犯因性行为诊断标准是“罪犯不良行为模式量表”常模，主要测试罪犯侵占贪财行为、暴力倾向性行为、非法性倾向行为、自杀性倾向行为、违规倾向行为状况；罪犯犯因性行为诊断方法，可采用心理认知行为量表中（XRX/WXRX）的行为倾向分量表进行测量。

（2）犯罪中期改造质量评估标准。罪犯中期改造质量评估标准，即检验标准的定性是：在改造中期，依据本次心理认知和行为量表检测的量化结果，与前次检测的量化结果，按公式“已改善的原检测不正常的维度个数/检测出的新出现的问题不正常的维度个数+原检测不正常的维度个数”进行计算。依据计标的量化值，确定改善等级为改善、有所改善和未改善三个等级。检验标准包括罪犯犯因性心理、认知改善情况检验性评价标准和罪犯不良行为模式改善情况检验性评价标准。

①罪犯犯因性心理改善检验性标准。在罪犯改造中期，对罪犯的犯因性心理进行检验性评价目的，是检验罪犯犯因性心理改善情况，便于修正矫正方案，持续提高心理矫正质量；罪犯犯因性心理改善情况检验性评价标准是“罪犯犯因性心理量表”常模；其评价方法，是采用心理认知行为量表（XRX/WXRX）中的心理分量表进行测量。

②罪犯犯因性认知改善检验性标准。罪犯犯因性认知改善检验性评价

的目的，是认识罪犯犯因性认知的改善状况，便于适时修正矫正方案，持续提高认知矫正质量；罪犯犯因性认知改善检验性标准是“罪犯犯因性认知量表”常模；其检验性评价方法，是采用心理认知行为量表（XRX/WXRX）中认知分量表进行检测。

③罪犯犯因性行为改善检验性标准。罪犯犯因性行为改善检验性评价的目的，是检验罪犯犯因性不良行为模式的改善情况，修正罪犯个别化矫正方案，持续提高罪犯犯因性行为矫正的质量；其检验标准是“罪犯不良行为量表”常模；其评价方法，是采用心理认知量表（XRX/WXRX）中的行为分量表进行测量。

（3）罪犯出监改造质量评估标准。出监评估标准的定性是：依据对罪犯进行心理认知行为量表检测的量化结果和社会适应性知识、技能水平检验结果，确定罪犯改造质量的综合评定等级，即合格、基本合格、不合格。其中合格为罪犯改造质量综合评价的最高等级，是由监狱的功能、罪犯的刑期刑种、监狱现实矫正的主客观水平决定的。因此，将罪犯改造成为一个基本正常的普通公民，尽最大可能使其不再因同样的犯因性问题犯罪，对监狱而言是比较客观的。对未达到改造标准的罪犯，应采用指导性语言向罪犯提出出监后的建议，并向地方社区矫正或安置帮教部门提出回归保护建议。罪犯出监改造质量评估标准，包括罪犯心理、社会功能性认知和行为矫正质量评价标准。

①犯因性心理矫正质量评估标准。罪犯犯因性心理矫正质量评估的目的，是认识罪犯犯因性心理最终矫正情况，为回归保护建议提供客观依据；犯因性心理矫正质量评价标准是“罪犯犯因性心理量表”常模；犯因性心理矫正质量评估方法是采用心理认知行为量表（XRX/WXRX）中的心理分量表进行检测。

②罪犯社会功能性认知矫正质量评价标准。罪犯社会功能性认知矫正质量评价标准，包括以下几项评价标准。

第一，罪犯社会适应性知识和技能水平评价标准。

第二，罪犯犯因性认知矫正质量评价标准。

③罪犯犯因性行为矫正质量评价标准。[①]

以上介绍的是江苏省监狱局的研究成果。[②]

### （二）湖南省监狱局的初步研究成果

湖南省监狱局于2004年根据司法部监狱局“南京会议”的部署，对“罪犯改造质量评估”的重大课题，本着“整体设计、配套改革、动态管理、分步推进”原则进行积极探索。2003年年底研究成果初定，于2005年研究成果《罪犯改造质量评估指南》上下册由法律出版社正式出版。该书对湖南省监狱系统开展“罪犯改造质量评估活动”，起了重大推动作用。据有关文章介绍，湖南模式脉络清晰，独具特色。其要点如下。

1. 湖南模式的整体架构

湖南模式将罪犯改造质量评估体系，清晰地划分为“罪犯个体改造质量评估”和“监狱整体改造质量评估”两个部分。

“罪犯个体改造质量评估”采用“三个阶段、三方评估、三个结合”的三三制架构。所称三个阶段，是指罪犯个体改造质量评估按照入监阶段、矫治阶段、出监阶段的三个阶段进行各有侧重的评估。所称三方评估，是指罪犯个体改造质量评估是由三个方面的评估组成，即由罪犯自评、罪犯之间互评和由“监狱民警考评”与“社会相关专家参评”组成的“他评”。所称三个结合，是指罪犯个体改造质量评估要做到“评估与考核相结合，评估与分级处遇相结合，评估与减刑、假释相结合”。罪犯个体改造质量评估这种三三制架构，不仅眉目清晰，而且与日常罪犯改造工作紧密结合，没有形成评估与日常罪犯改造工作两张皮，能有效地提升日常罪犯改造工作的科学化、社会化水平。

监狱整体改造质量评估采取的是“四三一”式架构。即实行“四项原则”，开展“三级考评”，实行“一个挂钩”政策。所谓“四项原则”，是指监狱整体改造质量评估实行“动态性评估”“综合性评估”“实用性评估”“开放性评估”四项原则。其中开放性评估，是指从社会上吸纳有关

---

① 宋行：《罪犯矫正质量标准建构研究》，载《中国监狱学刊》2008年第5期，第62-64页。

② 为了保证江苏模式的鲜活性、真实性，笔者所介绍的内容，系从江苏省监狱局《矫正质量评估》一书作者于爱荣及其他作者有关论文中直接摘录的，笔者未加评论，个别内容稍加归纳，而依据的资料也是如此。

专家参与评估。一个评估周期结束，省局评估办将评估情况形成翔实的汇报材料，专题向省人大、省政府报告，并向执法质量监督员通报情况。适时召开新闻发布会，或者利用网络、报刊、电视等社会媒体，积极引导社会力量参与评估工作。所谓“三级考评”是指监狱整体改造质量评估实行省监狱局考评监狱、监狱考评监区、监区考评分监区的三级考评制度。所谓“一个挂钩”是指监狱整体改造质量评估实行与对监狱、监区、分监区的奖惩挂钩的政策。可见湖南省监狱局的“监狱整体罪犯改造质量评估”是动态性、开放性评估，具有较强的实用性和可操作性。

2. 湖南模式的评估标准

湖南罪犯个体改造质量评估标准按改造阶段设立。“入监阶段”评估标准，引入心理检测和危险性评估方法，主要检测罪犯危险程度和教育改造难度，提出矫治建议和分类，为“矫治阶段”准备第一手资料。“矫治阶段”评估标准，依据入监阶段检测和日常考核检测出“危”“难”重犯，结合“三方评估”“三个结合”制度，着力抓好“危”“难”重犯的转化率。转化率的计算公式与改好率的计算公式相同。“出监阶段”评估标准，主要检测罪犯改造的成果等级。为了保证检测的客观性和公正性，此项检测由出监监狱或区域性出监中心承担，对当年刑满释放人员个体改造质量进行综合评估。

湖南“监狱整体改造质量评估标准”，由“押犯改好率、业务工作绩效、刑释人员重新犯罪率、否决性指标”四要素组成。其中改好率相当于生产车间的成品率，成品率即为合格品率，占整个标准的60%，是核心指标，其计算公式为改好率=（当年度刑释人员出监评估中被评定为A、B档的合计人数÷当年度刑释人员出监评估的总人数）×100%；业务工作绩效指标占整个指标的30%，是重要的业务考核指标；刑释人员重新犯罪率占整个指标的10%。湖南认为重新犯罪率是考核监狱工作质量的一个标准，但引发重新犯罪的因素是多方面的，不能全归咎于监狱；“否决性指标”是具有否决性的权威指标，但不占分值。

3. 湖南模式的创新特点

湖南模式的创新特点贯穿于整个评估体系之中，根据湖南省的初步总结，其创新特点主要有以下几个方面。

(1)“一体两支”体系的创新特点。

湖南模式将罪犯改造质量评估体系划分为“监狱整体改造质量评估”和“罪犯个体改造质量评估”两个部分。其架构的独特性是比较鲜明的。主要体现在以下几个方面。

①破解认证和评价监狱工作的难题。过去社会公众往往以刑释人员回归社会后的个体表现来认证和评价监狱的改造工作，而不了解监狱整体改造工作情况，容易出现“以偏概全”“只见树木，不见森林”的现象，有损监狱的真实形象。在此次罪犯改造质量评估中，湖南创造性地将评估体系细划为“罪犯个体改造质量评估”和“监狱整体改造质量评估”两个部分，而且根据开放性评估原则，无论是罪犯个体改造质量评估，还是监狱整体改造质量评估，都吸纳社会有关专家参与评估，并以多种形式将评估结果向社会公布，构建了社会公众认证、评价监狱改造工作的平台和渠道，破解了社会公众认证、评价监狱改造工作的难题。

②破解“整体”与“个体”，“过程”与“结果”的关系难题。在改造工作中往往对“整体”与“个体”之间的矛盾性的认识充分些，对其互补性认识不足；对“过程”与“结果”之间的关系，往往重视结果而忽视过程的保障作用。此次罪犯改造质量评估中，湖南根据ISO质量认证中“整体”与“个体”，“过程”与“结果”辩证关系原理，既安排了罪犯个体改造评估，又安排了监狱整体改造评估，整体改造评估侧重于过程，个体改造评估侧重于结果，理顺了“整体”与“个体”，“过程”与“结果”之间的关系，使“整体”与“个体”互补，“过程”保障“结果”，“结果”体现“过程”，创新了罪犯改造质量评估体系。

③破解监狱绩效考核的难题。过去监狱整体绩效考核和监狱民警绩效考核，涉及罪犯改造部分标准往往虚而不实，也很不规范，难以操作。湖南在“监狱整体改造质量评估中”，提出了“四大要素”的评估标准，每个要素都有指标要求或具体标准，使“看不见，摸不着”的改造质量有了鲜明的衡量标准。湖南在“罪犯个体改造质量评估”中，每个改造阶段都有检测标准和具体要求。使绩效考核真正能够落实到实处，破解了监狱绩效考核难题，有利于监狱职能回归到“以改造人为宗旨”的本位。是对监狱改造质量标准的创新。

（2）监狱整体改造质量评估体系的创新特点。

①监狱整体改造质量评估标准的创新。在湖南开展罪犯改造质量评估时，重新犯罪率是评价教育改造质量的重要标准在国内已成定论。在这种情况下，湖南坚定地提出“改好率”是评价监狱整体改造质量的核心标准，占整个标准的60%，而“重新犯罪率”只占整个标准的10%，成为辅助标准。其政治勇气和理论勇气是十分可贵的。他们认为，“重新犯罪率”是考核监狱工作质量的一个标准，但引发重新犯罪的因素是多方面的，不全是由监狱工作决定的，重新犯罪率不是考核监狱工作举足轻重的指标。而“改好率”则是完全由监狱工作决定的，是考核监狱宗旨实现情况的重要指标，“改好率”越高，改造人的目标实现得越理想。①

湖南监狱局提出的“改好率”是考核监狱整体改造工作核心标准的主张，在评估试点中得到省内广大民警的一致赞同和积极响应，并取得了很好的效果。事实上“改好率”和“重新犯罪率”是一个问题的两个方面，在同一语境下使用彼此是相互认证的关系。当我们认证某一时期的重新犯罪率是6%或者8%时，就同时认证了这一时期罪犯的改好率是94%或92%，反之亦然。但“改好率”和“重新犯罪率”又有区别。从根本意义上来说，减少重新犯罪率是监狱教育改造工作的最终目标，罪犯“改好率”是监狱日常改造工作的目标。因而，当我们考核监狱在一定历史时期履行“改造人”职能总体情况时，即考核监狱最终改造成果时通常使用“重新犯罪率”，而考核监狱日常罪犯改造质量时，即考核罪犯改造过程中的质量问题时通常使用“改好率”。湖南模式用“改好率”作为评价监狱日常改造工作质量的核心标准是恰当的、可行的，是对日常罪犯改造质量标准的重新认定和创新。

②监狱整体改造质量评估原则的创新。湖南模式对监狱整体改造质量评估除遵循“动态性评估”“综合性评估”“实用性评估”原则之外，增加了“开放性评估”的原则。在评估中吸纳社会有关专家参与评估，并通过各种形式，广泛引导社会力量参与评估工作，创新了评估原则，增加了监狱工作透明度。

① 吴新中、谭国华：《罪犯改造质量评估，湖南模式品略》，载《中国监狱学刊》2007年第3期，第31-32页。

③监狱整体改造质量评估统计方法的创新。"改好率"通常是指罪犯改好人数占同期刑满释放人数的百分比。司法部监狱局在办特殊学校上等级活动中曾明确规定，罪犯改好率是实现"四好"，即认罪服法好、生产劳动好、学习好、遵守监规好的标准。按照这个规定，"改好率"是用当年度刑释人员在考核中被评为"四好服刑人员"的人数占当年刑释人员总数的百分比来计算的。但是这种计算方法只是在特殊学校上等级活动中使用过，事后并没有被广泛使用。在这次罪犯改造质量评估试点中，湖南结合实际用当年度刑释人员出监评估中被评定为 A、B 档的合计人数占当年度刑释人员出监评估总人数的百分比来计算"改好率"，并用"三方评估"的方法保障评估质量，既简明适用又能保证质量，是对司法部在特殊学校上等级活动中提出的计算方法的应用和创新。

"重新犯罪率"的计算，在实际运作中也有难题，即用什么方法收集信息并进行分析统计的问题。如用"跟踪调查法"，虽然调查详尽，计算结果也比较准确，但人财物耗费较大；如用"全国性排查法"，虽然调查详尽，耗费也不大，但在信息网络不健全的情况下却难以运行。湖南在评估试点中采取在本省罪犯收押中心对重新犯罪人员予以统计汇总的方法。此种方法，虽然调查不够详尽，流入外省犯罪的刑释人员统计不了。但该方法简易快捷，而且耗费小，统计成本低。他们经过综合分析后，认为以上几种方法各有利弊，相比较而言，在收押中心进行统计汇总的方法利多一些。统计不详尽的问题，在重新犯罪率的分值只占总分 10%的比例下，对总评影响不大。他们最终选择了这种方法。尽管这种方法还需要在实践中进一步完善，但其仍不失为一种创新的尝试。

（3）湖南罪犯个体改造质量评估的创新。湖南罪犯个体改造质量评估体系，相比较而言，尚属初级阶段的粗线条评估。但该体系的创新因素却随处可见。其要点如下。

①罪犯个体改造质量评估标准突出了检测"危""难"重犯的改造。在入监阶段，重点检测罪犯危险程度和改造难度，筛选出"危""难"重犯；在矫治阶段则着重检测"危""难"重犯的转化率，即"改好率"；在出监阶段，主要检测罪犯改造的成果等级。从入监到出监整个改造过程的检测，促进了"以关键少数为推手，推动罪犯整体改造"工作格局的形

成，是在评估方法上的创新。

②罪犯个体改造质量评估在评估主体上的创新。湖南罪犯个体改造质量的评估，实行“自评、互评、他评”有机结合的方式。即在评估中先开展罪犯自评和罪犯之间的互评，在此基础上开展他评。他评除民警外还邀请社会相关专家参与评估。这种评估方式，罪犯不单单是评估对象，也是自我评估和对他犯评估的主体；民警是监狱评估主体；社会专家是社会力量评估主体。使评估主体由一元发展为多元，是对评估主体的创新。这种创新不仅增加了评估的参与度，而且增强了评估的公正性、可靠性和专业性，可谓一举多得。

③罪犯个体改造质量评估是在评估效力设计上的创新。湖南采用三结合的方式，即“评估与考核相结合，评估与分级处遇相结合，评估与减刑、假释相结合的方式”。此举表明评估不是另起炉灶，另搞一套，而是与日常考核紧密结合，是对日常考核的深化和提升，使罪犯更容易接受，民警也不觉得陌生，便于评估的开展、推广。实行评估与分级处遇相结合，能增加罪犯对评估的感受度，容易收到立竿见影的效果，增强了评估的效力。实行评估与减刑、假释相结合，使评估与罪犯的切身利益紧密结合，使评估的效力能达到最佳状态。这三个结合是在评估效力设计上的创新。这项创新增强了评估的吸引力和凝聚力。①

### （三）天津、新疆模式

天津、新疆等地也进行了罪犯改造质量评估，形成了天津、新疆罪犯改造质量评估模式。这种模式主要是对罪犯个体改造质量的评估，其主要特点是侧重于对罪犯日常改造行为的计分考核。罪犯的个体改造质量的评估标准是由司法部监狱局提出的“认罪悔罪、遵纪守法、服从监管、认真学习、积极劳动和心理健康”的六条标准，结合实践进行细化构成。是对罪犯日常考核标准的发展和提升，属于计分考核升级模式。这种评估模式坚持了评估的正确导向，方法也比较简便易行，但其仍属于静态性评估，还有一些结构性问题需要在实践中调整完善。

---

① 以上介绍的是湖南模式的基本情况，主要是依据湖南的研究报告《罪犯改造质量评估：湖南模式品略》初步总结的资料记述和归纳的。由于受资料不多的限制，这里介绍的只能是湖南模式的一般情况，湖南模式的详细情况以湖南监狱局编辑的“罪犯改造质量评估指南”介绍的内容为准。

（四）罪犯改造质量评估试点工作的初步总结

各地罪犯改造质量评估试点工作取得了显著效果，按照司法部的部署，江苏省于2005年6月开始施行罪犯改造质量评估工作，确定南京监狱、南京女子监狱、苏州监狱和镇江新收犯分流中心四个单位作为第一批试点单位，2006年增加镇江监狱、无锡监狱、南通女子监狱和江苏省未成年犯管教所为第二批试点单位。自2005年年初至2006年年底，在7个监所，46个监区，对12975名罪犯进行改造质量评估工作。在入监评估方面，对试点监区所有罪犯普遍进行量表测试、信息采集以及综合评估，对12705名罪犯进行了结构性面谈；对11488名罪犯做了人身危险性及心理、认知、行为等量表测试。在中期评估方面，共编制个别化矫正方案6899份，已执行方案6641份，对1016名罪犯依据评估结果兑现了行政或法律奖励，对37名罪犯暂缓行政或法律奖励。在出监评估方面，对692名罪犯进行了出监评估，为688名刑释人员依据评估结果出具了“回归保护建议”，为社区安置帮教提供依据。江苏开展的罪犯改造质量评估工作，得到了多数罪犯和多数民警的认同。问卷调查显示，开展改造质量评估，罪犯表示赞成的占44.8%，表示比较赞成的占44%，两项合计占88.8%，表示无所谓的占7.8%，表示不赞成的占2.6%，没有回答的占0.8%。问卷调查显示，监狱民警认为很有必要的占18.7%，认为有必要的占54.8%，两项合计占73.7%，认为无所谓的占10.7%，表示不赞成的占5.6%，江苏省罪犯改造评估试点，取得了较好的效果，根据江苏的初步总结，主要有以下几点：一是创新认识和评价罪犯方法，促进科学认识罪犯、公正评价罪犯。江苏在罪犯改造质量评估中，通过阅档、艾森克或明尼苏达量表和自编的XRX/WXRX量表，检测出罪犯的心理、认知和行为特性；通过面谈沟通分析，了解罪犯的成长史、犯罪史和社会化等情况，综合认识罪犯犯罪的生物生理、心理和社会性犯因性问题，既采用了量表检测方法，也采用了面谈了解情况方法，这种主客观相结合的认识罪犯的方法，可以较为准确地发现和确定罪犯应当矫正的目标、内容和应采用的相适应的矫正技术。这是对传统认识罪犯方法的创新，提高了认识罪犯的科学化水平，促进了科学认识罪犯。江苏罪犯改造质量评估模式，在改造中期评估中，不仅考核罪犯的现实表现，也考评罪犯参与与执行个别化矫正方案的态度和矫正行动，同时采用量表测试考察罪犯心理、认知和行为特征的实际改善情况。在出监评估中，既采用定量检测评定罪犯心理、认知和行为特征的最终改善情况，也通过自编的刑罚体验简评表和重新犯罪预测简评表，对罪犯重新犯罪作出了较为客观的量化预测。实现了评估的定性与定量的有机结合，使评估更全面、更客观，促进了评估的公正性，得到了大多数罪犯的认同。二是搭建评估的基础性运行平台，促进监狱矫正质量的提高。江苏罪犯改造质量评估模式，引进和应用个别化矫正方案，使每名罪犯的矫正目标、矫正内容和采用的矫正技术具体化、量化和个别化；并通过对罪犯矫正过程中矫正效果的反复多次的评价，以及矫正方案的执行和不断修正，罪犯参与矫正方案的制订和完成矫正作业等技术，实现了对矫正目标的管理和控制，使管理和控制程序更加有效，促进了矫正质量的提高。三是考评内容强化了激励机制，提高了罪犯改造的积极性。江苏的罪犯改造质量评估模式，保留了原计分考核有关行为考评的基本构架和方法，同时建立思想矫正考评，制定罪犯思想矫正考评细则，对罪犯思想矫正效果考核评分。在原计分考核 60 分的基础上，要求思想矫正考评达 24 分，方可给予相应奖励，使思想矫正效果考评成为奖励罪犯的决定性因素，大大激发了罪犯自我改造的积极性，收到了较好的激励效应。据统计，2007 年以来，依据考评结果共对 1016 名罪犯兑现行政奖励，另有 37 名罪犯被延缓奖励。所有试点单位没有发生任何监管安全事故，改造秩序井然有序，罪犯的改造积极性普遍提高。①

湖南省监狱局根据司法部监狱局“南京会议”的要求和司法部的部署，于 2004 年在湖南长沙监狱、女子监狱、未成犯管教所进行罪犯改造质量评估试点，2005 年出版了研究成果《罪犯改造质量评估指南》。2006 年进一步试点校正，2007 年在全省监狱系统推广。试点方案得到湖南省高级人民法院和检察院的高度赞同，试点收到了良好效果。据初步统计，2006 年湖南省 7 个新犯收押中心检测有自杀、脱逃、凶杀等危险的新入监犯 1046 名，预防自杀案件 30 余起。通过评估揭开了少数“高分低质”罪犯的面纱，在罪犯中引起很大震动，调动了罪犯改造的积极性。据长沙监

① 江苏省监狱管理局课题组：《罪犯改造质量评估：江苏监狱试点的实践与探索》，载《中国监狱学刊》2007 年第 3 期，第 25-28 页。

狱初步调查，评估试点以来，在改造上“阳奉阴违”“假积极”的罪犯减少了；只注重劳动表现不注重思想改造的罪犯减少了；只注重行为约束不愿触动心灵矫正的罪犯减少了；大错不犯、小错不断的罪犯减少了。长沙监狱评估试点前，2003 年罪犯违规违纪率为 32%，评估试点后，2004 年为 27%，2005 年为 20%，2005 年比试点前的 2003 年下降了 12 个百分点①。

当然，无论是江苏还是湖南在试点校正中都有不足，主要是模式尚有一些不够健全或不尽完善的地方，也有制度上、法律上的配套问题，这些都属于继续探索的问题，有待于在实践中进一步充实、完善。

## 五、小结

我国监狱罪犯改造工作经过六十多年的实践取得了巨大成就，积累了丰富的经验，形成了具有中国特色的罪犯改造理论和矫正技术方法，这些经验和理论方法，不仅为我国今后的罪犯改造工作指明了方向，而且丰富和发展了世界罪犯改造理论、方法。中国改造罪犯的实践成果和基本经验，笔者认为主要有以下几点。

第一，惩罚和改造罪犯是监狱的根本职能，任何时候都不能搞监狱职能多元化。监狱职能的纯化是实现“以提高罪犯改造质量为中心，以降低罪犯重新犯罪率为总目标”的基础。中国改造罪犯的经验证明，监狱职能只能纯化，不能搞多元化。搞监狱职能多元化必将使监狱工作偏离正确方向，必将严重影响罪犯改造质量。由于历史原因和保障体制欠缺的原因，在一定历史时期形成的监狱职能多元化偏向，必须果断地采取一切措施，认真进行改革和调整，使监狱的根本职能得到回归。

第二，以改造人为宗旨。坚持惩罚与改造相结合，立足于改造，把罪犯改造成守法公民作为监狱一切工作的出发点和落脚点。以改造人为宗旨是我国改造罪犯的基本国策，是我国监狱行刑的基本指导思想。

第三，充分发挥两类罪犯改造主体的主观能动性作用，是成功改造罪

① 吴新中、谭国华：《罪犯改造质量评估：湖南模式品略》，载《中国监狱学刊》2007 年第 3 期，第 32 页。

犯的主导性要素。在中国改造罪犯各个历史时期中，都既注重发挥监狱民警作为罪犯改造工作主体的主观能动作用，为罪犯改造做好教育引导、严格监督和具体管理工作，又注重发挥罪犯自我改造主体的主观能动性，启发罪犯的觉悟，激励罪犯积极改造，使他们逐步由强制改造转化为自觉改造。简而言之，在罪犯改造中始终注意发挥这两类主体的两个积极性。

第四，遵循罪犯改造规律，着力改造“罪犯改造客体”是成功改造罪犯的关键性要素。早在中国改造战犯、改造反革命犯期间，通过实践，我国监狱的一线民警就总结出罪犯改造要过好三关：一是要过端正服刑改造态度关；二是要过认罪悔罪关；三是要过改造罪犯思想关，重点是改造世界观、人生观和价值观。通过改造各类刑事犯的实践，监狱民警和监狱理论工作者又发展了罪犯改造“要过三关”的思想。我们可以将其概括为，罪犯改造要“以转变服刑改造态度为起点，以认罪悔罪为由强制改造转向自觉改造的转折点，以矫正犯罪思想、健全罪犯人格为着重点，以搞好罪犯生活技能和职业技能培训、教育罪犯适应社会生活，降低刑释人员重新犯罪率为落脚点”。这些经验总结揭示了罪犯改造规律，指明罪犯改造要着力改造“罪犯改造客体”，这是中国改造罪犯十分宝贵的经验。

第五，综合运用以罪犯改造三大基本手段为核心的罪犯矫正技术，是成功改造罪犯的方法、技术性要素。中国实行的监管改造、教育改造和劳动改造的三大基本改造手段，经过近几年的发展创新已逐渐走向成熟，成为中国式的罪犯矫正技术，综合运用这些罪犯矫正技术是我国成功改造罪犯的不可缺少的技术、方法要素。

第六，依法维护罪犯人权，激励罪犯在希望中改造，是调动罪犯改造积极性的重要条件。在中国改造罪犯的各个历史时期，都坚持把罪犯当人看，尊重罪犯的人格，严禁侮辱、打骂、体罚、虐待罪犯，保障罪犯生活、卫生、医疗、教育、学习、劳动的基本条件，切实维护罪犯的合法权益。并坚持实行“惩办与宽大相结合”和“给出路”的政策，引进激励机制，充分调动罪犯改造的积极性，促进他们由强制改造转变为自觉改造。

第七，重视人民警察队伍建设。坚持政治建警、素质强警、从严治警、从优待警。培养和锻炼出一支政治坚定、业务精通、作风过硬、纪律严明的监狱人民警察队伍，是成功改造罪犯的人才保障。

第八，积极构建罪犯改造社会支持系统，开发多种途径广泛运用社会力量改造罪犯，是改造罪犯的重要支撑。近几年各地在帮教组织的基础上，正在积极采取措施，构建罪犯改造社会支持系统，为罪犯改造搭建情感支持平台、社会化教育平台，增强罪犯亲社会情感和与社会交往能力。

第九，保护刑满释放人员的公民权利。做好刑满释放人员的就业安置和社会保护工作，为他们提供学习、工作、劳动的机会，使他们能够依法享有与其他公民平等的权利，能够自立于社会，是巩固罪犯改造成果的重要保障。

中国改造罪犯的基本经验中蕴含着罪犯观元素，是罪犯观的实践根据。

# 下篇　综述篇

在上篇里，我们详细地论述了罪犯观的概念、罪犯观的内容、罪犯观的理论根据、对罪犯观做出贡献的西方学者、研究罪犯观的重大意义等。通过这些论述和介绍，我们对罪犯观的概念、罪犯观的基本内容，罪犯观的理论根据以及罪犯观形成、发展的大致过程，有了一些初步认识。在中篇里，我们较为详细地回顾了中国改造日本战犯的实践，改造反革命犯（现今的破坏国家安全犯）、旧社会渣滓的实践，改造普通刑事犯的实践，新世纪罪犯改造的实践。通过这些回顾，我们比较清晰地认识了罪犯观的实践依据。本篇的任务是综合上篇的理论观点和中篇的实践，按照理论与实践相结合的要求，深刻认识罪犯观的内涵，了解罪犯观揭示了哪些问题。本篇着重回答的问题是：从宏观上，如何深入理解罪犯观、如何用辩证唯物主义罪犯观指导中国罪犯改造实践等问题。

# 第五章　罪犯观理论综述

## 第一节　罪犯观的第一要义

### 一、罪犯观要义综述

要义，按照辞海最新版本的解释就是主要的内容，也指重要的道理。按着这个含义，罪犯观的要义就是罪犯观的主要内容。罪犯观的内容在上篇中做了详细介绍，包括认识罪犯、评价罪犯、对待罪犯等内容，认识罪犯是基础，评价罪犯、对待罪犯等都是从认识罪犯中派生出来的，可见认识罪犯是罪犯观的主要内容。从上篇的介绍中，我们还可以看出认识罪犯主要包括下述几方面内容：认识罪犯是什么，罪犯有哪些基本特征，其中包括罪犯需不需要改造、罪犯可不可以改造、改造罪犯容不容易；认识罪犯的改造客体，即罪犯需要改造什么；认识罪犯的改造主体；认识怎样改造罪犯，即改造罪犯的基本手段、措施、方法、环境等。这些内容都是围绕着如何认识罪犯、如何改造罪犯展开的。因此，罪犯观的主要内容，即罪犯观的要义，可以概括为是认识和改造罪犯的理论体系和科学方法。

为了深化对罪犯的认识，我们运用辩证唯物主义世界观和方法论进一步分析，辩证唯物主义罪犯观的要义，有如下几个方面的特征。

（一）客观性

马克思主义告诉我们，任何客观事物都有其发生、发展、变化、消亡的演变规律，是不以人的意志为转移的。但是，人在客观规律面前不是消极被动的，客观规律是可以认识的，我们认识罪犯观要义的客观性，就要从罪犯是客观存在出发，积极探索罪犯改造的规律，并按照这些客观规律去改造罪犯，切忌工作的主观性、随意性和盲动性、无效性。而且要经过反复的改造工作实践，不断强化对罪犯规律性的认识，做到掌握规律，得心应手，运用自如，不断开创罪犯改造工作的新局面。

（二）变化性、运动性

认识罪犯观要义的发展变化特性，既要坚持用发展、变化的观点认识罪犯、改造罪犯，更要积极创造有利于罪犯改造的各种条件。要不断地清除不利于罪犯改造的主、客观条件，充分调动罪犯改造的积极性、主动性和自觉性；还要积极创造有利于罪犯改造的外部条件，促进罪犯转化。我们认识罪犯观要义的运动性特征，先要认识运动是罪犯的存在形式，更要侧重于认识罪犯活动中的积极主动的运动形式。罪犯的活动有四种形式，即生理活动、思想活动（思维活动）、心理活动、行为活动。这四种活动形式沿着两个方向活动，一个是正常的、健康的活动，另一个是异常的、不健康的活动。这种异常的、不健康活动，将导致罪犯产生各种生理问题、思想问题、心理问题和不当行为问题。我们认识罪犯的活动，先要及时发现并妥善解决这些问题，同时更要注意发现积极、健康的思想、心理和行为表现，并积极引导罪犯用积极、健康的思想、心理和行为战胜不健康、错误的思想、心理和行为。这里的关键是要加强监狱的信息化建设，加强罪犯的信息化管理，既要广泛收集罪犯的各种信息，更要科学地分析信息的性质，哪些是有利于罪犯改造的，哪些是不利于罪犯改造的，以便科学地利用这些信息，使其更好地服务于罪犯改造。同时要用发展变化的观点认识罪犯，而不能用静止不变的观点认识罪犯。罪犯当下表现落后、消极，不意味着他永远消极落后；一时表现积极的罪犯，也不意味着他会永远积极；现在表现不前不后的罪犯也不意味着他永远不前不后。我们只有潜心研究罪犯的现实表现的真正原因，才能认清罪犯现实表现的本质。只有弄清罪犯现实表现的本质是什么，才能找到解决问题的恰当方法，促进罪犯积极改造，促进罪犯向好的方面转化，逐步把罪犯改造成为不违法犯罪的合格社会成员。

（三）广泛的联系性

认识罪犯观要义的联系性，是认为罪犯不是孤立存在的，其与社会上其他人有着千丝万缕的联系。罪犯之所以成为罪犯，除了自身的原因之外，还有社会原因，还与社会上其他人的联系有关，还受社会因素的作用和影响，还受其他人的作用和影响。同时现实中的罪犯除了与监狱民警密切联系之外，还直接或间接地与其家人、亲戚朋友、社会帮教志愿者、社会工作者等社会支持系统有联系。现代心理学研究指出，情感需要是人类特有的需要，美国马斯洛需要层次理论认为，人类价值体系中有两类不同的需要，一类是生理需要或称低级需要；另一类是社会需要或称高级需要。当生理需要得到满足后，人就会产生进一步的社会需要，即归属和爱的需要，或称情感需要。认识罪犯的联系性特征，我们要根据罪犯有情感需要，即有归属和爱的需要的特点，除了要加强民警与罪犯的紧密联系、从关爱的角度深入做好罪犯的转化工作之外，要同时做好建立健全罪犯的社会支持系统工作，更好地满足罪犯的情感需要，深入做好罪犯的转化工作。

（四）内因和外因作用的辩证性

认识罪犯要义这个特性，要在罪犯改造整个过程中坚持内因与外因共同作用的观点，既充分发挥内因决定事物性质、规定事物发展方向的决定性作用，又充分发挥外因的推动作用。在以往的罪犯改造工作中，虽然在理论上也认为应该坚持内因与外因共同作用的观点，但对如何共同作用却理解不深。而在实际工作中，往往不注重内因与外因共同作用，有时甚至把内因和外因的关系搞颠倒了，认为外因起主导作用，内因只起辅助作用。集中表现在实际改造工作中，只注重发挥民警在改造工作中的主导作用，而忽视罪犯自身内在作用的发挥。有时也强调要调动的罪犯改造的积极性，但是这种积极性主要是指调动罪犯接受改造的积极性，而不是调动罪犯自觉改造、自我改造的主动性。我们主张“内因与外因共同作用论”，是既要确立罪犯在“自我改造”中的主体地位，充分发挥其主体作用；又要充分发挥监狱民警在罪犯改造中的指导和推动作用。

（五）对社会实践的依赖性

我们认识罪犯观要义对社会实践的依赖性，要深刻总结我国改造罪犯社会实践的基本经验，而不是轻视改造罪犯社会实践的基本经验，并从这些总结中验证哪些社会实践是成功的，哪些社会实践是不成功的，甚至是无效的；验证哪些改造罪犯理论，包括基础理论和应用理论是科学、有效的理论，哪些是不科学、无效的理论。真正做到以改造罪犯社会实践为师。同时还要认真研究国外改造罪犯的社会实践及其理论，认真研究其基本经验及基本理论产生的社会条件、文化背景，吸取其精华，剔除其糟粕，真正做到推陈出新、洋为中用。既不能囫囵吞枣、盲目引进，也不能盲目排外、不引进国外先进经验。

## 二、罪犯观第一要义综述

第一要义，顾名思义，就是最主要的内容、最重要的内容。罪犯观的主要内容，包括四个层次，即罪犯是人、罪犯是可以改造的、改造罪犯什么、怎样改造罪犯。其中罪犯是人，是罪犯可以认识、可以改造的根据；罪犯可以认识、可以改造，是改造罪犯什么、怎样改造罪犯的前提，没有这个前提就谈不上改造罪犯什么和怎样改造罪犯的问题。由此可见，罪犯观的最主要的内容，即罪犯观的第一要义是“罪犯是可以认识、可以改造的”。

认识“罪犯是可以认识、可以改造”这个罪犯观第一要义，要着重认识其如下特性：

### （一）根本性

罪犯是“可以认识、可以改造”的观点是对罪犯根本性的认识，是认识罪犯观的基础。在上篇中我们已经讨论过，“可以改造”的概念外延是指大多数罪犯，它的内涵是指可以把罪犯改造好，使其成为不违法犯罪的新人。这个立论既有理论根据，又有实践根据。夏宗素教授在其主编的《监狱学基础理论》中指出，罪犯可以改造这个观点既具有生理学、心理学、行为学依据，更有马克思关于罪犯改造的理论依据，并认为“罪犯可以改造”是罪犯改造的原理。贾洛川先生在其主编的《罪犯教育学》中指出，“罪犯是可以教育”的命题，既有人性论依据、社会学依据，更有马克思主义的理论依据，也认为“罪犯教育的可能性”，是罪犯教育的基本原理。在学术界，对罪犯是“可以改造”的理论，尽管立论的依据有所不同，但认为这个理论是罪犯改造的基本原理这一点已经达成共识。这些内容说明，对“罪犯是可以认识、可以改造”的认识，是对罪犯根本性、基础性的认识。

（二）特色性

罪犯可不可以认识、可不可以改造这个命题，有两种根本对立的观点。唯物的、辩证的观点认为，罪犯是客观事物，罪犯是人，罪犯是可以认识的，在一定条件下，罪犯是可以改造的。唯心的、形而上学的观点认为，罪犯是非人，是“畜生”、是魔鬼，罪犯是天生犯罪人，大多数罪犯是不可以改造的。毛泽东站在辩证唯物主义立场上，坚定地认为罪犯是人，应当把罪犯当人对待；认为大多数罪犯是可以改造的；罪犯的改造，需要通过强迫的阶段，然后才能进入自觉阶段。毛泽东用这些理论指导中国改造罪犯的实践，并取得了举世瞩目的辉煌成就。因此，罪犯可不可认识、可不可以改造是辩证唯物主义与形而上学唯心主义观察认识罪犯的分水岭和试金石，罪犯可以认识、可以改造的观点具有中国特色，在此基础上建立的改造罪犯的理论是具有中国特色的罪犯改造理论。

（三）指导性

罪犯是可以认识、可以改造的理论对实践具有重大的指导作用。中国用这个理论指导了改造日本战犯、伪满和国民党战犯，改造反革命犯和旧社会渣滓、改造各类刑事犯的实践。并通过这些实践发展创新了中国特色罪犯改造理论、基本手段、方法和制度、体制。可以说，没有这个理论就没有中国特色的罪犯改造理论体系，中国改造罪犯的实践也不会取得举世瞩目的伟大成就。这个理论产生于实践，并指导了实践，是我国改造罪犯的重要理论，是我们宝贵的精神财富。

（四）相对性

罪犯可以认识、可以改造的观点，同其他科学理论一样具有相对性。这个相对性主要表现在其外延是指大多数罪犯是可以认识、可以改造的。这就说明这个观点在理论上没有排除少数罪犯或个别罪犯具有不可以改造性。这是因为他们个人比较顽固，不思悔改、拒绝改造。正如毛泽东指出的，“至死不变、愿意带着花岗岩头脑去见上帝的人，肯定是有的，那也无关大局”。还有第二种情况，一些人是由于刑期短，没来得及改造，就刑满释放了。第三种情况是有些人没有能改造好和我们的改造工作不到位不无关系。在理论上是这样，在实践当中也应该承认有一些人可能改造得不好，刑满释放后可能会继续犯罪。我们要承认这个现实，承认监狱能把大多数罪犯改造好，只是少数罪犯没有改造好，是监狱工作的常态。并且正确对待这个常态，不要一遇到少数罪犯刑满释放后又重新犯罪了，就十分惊讶，就不分青红皂白地指责监狱没有做好工作，就非要追究监狱的责任不可。实际上监狱真正应当承担责任的，只是上面陈述的第三种情况。而且这种情况又很复杂，既有监狱民警工作上的问题，也有客观条件问题。我们应该具体问题具体分析。不要一遇到这样的问题就头脑发热，一味地追究监狱的责任，好像不这样做就不好向人民交代。实际上这只是一种借口，真正害怕的是丢掉自己头上的乌纱帽。他们忘记了我们党的思想路线是实事求是。正确的做法是遇到这样的问题，先弄清问题真相、弄清“事件”到底属于上述三种情况的哪种情况，弄清发生这样“事件”的真正原因，弄清有关责任人是直接责任还是间接责任；负有直接责任的，还要分清是玩忽职守还是偶然失误，只有实行冷处理，才能使人口服心服、真正吸取教训。

## 三、罪犯观第一要义的实践意义

毛泽东在《实践论》中指出，“马克思主义看重理论，正是也仅仅是因为它能够指导行动。如果有了正确的理论，只是把它空谈一阵，束之高阁，并不实行，那么这种理论再好也是没有意义的”。我们研究罪犯观，研究罪犯观的第一要义，是为了用这个理论指导以下几个方面的实践。

### （一）如何认识罪犯

#### 1. 要坚持罪犯是可以认识的

在监狱改造的罪犯有各种表现，有的表现积极，有的表现消极，有的表现逆反，有的表现平淡。在这些表现的背后都有原因，有的是内在的原因、有的是外在的原因，有的既有内在原因也有外在的原因。辩证唯物主义罪犯观告诉我们，罪犯改造的社会实践也告诉我们，罪犯的表现是可以认识的，罪犯现实表现的原因，也是可以认识的，罪犯表现背后的本质同样是可以认识的。只不过前者是感性认识，后两者是理性认识。认识罪犯既要有感性认识，更要有理性认识。有了对罪犯表现的理性认识，才能对症下药找准改造罪犯的有效方法。

2. 要唯物地认识罪犯

唯物地认识罪犯，首先要认识罪犯是人，是我们的同类。要尊重他们的人格，要依法维护他们的人权，并要把他当成有思想、有情感、有自尊、有感受的现实的人。在人格上要平等对待，要与其交流，要认真倾听他们的诉求，满足他们的合理需求，积极帮助他们悔过自新。同时认识罪犯要实事求是，要客观、要尊重事实。一切从事实出发，不能主观片面，更不能感情用事。

3. 要全面地认识罪犯

认识罪犯要切忌片面性，要学会用全面的观点去认识罪犯。罪犯既然是人，就有情感，有喜怒哀乐的变化，有各种各样的需求，有各种各样的行为表现。全面地认识罪犯，就要充分认识罪犯这些不同的侧面，充分认识多个侧面中既有积极因素，也有消极因素。既不要一律肯定，也不要一律否定。要肯定其积极因素、帮助其克服消极因素。

### （二）如何对待罪犯

在罪犯改造工作中要以罪犯是可以改造的理论为指导，始终把罪犯当作是可以改造好的人来对待。在实际工作要坚持下列几种具体态度。

1. 调查研究的态度

对待犯罪的人和事，要始终坚持“没有调查研究就没有发言权”的原则，对罪犯形形色色的表现及其身上发生的各种事件，都要坚持调查研究，真正查清其“表现”及“事件”产生的原因，并认真分析什么是主要原因，什么是次要原因。产生初步的认识以后，还要用实践检验这些认识是否完全正确；对于不完全的认识还要经过再实践再认识的过程，直至取得正确的认识为止。对罪犯的各种表现及其身上发生的各类事件，绝不能搞主观臆断。既不能捕捉到事物的一点影子就匆忙下结论，更不能凭想当然认识问题、处理问题。认识问题、处理问题，一定要在经过调查，弄清事物的真相之后，而绝不是在此之前。

2. 公平公正和坚持原则的态度

公平是指处理事物公正合理、不偏不倚；公正是指公道正直；坚持原则，是按照一定的社会标准待人处事。各地的问卷调查显示，在押罪犯，对监狱民警执法是否公平、公正十分关注、十分敏感，如果监狱民警执法能够做到公平、公正，他们就会受到鼓励，坚定改造信心。对监狱民警也将更加尊敬、更加信任，能够营造良好的改造氛围。如果监狱民警执法不能做到公平、公正，他们就将失去改造信心，一部分人甚至会出现“破罐子破摔”的改造表现。他们对监狱民警也将失去信任，增加抵触情绪，不能营造良好的改造氛围，监内秩序就将出现混乱，极大地影响罪犯改造效果。从这个意义上讲，执法公平、公正是监狱工作的生命线。执法公平、公正是对待罪犯的重要态度。这种态度不仅影响监内秩序、监内改造氛围的好坏，而且影响罪犯的改造前途、命运，影响罪犯改造效果。因此，执法是否公平、公正的问题，对监狱民警来说，不仅是个对待罪犯的态度问题，也是一个人的政治责任感问题，必须解决好这个问题。

3. 关爱帮助的态度

受传统观念的影响，过去对罪犯不敢提“关爱”的问题，认为对罪犯讲关爱就是没有与罪犯划清界限，是个政治立场问题。这个认识无论过去还是现在都是不正确的。实际上，在罪犯没有被法办之前，他们的犯罪行为是对社会的严重危害，而且只要没有逮捕法办他们还会继续犯罪，他们和我们之间的矛盾确实是对抗性的矛盾，有的还是敌我矛盾。我们和他们之间确实不能讲“关爱”，对他们讲关爱就是对人民的残忍。但是在他们被逮捕之后，特别是被法办和投入监狱后，他们已经终止对社会犯罪、终止危害社会行为，他们已表示服从法律判决、特别是经过监狱教育，他们已表示接受改造，有一些还表示决心悔改、重新做人。只要他们不采取继续犯罪的行为，不继续危害社会，不继续危害人民，他们和我们之间的矛盾已经转化为非对抗性的矛盾了。他们仍是我们的同类，除外籍犯外，他们仍是我们的同胞，有些还是我们同宗同族的同胞。我们对他们采取关心爱护、帮助的态度对人民有利、对社会有利，还是对他们采取敌视的态度、丢掉不管的态度对人民有利、对社会有利？显然是前者。我们应该毫无顾忌地关爱他们帮助他们。关爱罪犯，首先，要把罪犯当人对待，尊重他们的人格、尊重他们的人权，认真维护他们的合法权益。其次，要满足他们的合理精神需求和物质需求，精神需求包括文化的需求，精神支持、情感支持的需求。最后，要关心爱护他们积极进取、认真悔过自新的愿望和心态。帮助罪犯，是帮助罪犯解决一切需要帮助的问题，特别是罪犯紧迫需要帮助解决的一些实际问题，如法律服务问题、家庭后顾之忧问题。只要是合理的问题、有利于罪犯改造的问题，我们都要尽心尽力地给予帮助。

4. 教育感化的态度

感化是指用行动或语言给予善意劝导，使人的思想向好的方面变化。教育感化同说理教育不同，说理教育侧重使人晓之以理、提高认识、提高觉悟。感化教育的特点是动之以情，以情感人，是要千方百计地满足罪犯的感情需求、打动罪犯的情感，激发罪犯改造的积极性。感化教育包括言语感化和行动感化两个方面的内容。感化除了语言、行动本身要有感染力、震撼力之外，还要做到情感真实、态度真诚。只有这样，才能形成以诚动诚、以情动情、以心动心的良好氛围，实现以诚感人、以心感人、以情感人的良好效果。

5. 教育挽救的态度

受传统观念的影响，对罪犯实行“教育、感化、挽救”的政策，尤其是实行“挽救”的政策，仍心有余悸。认为其只适用青少年罪犯，不适用其他罪犯。似乎对青少年犯以外的其他罪犯，特别是对严重刑事犯罪的罪犯实行“教育、感化、挽救”的政策特别是“挽救”的政策，有混淆两类矛盾之嫌。如果我们从“改造社会、改造人、化消极因素为积极因素”是我们党和国家一贯政策的高度来重新认识这项政策，就会发现，既然罪犯是消极因素，“教育、感化、挽救”又是化消极因素为积极因素的有效政策，那么“教育、感化、挽救”的政策就适用于所有罪犯，不是只适用于青少年罪犯。笔者认为，对罪犯采取教育挽救的态度，全面实行“教育、感化、挽救”的政策意义重大。把其适用范围扩大到全体罪犯包括重刑犯，意义非常重大。重刑犯，罪行严重，社会危害性大，缺乏改造信心，改造难度大，对这部分罪犯同样实行这项政策，将更加彰显这项政策的感召力、感化力。对罪犯采取教育挽救的态度，就要牢记监狱教育改造罪犯的事业是无产阶级改造社会、改造人伟大事业的重要组成部分，改造社会改造人是无产阶级伟大的历史使命，全面贯彻落实“教育、感化、挽救”政策，尽职尽责，千方百计地把罪犯从犯罪的深渊中挽救出来，使其重新做人。

上述调查研究的态度、公平公正的态度、关爱帮助的态度、教育感化的态度、教育挽救的态度，是坚信罪犯是可以改造的总态度的重要组成部分，它们彼此不是孤立存在的，而是相互联系的。为了叙述的方便才把它们分别加以介绍。

（三）如何改造罪犯

这里着重指出，中国特色的罪犯改造工作要坚持以辩证唯物主义罪犯观为理论基础，必须认真贯彻这一重要指导思想。关于如何具体做好罪犯改造工作的问题，后面将进行专题讨论，为避免重复，这里暂不做详细介绍。

## 第二节　罪犯观的核心

核心是指中心，是事物的主要部分。[①] 罪犯观的核心是罪犯观的最主要部分，是罪犯观中心的中心。罪犯观的核心是什么，不能靠主观想象，也不能从个人兴趣出发，随意加以杜撰。应该深入研究罪犯观的内容、结构，研究其构成要素及其相互关系，从中找出答案。我们首先从研究罪犯观的中心开始，再进一步研究罪犯观的核心问题。

### 一、罪犯观的中心综述

研究罪犯观的中心要从研究分析罪犯观的内容入手。罪犯的内容在上篇中我们已经讨论过，归纳起来主要包括两个方面的内容，一是如何认识罪犯，二是如何改造罪犯。在认识罪犯方面，主要研究罪犯是什么，其主要特征是什么。结论是罪犯是人，罪犯具有需要改造性、可以改造性、不容易改造性三个特征。在这三个特征中，需要改造性特征，是指罪犯与社

① 路丽梅：《辞海》，光明日报出版社 2015 年版，第 528 页。

会上普通公民、普通大众的区别，是罪犯的本质特性。可以改造性特征主要是指罪犯的需要改造性是可以改造的，不容易改造性是指罪犯的需要改造性的改造是有难度的。可见在这三个特性中，需要改造性是居于中心地位，是主要特征，其他两个特性都是为需要改造作说明，提供理论支持的，属于从属地位。而且罪犯是人与罪犯的主要特征是有内在联系的，罪犯的主要特征是指作为犯罪之人所特有的本质属性。通过以上的简要分析，我们可以得到如下结论：罪犯需要改造性是罪犯的本质属性，是认识罪犯的中心内容。

下面我们再来分析，改造罪犯方面的中心是什么。在上篇中我们讨论过，改造罪犯主要包括罪犯可不可以改造、改造罪犯什么和怎样改造罪犯三个部分内容。其中改造罪犯什么是指罪犯改造客体是什么；罪犯可不可以改造是指罪犯改造客体可不可以改造；怎样改造罪犯主要是指怎样改造罪犯改造客体。因此在罪犯改造方面，罪犯改造客体处于中心位置，其他两个部分都是为罪犯改造客体作说明、提供理论支持和措施政策支持的，处于从属地位。在中国改造罪犯的实践中，罪犯改造客体体现的是罪犯的需要改造性。通过这样的分析可见，不仅认识罪犯的中心是罪犯的需要改造性，改造罪犯的中心也是罪犯的需要改造性。因此，我们认为罪犯观的中心是罪犯的需要改造性。这就是我们经过研究分析得出的结论，而不是凭想象得出的结论。

在认识了罪犯观的中心是什么之后，我们的认识活动还没有结束，我们还要深入研究作为罪犯观中心的罪犯需要改造性具有哪些特征。认清其在罪犯观中的地位和作用，才能更深刻地认识罪犯观的中心。经过深入研究分析，罪犯观的中心主要具有以下一些特性。

### （一）决定性

罪犯的需要改造性，无论在内容还是在结构上都处于罪犯观的中心地位。这种中心地位使其对罪犯观的其他要素具有重要的支撑作用和决定作用。上面我们已经讨论过，在认识罪犯方面，罪犯需要改造性是罪犯可以改造性和不容易改造性存在的根据；在改造罪犯方面，罪犯需要改造性是罪犯改造的可能性和怎样实施改造性的根据。可见罪犯需要改造性这个罪犯观中心对罪犯观其他方面的存在起着重要的决定作用。从这个意义上来讲，罪犯需要改造性这个罪犯观的中心，对罪犯观整体的存在同样起重要的决定作用。罪犯需要改造性这个罪犯观中心存在，罪犯观就存在；罪犯需要改造性这个罪犯观中心改变了，罪犯观的其他要素也要随之改变，罪犯观也要随之改变。

（二）联系性

通过上篇的研究，罪犯观的结构可以这样描述：以认识罪犯为起点，以罪犯改造目标为目的要求，以罪犯改造客体为改造对象，以罪犯改造主体为罪犯改造社会实践的承担者，以怎样改造罪犯为落脚点的统一体系。在这个结构中，罪犯改造客体，即罪犯需要改造性处于中心地位。这个中心不是孤立存在的，是与罪犯观其他构成要素相互依存、相互影响、相互适应的，罪犯观是由相互联系、相互作用的要素组成的统一整体。中心要素与非中心要素，都是统一整体的组成部分，谁也离不开谁。我们认识、研究罪犯观中心的性质，其中一个重要内容就是要深入认识中心要素与非中心要素是怎样联系着的，这样才能更有效地发挥罪犯观对罪犯改造工作的指导作用。

（三）主观性

罪犯需要改造性，是罪犯的主观特性，是指罪犯的个性中所蕴含的能够引发其犯罪的思想、心理因素和恶习。这些因素和习惯都是对罪犯主观特性的客观反应，是罪犯的主观因素。这些引发罪犯犯罪的思想因素、心理因素和恶习不是先天的，而是后天形成的，是人脑对客观世界的反应，所以改造罪犯就要改造人，改造罪犯的主观世界，改造罪犯的灵魂，使罪犯的本质发生根本性改变，由罪犯转化为不违法犯罪的合格社会成员。

（四）隐蔽性

由于罪犯的需要改造性是罪犯的主观特性，是隐藏在罪犯身上的犯罪思想、犯罪心理和犯罪恶习，是不容易直接观察到的。但这些引发犯罪的现实思想因素、心理因素和恶习总是要表现出来的，总会通过其日常言语、对人对事的态度和情感中流露出来，只要我们不放过任何蛛丝马迹，认真调查研究，总会发现的。改造罪犯的实际经验告诉我们，认识罪犯的需要改造性的重要线索是从罪犯的犯罪生涯中找出导致其犯罪的思想因素、心理因素、生理因素和习惯因素或其他因素。了解这些历史情况后，就以其作为主要线索，对照其形形色色的现实表现，并且通过结构性面谈，走访其亲友、心理咨询、心理测试、心理评估，他犯评估等科学手段和方法，分析研究他的哪些因素表现出来了，哪些因素暂时还没有表现出来；哪些因素经过改造转变了，哪些因素还没有转变，还要研究有没有产生新的因素。综合分析这些资料，从中找出罪犯现实存在的容易引发其犯罪的各种因素，找出罪犯的现实的需要改造性。这里需要注意的是，引发罪犯过去犯罪的因素不等同于现实的引发犯罪的因素，现实的引发罪犯犯罪的因素也不等同于罪犯刑释后又犯罪的因素。所以在改造罪犯的过程中，既要认真做好矫正罪犯实现转化的工作，又要做好在回归社会的条件下如何预防其重新犯罪的工作。即过去的不等于现实的，现实的也不等于未来的，各有各的条件。但三者又不是孤立存在的，也有其连续性，有共同点，也有不同点，不能混为一谈。

## 二、罪犯观的核心综述

在上一部分里我们已经讨论过，罪犯观的中心是罪犯需要改造性。只要研究清楚罪犯需要改造性的中心是什么，我们就能找到罪犯观核心是什么的答案了。中国改造罪犯的实践证明，罪犯需要改造性主要由罪犯服刑态度、认罪悔罪态度、个体再犯罪危险性、个体社会适应性欠缺等需要改造因素构成。其中罪犯个体再犯罪危险性因素是罪犯需要改造性的中心，其他因素或者是由罪犯个体再犯罪危险因素派生出来的，或者是罪犯个体再犯罪危险因素的延伸。只有改造了罪犯个体再犯罪的危险性，罪犯的需要性才能得到根本改造。因此罪犯个体再犯罪的危险性，是罪犯观的核心。中国改造罪犯的实践，结合心理学、犯罪学的研究成果，罪犯个体再犯罪危险性，既包括诱发其再犯罪的个性倾向性、个性心理特征、自我意识欠缺等个性心理因素；也包括诱发其再犯罪的认知因素、犯罪习癖性因素和生理因素等再犯危险性因素。为了不引起认识上的混乱，在现阶段我们把罪犯个体再犯罪危险性这个概念定位为“罪犯的人身危险性”。犯罪人的“人身危险性”，是源于西方刑法学的一个学术概念，它的原意是指

"犯罪人的社会危险状况"。[1] 在中国刑法学界一般将其界定为再犯可能性。我们借用"人身危险性"这个概念提出的"罪犯人身危险性"概念，是指罪犯具有再犯的可能性。再犯的可能性既包括再犯原有刑种的罪行，也包括犯有新刑种的罪行，因此罪犯需要改造性这个概念，在现阶段是指罪犯具有重新犯罪的可能性。将来再根据科学发展水平和人们的认识水平再重新界定。

现代犯罪学理论指出，犯罪人的本质属性是犯罪人的反社会性，是指犯罪者人格呈现出的与社会法律规范和伦理准则相悖的品质或倾向。这种反社会性具体包括错误的信念系统、歪曲的需要结构、自我意识发展欠缺、不良的性格特征、不良行为方式或生活方式的习癖化。该理论还进一步指出，反社会性与亲社会性相反，是一种恶的、破坏性的人格品质，它是犯罪人选择反社会行为（包括犯罪行为）的内部驱动力量，因而又称"主观恶性"或人身危险性。[2] 显然犯罪学所界定的犯罪人的本质属性，和我们所界定的罪犯的本质属性，在内涵上是一致的，都是指犯罪人或罪犯所具有的人身危险性。但二者的视角不同，犯罪学将犯罪人的本质特性表述为"犯罪人的反社会性"，是由于犯罪学是研究一定历史阶段对犯罪现象、犯罪原因和犯罪预防的科学，是以研究犯罪本质和犯罪原因为中心。这个概念的表述是以犯罪学为独特视角。而监狱学是研究刑罚执行机关执行监禁刑罚与改造罪犯这一特殊现象及其规律的科学，[3] 是以研究监狱职能和监狱怎样履行职能、怎样教育改造罪犯为中心。把罪犯本质特性表述为罪犯需要改造性，把罪犯人身危险性表述为重新犯罪的可能性，是以监狱学为独特视角，着重揭示罪犯需要改造的方向。创立这个概念是监狱学学科发展建设的需要。它的内涵与犯罪学关于犯罪人的本质属性相一致，也是恰当的。

在上一部分我们已经讨论了罪犯观中心是罪犯需要改造性，在这一部分我们又进一步讨论了罪犯需要改造性的中心是罪犯的人身危险性。因此罪犯观的核心是罪犯的人身危险性。即认识、改造罪犯要以认识、改造罪

---

① 陈兴良：《刑罚哲学》，中国政法大学出版社 1998 年版，第 137 页。

② 魏平雄：《犯罪学教科书》，中国政法大学出版社 2008 年版，第 147–148 页。

③ 金鉴：《监狱学总论》，法律出版社 1997 年版，第 1 页。

犯的人身危险性为核心。

罪犯观的核心有以下几种性质。

(一) 导向性

罪犯的人身危险性由于处于罪犯观的核心地位，使其具有导向性。无论认识罪犯活动还是改造罪犯活动，都要坚持以罪犯的人身危险性为主攻方向。认识罪犯要以认识罪犯的人身危险性为核心，通过各种认识手段首先查明罪犯已然之罪的人身危险性要素，在此基础上着力查明罪犯现实的人身危险性要素。改造罪犯要以罪犯已然的人身危险性要素为线索，着力改造罪犯现实的人身危险性要素，培养罪犯健康人格，并加强对罪犯进行适应未来社会生活训练，预防其重新犯罪。如果认识、改造罪犯活动偏离了罪犯人身危险性这个核心，认识、改造罪犯活动就将失去正确方向，罪犯改造效果就会大打折扣，监狱职能将不能正常行使。进入 21 世纪以来，司法部提出的监狱工作要以教育改造罪犯为中心，意义十分重大，我们在贯彻落实这一重大战略部署活动中，就要在教育改造罪犯工作中坚持以认识、改造罪犯的人身危险性为核心。

(二) 多维性

罪犯人身危险性这个罪犯观的核心是一个整体，具有多种维度。首先，在空间维度上，由于各地区经济、政治、文化、社会发展水平的不同，罪犯人身危险性构成要素及其结构会有所不同，地区之间有一定差异。其次，在民族维度上，由于各民族的经济、政治发展水平不同，特别是文化、社会风俗的不同，罪犯人身危险性的构成要素及其结构也会有所不同，不同民族之间会有一定差异。最后，在时间维度上，在社会发展的不同历史阶段，由于社会发展历史条件不同，罪犯人身危险性也会有所不同，呈现出多维的特点。罪犯已然的犯罪，会有已然的罪犯人身危险性，监禁期间的罪犯也会有现实的罪犯人身危险性，未然的犯罪也会有未然犯罪人的人身危险性。已然的罪犯人身危险性、现实的罪犯人身险和未然犯罪人的人身危险性各有不同、不能混淆。但三者之间又是相互联系的。我们在教育改造罪犯的实际工作中，要以罪犯已然的人身危险性为线索，着重弄清罪犯现实的人身危险，并预测罪犯未然的人身危险性。着力改造罪犯现实的人身危险，着力培育罪犯适应未来社会生活的社会适应性，生活技能和职业技能。

（三）客体性

罪犯人身危险性在罪犯观中处于客体地位，属于精神客体，是罪犯“自我”的组成部分。它作为客体具有两个特性，一是客观性，它作为客观事物，有其发生、发展、变化的客观规律，是可以认识、可以改造的。二是客体与主体是相互作用的。在改造罪犯的社会实践中不仅罪犯改造主体要通过矫正技术作用于罪犯改造客体，而且罪犯改造客体也要作用于罪犯改造主体，对罪犯改造主体也有反作用。由于罪犯人身危险性属于精神客体，不能单独存在，是与罪犯相伴而生共处一体，是罪犯“自我”的组成部分，是其“自我”中的消极因素、破坏性因素。由此可见，罪犯人身危险性虽然是名副其实的被改造对象，但罪犯人身危险性的主人却是罪犯，因而罪犯就成为接受改造的对象。在罪犯改造的社会实践中，罪犯改造主体对罪犯改造客体所实施的一切改造措施、方法是有效还是无效，是效果一般还是效果很好，都要看罪犯的真实感受。罪犯的这些真实感受就是罪犯对改造主体工作的真实评价。这些真实评价所体现的就是罪犯改造客体对罪犯改造主体的反作用。我们在罪犯教育改造实际工作中就要十分重视罪犯对改造工作的反馈意见，十分重视罪犯对改造工作的真实评价，并充分利用这些反馈意见、这些真实评价去调整、改进我们的改造工作，充分利用这种反作用推动我们的工作。

（四）系统性

罪犯人身危险性的体系是个系统，是由罪犯致罪因素和致罪条件组成的多元系统。既包括罪犯的思想意识因素、心理因素、自我意识因素、犯罪习性因素，也包括生理因素。在心理因素中，既包括罪犯的性格、能力、气质因素，也包括罪犯扭曲的需要结构，还包括罪犯的认知因素、情感因素和意志因素。除了致罪因素系统外，还有致罪条件系统，在致罪条件系统中既有主观条件，也有客观条件。我们在罪犯改造工作中对罪犯的人身危险性要深入搞好调查研究，既要研究罪犯的历史资料，更要重视罪犯的一切现实信息。从中找出罪犯个体的人身危险性构成要素，并针对这些具体的构成要素制订有效的改造方案、改造措施方法。

（五）动态性

罪犯的人身危险性是在一定的历史条件下形成的，并随着社会条件的发展变化而发展变化，呈现出动态性特点。我们在罪犯改造的社会实践中一定要重视这个特点。一定要注意罪犯过去的人身危险性，不能等同于罪犯现实的人身危险性，现实的人身危险性也不能等同于未来的人身危险性。特别是不能把过去的人身危险性当成现实的人身危险性。因为在监禁的条件下，罪犯经过监狱的教育改造，有些人身危险性因素消失或转化了，而由于受罪犯交叉感染等消极因素影响又增加了新的人身危险性因素。还有些人身危险性因素本来过去就存在只不过由于种种原因没有发现，在现今监禁条件下又表现出来了，这些都会不时遇到。当然也不能把罪犯现实的人身危险性当成将来的人身危险性。罪犯的现实人身危险性是在监禁条件下表现出来的。在押人员未来的人身危险性是在开放社会的条件下表现出来的，他们那时的人身危险性，有些可能是现实危险性没得到彻底改造的复发，有些则可能是在复杂的社会条件下新产生的，要具体问题具体分析，不能一概而论。既不能用刑释人员重新犯罪事件全面否定监狱工作，也不能说这类事件与监狱工作一点关系都没有，不能走极端。但这些屡屡发生的刑释人员重新犯罪事件提醒我们，预防罪犯重新犯罪既要把我们的工作重点放在消除或转化罪犯现实的人身危险上，又要面向未来认真做好罪犯重新社会化工作。要着力对其进行社会知识、社会核心价值观、社会规范的教育，提高其社会适应能力，学会按社会核心价值观、社会规范指导自己的行为；着力对其进行生活技能和职业技能培训，提高其社会生存能力，通过教育和培训使其成为合格的社会成员。

## 三、罪犯观核心的实践要求

罪犯观的核心对认识和改造罪犯工作提出了一些重要要求，实践这些要求意义十分重大。这些要求主要有以下几点。

（一）认识罪犯要以认识罪犯人身危险性为核心

罪犯观的核心理论告诉我们，认识罪犯包括很多内容，但是最重要的是要认识罪犯的本质特性，即认识罪犯的人身危险性。从罪犯入监到出监的整个罪犯改造过程，都要不断深化对罪犯人身危险性的认识。

在罪犯入监阶段，重点要认识罪犯已然之罪的人身危险性。在此阶段要通过查阅罪犯历史档案，对其原籍的公安派出所、社区、原工作单位、就读学校、家属、亲友等进行走访或信访，多次找罪犯进行结构式访谈、心理测试、心理咨询等多种方法，广泛收集罪犯已然之罪的罪前、罪中、罪后的详细资料，并组织罪犯自查导致其犯罪的人身危险性因素。为此要成立由相关专家、监区领导、分监区主管民警组成的罪犯人身危险性甄别诊断工作小组。甄别诊断工作小组根据罪犯个体的详细资料和罪犯自查的意见，综合分析罪犯个体犯已然之罪的人身危险性构成要素及其结构。并将甄别诊断工作小组的初步诊断意见通报罪犯本人，认真听取其意见。最后的诊断意见要得到罪犯本人的认可。罪犯人身危险性的诊断意见在没有得到罪犯认可之前，不得将该罪犯分入改造监区。这要成为一个必要程序，不得违反。否则，改造监区可凭此拒绝接收此类罪犯。

在罪犯改造阶段，重点要认识罪犯现实的人身危险性。在罪犯改造初期要根据罪犯改造表现和日常生活表现考核，并结合与罪犯面谈，进一步印证入监阶段罪犯人身危险性的诊断意见，需要调整的要及时进行调整。在罪犯改造的中期要以罪犯犯已然之罪的人身危险性为线索，通过深入考察罪犯的改造表现、日常生活表现、奖罚情况、民警评价、同犯评价、心理咨询、心理测试、家属亲友评价和罪犯自我评价等方法，详细收集罪犯现实表现资料。甄别诊断工作小组通过对这些现实表现资料进行统计分析、找主管民警面谈、召开各类座谈会、案例分析会等方法，比照罪犯已然之罪的人身危险性构成要素，综合分析罪犯现实的人身危险状况，做出初步诊断。并将初步诊断意见通报罪犯本人，认真听取罪犯本人意见，最后做出得到罪犯本人认可的诊断意见。在罪犯改造后期，通过详细考核罪犯个体人身危险性矫正状况，对罪犯现实人身危险性改善状况进行综合评估，并将综合评估意见反馈给罪犯本人。

在罪犯出监阶段，重点要认识即将刑满释放人员未来的人身危险性。在罪犯临近出监阶段，要根据罪犯的现实改造表现情况，综合罪犯改造后期的“罪犯现实人身危险改善状况”的评估意见，搞好即将刑释人员未来的人身危险性预测。

(二) 罪犯改造工作要始终坚持以矫正罪犯的人身危险性为导向

罪犯观的核心理论要求罪犯改造工作要始终坚持以罪犯的人身危险性为导向。在罪犯入监阶段，要以罪犯人身危险性改造的必要性和可能性为导向，教育罪犯适应改造生活，端正改造态度，防止罪犯发生逃脱、行凶、自杀自残等安全事故，确保监管场所安全稳定，维护国家安全。对存在"三防"安全隐患的罪犯要认真做好转化工作，没有真正转化的罪犯不得分配到改造监区。

在罪犯改造阶段，要以矫正罪犯现实的人身危险性为导向。在罪犯改造初期要集中一段时间对罪犯进行犯罪危害性教育，通过组织罪犯学习刑法学、犯罪学有关教材，组织被害人到监狱作"犯罪危害性"控诉报告，组织罪犯参观"犯罪危害性"图片展，组织罪犯座谈讨论等多种形式，教育罪犯认清自身的犯罪对被害人对社会造成的危害、对自己家庭造成的伤害、对自己造成的损害，逐一解决罪犯的认罪悔罪问题。中国改造罪犯的实践证明，罪犯不能真实解决认罪悔罪问题就不能进入自我改造阶段。改造日本战犯的实践、改造反革命犯的实践、改造各类刑事犯的实践都是如此。在解决罪犯认罪悔罪之后，要深入发动罪犯自查自评其犯已然之罪的人身危险性和现实的人身危险性，并组织罪犯互查互评现实的人身危险性。此时监狱民警要切实把自己的工作重心转移到矫正罪犯的人身危险性上，结合罪犯个体资料、心理咨询心理测试资料，认真指导帮助罪犯搞好自查自评和互查互评。并要把甄别诊断工作小组的初步诊断意见及时与罪犯沟通，把罪犯个体现实危险性搞准搞恰当，并要使罪犯个体现实危险性诊断意见得到罪犯认可，最终形成罪犯现实危险性综合诊断意见。

罪犯改造中期，大多数罪犯基本解决了认罪悔罪问题。因此，在这一阶段，大多数罪犯逐步进入自我改造的重要阶段。其主要特征是多数罪犯已逐步由被动接受改造转化为积极主动、自觉地进行自我改造，成为自我改造的主体。此时监狱的改造工作从指导思想到工作部署都要做相应的调整，核心是对罪犯改造主体要准确定位。监狱民警真正把罪犯当作是其自我改造的主体，指导监督罪犯改造；罪犯也充分认识到自己是自我改造主体。"自我改造主体"和"指导监督罪犯改造主体"都能充分发挥作用。

因此，在这一阶段监狱要充分发动罪犯依据罪犯个体人身危险性综合诊断意见制订罪犯自我改造规划及其实施方案，监狱民警要积极指导、帮助罪犯完善其自我改造规划及其实施方案。届时要成立由相关专家、科室骨干、工作经验丰富的基层民警组成的“罪犯自我改造”指导小组，巡回指导、审核罪犯的自我改造规划及其实施方案。工作小组提出的指导意见不强加于人，罪犯根据自身改造需要和意愿可自由选择。凡是由监狱进行操作的矫正项目，都要经罪犯本人申请，经监狱审核后方可进行操作。确保罪犯改造的规划及其实施方案，是由罪犯自我制订并接受监狱指导的方案，充分调动罪犯自我改造和监狱民警指导监督罪犯改造两个积极性。这种以罪犯为主导、监狱民警为指导的两结合的自我改造规划和实施方案经监狱审核后，就要立刻在罪犯改造中期组织实施。在实施过程中罪犯要定期进行自我改造情况总结，并组织罪犯互检互评，监狱民警要及时对罪犯自我改造情况进行指导、教育帮助、考核监督，要依据“罪犯自我改造实施条例”实施情况兑现奖惩，并通过定期检查评比，评出罪犯自我改造先进个人，普遍推广他们的自我改造经验。

在罪犯改造后期，监狱要定期对各监区罪犯自我改造情况进行评估。评估工作由相关专家、专业骨干、基层领导组成的专门工作小组承担。评估根据工作需要可分为专项评估、特项评估和综合评估，评估情况要及时反馈给各监区，限期整改。

在罪犯出监阶段，要以预防刑释人员未然人身危险性为导向。俗话说，编筐编篓全在收口。出监阶段是罪犯改造收口阶段，是巩固和发展罪犯改造成果的重要阶段，监狱应充分重视这一重要阶段。但目前各地安排的出监教育时间普遍偏短，多数监狱只安排三个月至半年时间。笔者认为，出监教育时间长刑犯不能少于二年，短刑犯不能少于一年。在出监教育阶段，应重点做好即将出狱人员的未然的人身危险性预测。针对预测当中存在的突出问题着力抓好以下几方面的工作。

1. 深入开展融入社会教育培训

结合学习社会学有关教材，详细向罪犯介绍当前社会情况，既要介绍改革开放以来社会发展取得的重要成果，也要介绍社会发展存在的矛盾和问题。并结合各地联合帮教团体反馈出来的在接收、安置刑释人员遇到的问题，着重抓好即将刑释人员的抗挫折、抗诱惑、抗干扰的教育培训，使其能很快融入社会，开始新的生活。

2. 要着力做好即将刑释人员的生活技能培训、职业技能培训

各地对刑释人员回归社会后情况调查显示，此两项技能的获得是其能立足于社会的重要条件，也是降低刑释人员重新犯罪率的重要因素。职业技能培训要根据即将刑满释放人员要求，采取监狱与社会的职业技术学校联合办学、监狱开办职业技能培训班等多种形式培训。通过培训使即将刑释人学会两门专业技能，其中一门职业技能要达到熟练技工水平；另一门要达到能上岗操作水平，这是职业技能培训的底线。达不到这个要求将不能适应刑释人员的就业需求。

3. 着力做好增强守法公民意识的教育培训

根据各地的经验，增强即将出狱人员守法公民意识，着重抓好以下三个专题教育培训。其一，进行公民权利、义务和社会规范教育培训，坚定其做一个守法公民的信念；其二，进行人际关系教育培训，增强其对社会的亲和力；其三，进行职业道德、职业操守教育培训，使其立志做一个对社会有贡献的人。

上述罪犯改造的全过程，充分体现了量变到质变的规律。罪犯改造的每个阶段所完成的都是量变和局部的质变，量变经过充分的积累之后，才能实现质变，使罪犯变成新人。如果监狱民警没有上述那些大量的、艰苦细致的、扎扎实实的工作，没有罪犯经过自我改造的艰苦努力取得不断的进步，是难以实现改造目标的。

（三）罪犯改造工作要着力做好罪犯的转化工作

罪犯观的核心理论要求，罪犯改造工作要着力做好人的转化工作，即引导罪犯自我否定消除重新犯罪因素，以新我取代旧我，实现自我质变。

1. 要着力转化罪犯的改造态度

罪犯的改造态度不转变，罪犯就会瞎折腾。要么有罪不认闹翻案，要么抗拒改造甚至脱逃、行凶、自杀自残，严重破坏监内改造秩序，影响改造工作步入正轨。中国改造罪犯的经验告诉我们，罪犯抗拒改造的目的是为了逃避改造、逃避惩罚，根本原因是不认罪、不悔罪。所以，解决罪犯抗拒改造或消极改造的问题，不要就事论事，要着重破解他们不认罪、不

悔罪的根源，彻底转变其改造态度。改造日本战犯之初，战犯的态度何等嚣张，拒不承认战犯身份，搞闹监事件；拒吃粗粮闹绝食；一些人每天坚持面向东方朝拜日本天皇等闹剧不断上演。但经过战犯管理所通过多种教育形式解决了他们的认罪悔罪问题之后，他们就转变了改造态度，逐步由战犯转化为反对侵略战争维护和平的人士。可见认罪悔罪问题是罪犯改造的转折点，只有抓好了这个转折点才能从根本上转变罪犯的改造态度。

2. 要着力矫正罪犯的人格品质缺陷，健全罪犯的人格

人格也称个性，个性是一个复杂、多侧面、多层次的体系。各学派对个性理论有不同的理解。在中国一般理解为主要由个性倾向性、个性心理特征和自我意识三部分组成。其中个性倾向性决定个人对事物的态度和行为的内部动力系统，是人进行活动的基本动力，是个性结构中最活跃的因素。[①] 因此，矫正罪犯的人格品质缺陷，健全罪犯的人格，应以消除罪犯犯罪的动力系统为目标，着力矫正罪犯个性倾向性缺陷。根据犯罪学的研究和中国监狱改造罪犯的社会实践，矫正罪犯个性倾向性缺陷主要包括以下几点。

（1）矫正罪犯认知缺陷。刑法学指出，无论是故意犯罪还是过失犯罪，罪犯主观方面都有认知因素。而且有些犯罪认知因素是重要因素。因此，矫正罪犯应着力矫正罪犯的认知缺陷。根据一些学者的研究，罪犯的认知缺陷包括自我控制薄弱、思维错误、不合理信念、不能恰当地认识别人、对自己行为后果缺乏预见、决策技能和应付技能缺乏等多个侧面。对这些认知缺陷通常采用认知疗法。目前在国外应用较多的认知疗法主要有合理情绪疗法、思维错误矫正技术、认知技能方法等。资料表明，对犯罪人的认知技能训练已经在许多国家使用，包括欧洲国家及美国、澳大利亚、新西兰和整个英国的监狱系统与缓刑系统。[②]

（2）矫正罪犯的违法犯罪意识。这里说的违法犯罪意识，是指支配违法犯罪行为的思想、观点、价值观念、道德观念和法制观念等。犯罪学的研究指出，犯罪行为也是人的行为，它受人的思想意识支配。没有违法犯罪意识，就不会有犯罪行为。犯罪主体的意识因素是犯罪行为形成的直接

① 朱志贤：《心理学大词典》，北京师范大学出版社 1989 年版，第 227 页。

② 吴忠宪：《国外罪犯心理矫治》，中国轻工业出版社 2004 年版，第 194-197 页。

原因。在新的历史时期，罪犯的违法犯罪意识主要表现为极端个人主义的价值观，腐朽低级的道德观念，无视社会主义法则等。[①] 我们改造罪犯，就要着力转变罪犯这些违法犯罪意识，消除导致犯罪的思想意识方面原因和根源。只有这样才能收到事半功倍的良好效果。

（3）矫正罪犯异常性的需要。需要是个性倾向性的重要组成部分。犯罪学的研究指出，人的各种行为动机都源自相应的需要，需要是产生行为的原动力。需要对于犯罪心理的发展变化起着极为重要的引发、推动作用。[②] 因此，矫正罪犯异常的生理性需要和社会性需要是改造罪犯的重要内容。矫正罪犯的异常性需要通常采用政治思想教育和心理矫治方法。政治思想教育主要是进行社会主义核心价值观教育和社会主义道德教育。在心理矫治方法方面，国外通常采用物理疗法（理疗）、精神分析疗法、行为疗法，人本主义患者的中心疗法、存在疗法、现实疗法等。这些矫治方法在我国尚处在实验探索阶段。

（4）矫正不良行为方式习癖化。不良行为习癖化，主要由不良兴趣演变成习癖。如有的罪犯从小开始小偷小摸，逐渐形成病理性“偷窃癖”，看中的东西不管是否需要，都想偷到手，一天不偷就心烦意乱，寝食难安。[③] 矫正不良行为方式习癖化属矫正不良行为范畴，主要采取政治思想教育方法，行为疗法、精神分析疗法等。

这里需要说明的是认知缺陷不属于个性范畴，是属于心理过程。但其形成与个体自我意识有关，仍属意识范畴，其对犯罪行为的发生起着重要作用。从矫正罪犯角度出发，笔者将其与其他三个个性倾向性方面问题并列，实属叙述方便。

## 第三节　罪犯观的基本要求

罪犯观的基本要求是什么？回答这个问题，同样不能凭主观想象，而应从深入分析罪犯观的内容和结构中寻找答案。罪犯观的基本要求，有两

① 魏平雄：《犯罪学教科书》，中国政法大学出版社 2008 年版，第 249 页。
② 康树华：《犯罪学》（第四版），北京大学出版社 2016 年版，第 146-147 页。
③ 许章润：《犯罪学》（第二版），法律出版社 2004 年版，第 111-112 页。

个方面，一是罪犯观的目的要求，即改造好罪犯的要求；二是罪犯观实现目的的要求，即如何改造好罪犯的要求。

## 一、罪犯观目的要求综述

罪犯观的结构是：以认识罪犯为起点，以罪犯改造目标为目的要求，以罪犯改造客体为改造对象，以罪犯改造主体为罪犯改造社会实践的承担者，以怎样改造罪犯为落脚点的统一整体。可见实现罪犯改造目标，改造好罪犯是罪犯观的要求。实现罪犯改造目标，改造好罪犯，简称改造好罪犯，主要有以下几个特性。

### （一）总体性

罪犯观中所说的改造好罪犯，是指罪犯的总体，是就罪犯的大多数而言的。这里不排除少数罪犯没有改造好。这是由于监狱的刑罚预防犯罪也有其局限性，如有些短刑犯没改造好，主要是因为刑期短，没等改造好刑期就到了；有的个别罪犯思想顽固不思改悔，拒绝改造；有的受监狱资源和警力限制，对个别罪犯的改造工作没到位而没有改造好；有的既有主观原因，也有客观原因没有改造好。但这些没改造好的罪犯只占少数或极少数。

### （二）转化性

罪犯观所指的改造好是指要消除罪犯的本质属性，使罪犯发生根本性的转化，使其由一名罪犯转化为不违法犯罪的守法公民。但是这种转化要有一个过程，要经过由量变到质变的过程。罪犯观所指的改造好是使罪犯不仅要有量变，更要有质变，不仅要转化罪犯的改造态度，更要转化罪犯的根本属性，使罪犯的人身危险性得到根本改造。在罪犯改造的社会实践中要注意两种倾向，一是工作浮浅，只抓遵纪守法，没有把罪犯改造工作深入开展；二是只重视罪犯改造态度的转化，不重视罪犯根本属性的转变，即毛泽东所说的罪犯犯罪本质的转变。一些地方的基层民警总是在抓罪犯的改造态度的转变上打转转，没有深入抓好罪犯本质属性的转化。诚然，罪犯改造态度的转化很重要，它是罪犯改造工作的拐点，毫无疑问是应当抓好的。但这只是罪犯转化的起点，而不是终点。我们既要抓好罪犯改造态度的转化，更要抓好罪犯本质属性的转化。只有这样，才能体现罪犯观要“改造好罪犯”的要求。

（三）条件性

罪犯观提出的“改造好罪犯”的要求，是有条件的，不是无条件的。这些条件既包括罪犯改造的客观条件，主要是刑罚执行机关执行正确的改造政策、手段、途径、方法等激励罪犯改造的条件；也包括罪犯的主观条件，主要指罪犯能够接受改造，并能积极进行自我改造。这两方面的条件必须都要具备，缺一不可。罪犯的主观条件，在监狱民警的教育引导之下，大多数罪犯都会逐渐具备。在这种背景下，监狱机关执行正确的改造政策、手段、途径、方法等激励罪犯改造的条件，是起主导作用的。只要我们坚定不移地贯彻执行这些好的政策方法，大多数罪犯就会积极接受改造，并能逐步转变成为积极进行自我改造的主体。这是中国改造罪犯重要的历史经验，在新的历史时期我们要继续发扬光大这些优良传统。

（四）艰巨性

罪犯观提出的“改造好罪犯”，不仅要转化罪犯的改造态度，而且要深入地转变罪犯的本质属性，要消除罪犯的人身危险性，使罪犯彻底转变人生态度、行为方式和生活方式。罪犯改造的任务相当艰巨。我们在认识罪犯方面要坚持两点论，既要坚持罪犯可以改造性，又要坚持罪犯改造的艰巨性。在罪犯改造社会实践中既要彻底批判罪犯不可改造论，又要彻底否定罪犯改造的速胜论。社会上一些不知情的人士认为，罪犯投入监狱后在严厉的刑罚下罪犯就能够改造好，不知道罪犯改造的艰巨性，这是情有可原的。但是监狱民警不能有这样的观点，因为罪犯改造是不可能速胜的。监狱民警要踏踏实实地认真做好各项罪犯转化工作，必须坚持不懈，持之以恒，不能期望速胜。

（五）时间性

改造罪犯是要改造其本质属性，难度很大。而且改造这种本质属性，又必须调动罪犯自身的积极性，使其由被动接受改造的对象逐步转化为能积极改造的自我改造主体，这都需要一个过程。在罪犯成为自我改造主体之后，在改造其本质属性，即改造其人身危险性过程中又会遇到很多矛盾和问题，这些矛盾和问题的解决，既要靠罪犯自身的艰苦努力，又要靠监狱民警的指导帮助，只有二者共同努力才能实现罪犯改造目标，改造好罪犯。因此，罪犯改造不是一朝一夕就能完成的，而要有一个长时期的改造过程。正如毛泽东所指出的，“大多数人在长时期内是可以改造的”“你如果采取帮助他们的方法，不性急，一年、两年、十年、八年，绝大多数的人是可以进步的”。

## 二、罪犯观实现目的要求的综述

在上一部分里我们讨论了罪犯观的目的要求，是实现改造目标、改造好罪犯。在这一部分我们将深入研究怎样才能实现改造目标，如何改造好罪犯，即罪犯观实现目的要求是什么。

根据社会实践活动的基本要求，实现改造目标、改造好罪犯，罪犯改造社会实践活动，应该具备下列要求：

### （一）明确罪犯改造实践活动的要素构成

罪犯改造社会实践活动是由以下三个要素构成的。

一是罪犯改造主体。罪犯改造社会实践在中国有两类主体，一类是外因性罪犯改造主体，包括外因主导主体；外因监督、支持、配合主体；外因辅助主体三部分。其中监狱及其民警是外因性主导主体；检察院、法院、公安部门等政法机关是外因性监督、支持、配合罪犯改造主体；社会帮教组织及社会帮教志愿者等罪犯改造社会支持系统是罪犯改造外因辅助主体。本课题重点研究外因性主导主体。另一类是内因性罪犯改造主体，是指罪犯是其自我改造的主体。在传统的罪犯改造实践中，通常把罪犯当作改造对象，不认为其是自我改造主体。自 21 世纪初以来，一些学者指出罪犯改造包括强制改造和罪犯自觉改造两个过程，在罪犯自觉改造过程中罪犯是其自我改造的主体。我国监狱学界的主流已认同这种观点。

二是罪犯改造客体。罪犯改造客体是罪犯改造社会实践的对象，是一个开放系统，包括罪犯服刑态度、认罪悔罪态度、个体人身危险性（即个体再犯罪的危险性）、社会生存能力和适应能力欠缺等。

三是罪犯矫正技术。罪犯矫正技术的概念有广义、中义、狭义三种。

广义的概念是指改造罪犯的条件、政策、氛围和技术；中等意义的概念是指改造罪犯的途径、手段、措施、方法等技术；狭义的概念是专指矫正罪犯的操作技术。本课题通常使用的是中等意义的概念。

（二）明确罪犯改造实践活动各要素的作用，实现各要素作用“最佳化”

1. 罪犯改造主体的作用

罪犯改造主体的作用有以下几点。

一是认识罪犯“改造客体”。在罪犯改造社会实践中，罪犯改造主体通过罪犯改造实践深刻认识罪犯改造客体的属性及其发展变化的规律，使罪犯改造活动针对性更强，改造效果更佳。

二是改造罪犯“改造客体”。在罪犯改造社会实践中，罪犯改造主体在深刻认识罪犯的基础上，着力对罪犯“改造客体”进行改造。改造罪犯“改造客体”重点抓好以下几个环节。

（1）对罪犯“改造客体”进行诊断。在入监监狱或入监队改造期间，根据罪犯犯罪前、犯罪中、犯罪后表现以及其生活环境状况等个体详细资料，辅以心理咨询、心理测量、结构性访谈等方法对罪犯的人身危险性进行初诊；在改造初期，再根据其改造表现及其初诊情况，进行复诊，对其人身危险性及其他改造客体进行综合确诊。

（2）制订改造规划和实施方案。依据综合诊断意见，结合罪犯个体素质及本人意愿，指导罪犯制订自我改造规划及其实施方案。

（3）自我改造主体积极实施自我改造规划及其实施方案，监狱及其民警要指导、监督罪犯实施自我改造规划及其实施方案。

三是评估罪犯“改造客体”改造效果。在罪犯改造的各阶段发动罪犯进行对“改造客体”的自我改造情况进行自我评估，并组织罪犯互评；在此基础上，监狱对罪犯“改造客体”的改造情况进行综合性的评估，并按综合评估意见指导罪犯进行下一个阶段的改造活动。

2. 罪犯改造客体的作用

罪犯改造客体是罪犯改造主体在罪犯改造社会实践活动中所指向的对象，这些对象，或者是罪犯的主观态度或者是罪犯身上存在的能够引发再犯罪的危险因素。在罪犯本质属性转化过程中，罪犯作为改造主体具有消极被动、甚至对抗或积极主动配合改造两种相反的作用倾向。因此，罪犯的转化过程，伴随着不断消除其消极作用，树立和强化其积极作用的变化。积极作用主要有以下几点。

（1）对罪犯“改造主体”的改造活动，具有配合作用。在罪犯改造活动中主、客体良性互动的条件下，罪犯改造主体可以准确认知罪犯，改造好罪犯。反过来，罪犯作为改造客体的载体，可以正确认知罪犯改造主体的改造活动，主动接受改造，发挥配合作用，提高改造效果。罪犯改造主体与客体的关系，如同医生与患者的关系。作为患者应该主动配合医生的治疗，达到提高疗效的目的。

（2）对罪犯“改造主体”的改造活动具有评价作用。罪犯“改造客体”的载体是罪犯是人，因而罪犯“改造客体”对罪犯“改造主体”的改造活动，具有感受性，能做出主观评价。

（3）对罪犯“改造主体”的改造活动具有反馈作用。罪犯“改造客体”通过罪犯能够把罪犯“改造主体”的改造活动是有效还是无效，是效果很大，还是效果一般，反馈给罪犯“改造主体”。

3. 罪犯矫正技术的作用

罪犯矫正技术是指在改造罪犯社会实践中，罪犯改造主体用以改造罪犯“改造客体”的手段、途径、技能和操作方法等。其重要意义正如毛泽东所说，“我们不但提出任务，而且要解决完成任务的方法问题”“不解决方法问题，任务也只是瞎说一顿”。因此，要完成改造好罪犯这个重大任务，必须解决改造方式方法问题，即矫正技术问题。罪犯矫正技术有如下几项作用。

（1）服务作用。在罪犯改造社会实践中，罪犯矫正技术必须为罪犯改造主体改造罪犯“改造客体”的目的和目标服务。这种服务作用不是抽象的而是具体的，是为罪犯改造主体实现罪犯改造目的和目标的各项活动服务，是应用型的综合服务。

（2）改造作用。在罪犯改造社会实践中，罪犯改造主体应用罪犯矫正技术的直接作用是用以改造罪犯“改造客体”，是改造罪犯“改造客体”的操作性技术。这些罪犯矫正技术必须适应罪犯“改造客体”的需要，密切结合各类罪犯和各个罪犯的具体情况定向制作量身打造，切实保证其先进性、针对性和有效性。

(3) 激励作用。在罪犯改造社会实践中，罪犯改造主体要密切关注罪犯的各类需求，采取切实有效的措施，帮助罪犯解决思想障碍和心理障碍，激励罪犯积极改造、自觉改造。如及时与当地政府沟通帮助罪犯解决子女升学问题、家庭困难问题；适应罪犯的改造需求加强生活技能和职业技能培训；认真贯彻人道主义政策，满足罪犯的生活需要和精神、文化需要等。这些具体措施均对罪犯起激励作用。

罪犯矫正技术的服务作用、改造作用和激励作用不是彼此孤立存在各自作用的，而是相互联系、相互补充、共同作用的。只有这三个方面都充分发挥作用，罪犯矫正技术才能真正满足罪犯改造主体的目的要求，切实有效地改造好罪犯“改造客体”。

### (三) 实现罪犯改造实践活动三要素良性运行格局

罪犯改造社会实践活动是动态的，不是静止的。因而罪犯改造三要素也是动态的，是同时产生、同步发展、相互作用、相互推动的。在两个改造主体之间，在罪犯矫正技术与罪犯改造主体之间、在罪犯改造主体与罪犯改造客体之间都是互动的。这种互动有良性互动与非良性互动之别，为了实现罪犯改造目标改造好罪犯，罪犯改造三要素要形成良性互动的运行格局，其基本要求有以下几点。

1. 指向性运行

罪犯改造实践活动要始终坚持以改造罪犯“改造客体”为中心，始终坚持以消除罪犯人身危险性为重点，一刻也不能偏离这个方向。在罪犯改造的日常工作中要始终坚持这个方向。不能总是打外围战，不打攻坚战，成年累月只抓罪犯改造中的一些现实问题，没有集中精力抓好消除罪犯人身危险性这一根本问题。要紧紧把罪犯改造项目指向罪犯“改造客体”和罪犯“人身危险性”，一刻也不能偏离。

2. 一体性运行

罪犯改造三要素实现良性运行的重要表现就是罪犯改造各要素之间及整体都呈现一体性运行态势。首先，罪犯改造的两个主体紧密结合，结为一体。以监狱民警为主导的外因性的罪犯改造主体，能充分发挥引导、教育、指导、服务、监督罪犯改造的作用。罪犯内因性改造主体，能充分发挥主观能动性，认真接受监狱民警的指导，认真进行自我改造。二者能协调配合好，真正形成“外因是变化的条件，内因是变化的根据，外因通过内因而起作用”的态势。在罪犯改造实践中，罪犯是其自我改造的主体，没有自我改造的积极性，只有民警的教育帮助不行。反之，只有罪犯的自我改造的积极性，没有监狱民警的教育帮助也不行。只有二者紧密结合，结为一体，罪犯改造才能取得实实在在的效果。其次，罪犯矫正技术与罪犯改造主体紧密结合。罪犯矫正技术要讲科学、讲先进，但必须与罪犯改造主体紧密结合，对所选择的先进矫正技术，监狱民警通过培训真正能学会、能掌握；罪犯通过培训也能弄懂能学会怎样应用、怎样配合。最后，掌握了先进罪犯矫正技术的罪犯改造主体与罪犯改造客体也能紧密结合。罪犯改造主体所采用的先进罪犯矫正技术必须适应罪犯改造客体的改造需求，真正能做到对症矫治；罪犯改造客体（以罪犯为载体）能够积极接受矫正、积极配合矫正。通过以上三个环节的紧密结合，使罪犯改造三要素能紧密结合，结为一体，形成罪犯改造三要素一体性运行，达到良性互动的最佳状态。

3. 高效性运行

罪犯改造三要素的良性互动运行，是在罪犯两个改造主体之间、罪犯矫正技术与罪犯改造主体之间能够恰当匹配，良性互动；罪犯改造主体与罪犯改造客体之间能相互适应，精准发力、持续发力。所以，罪犯改造三要素的良性运行具有高效性。这一特性揭示罪犯改造三要素的运行要讲效率、效果，使用的罪犯矫正技术要先进、适用，罪犯改造主体改造罪犯改造客体的活动能做到精准发力，对症矫治，实现高效运行，使罪犯改造三要素的运行处于最佳状态。不是只重过程，不重效果，也不是只要效果，不重过程，而是依靠过程创造效果，依靠良好运行状态创造良好改造效果。

上述三项要求中，前两项要求是实现罪犯改造三要素良性运行格局的前提和基础。后一项要求是实现罪犯改造三要素良性运行格局要达到的最佳状态。因此，实现改造目标改造好罪犯的基本要求是实现罪犯改造三要素良性运行格局，即实现罪犯改造三要素指向性、一体性、高效性运行格局。

## 三、罪犯观基本要求的实践体制机制

实现罪犯改造三要素指向性、高效性、一体性运行格局，要求在实践中形成促进生成良性互动的体制、机制和条件。概括起来主要有以下几点。

（一）形成职能一元化的监狱管理体制

我国《监狱法》明确规定监狱的职能是正确执行刑罚，惩罚和改造罪犯，预防和减少犯罪，除此之外监狱没有其他职能。表明监狱的职能是一元化的。这一点在理论上已达成共识，但在实际工作中，由于某些重要问题解决得不彻底，还残留着监狱职能多元化问题。这些阻碍监狱职能一元化的问题主要有以下几个。

1. 监狱经费全额保障不到位

监狱经费全额保障不到位的现象比较普通，几乎各地监狱都程度不同地存在这个问题。造成这种情况的原因较为复杂，既有历史原因也有现实原因，加之经验不足，致使额定的《监狱基本支出经费标准》偏低，还有些应该列支的项目没有列入，因而造成《监狱基本支出经费标准》出台时就存在缺口，加之额定后又多年未调整，使经费缺口问题长期存在。监狱为了维持监狱生存发展，无奈之下只好用监狱生产收入来弥补经费不足，使监狱重蹈监狱职能多元化的覆辙，致使一些地方的监狱偏离了正常轨道。笔者认为不能因小失大，建议国家有关部门尽快组织联合调查组，通过广泛深入的调查，重新修订《监狱基本支出经费标准》，解决好监狱经费缺口问题。

2. 监企分开后监企规范化运行仍然不畅

监企分开的体制改革遇到不少问题，问题之一是监狱企业性质定位问题。改革中有三种不同的观点，第一种观点认为，监狱企业在生产目的、法律依据、职能任务、劳动项目选择、分配制度、政策措施、管理方式等不同于社会企业，是改造罪犯工作的组成部分，应将监狱企业视为监狱的一个内设机构，主要采取行政管理；第二种观点认为，监狱企业既要为改造罪犯服务，又要以市场为导向，采取市场运作的方式来经营管理企业；

第三种是官方观点，认为如完全采取行政管理或完全市场化运作，都不符合监狱企业的发展方向。监狱企业还是要走特殊管理、特殊政策和特殊立法之路。[①] 监狱企业性质到底如何定位问题目前正在深入调查研究之中。问题之二是监狱与监狱企业如何规范运行问题。司法部提出“监企的规范运行建立在二者的共同目标上。劳动改造罪犯是监狱和监狱企业的共同目标，监狱企业的主要任务是为改造罪犯提供劳动岗位和手段，是改造罪犯工作的重要组成部分。监狱和监狱企业围绕改造罪犯这一共同目标，双方按照各自的规律，独立而又协调地运行”。[②] 按照这个思路各地都在积极进行探索，上海和江苏的探索，取得较好的阶段性成果，监企规范化运行有一定起色。但就多数监狱而言，只是做到了监企初步分开，监企规范化运行仍然不够通畅。

3. 个别地区监狱办社会问题仍然存在

个别省份一些处地偏僻、远离中心城市的监狱，由于当地经济、社会发展滞后，公共服务系统不健全等原因，监狱办社会问题仍不同程度地存在。

上述各类问题的存在，阻碍监狱职能一元化回归。而实现罪犯改造三要素指向性、高效性、一体性运行格局的重要前提，是要实行监狱职能一元化的管理体制。因此，今后要在深化监狱体制改革过程中，解决好这些阻碍监狱职能一元化的瓶颈问题，为建立健全监狱职能一元化的管理体制扫清障碍。

（二）形成科研、应用、培训三位一体的智能化组织领导体制

这样的组织领导体制具有以下几个优势。

1. 能提高监狱领导机关领导指挥的科学性和权威性

这样的监狱领导机关领导指挥具有科学性和权威性的一个重要条件是这样的领导机关应由高智能的人员组成。国家监狱局的局长、副局长由全国知名专家组成，其处级领导均由具有高级职称的专家组成，其一般工作人员均由具有研究生或优秀本科学历的专业人员组成；省监狱局的局长、

---

① 时任司法部副部长范方平 2004 年的讲话资料。

② 时任司法部副部长范方平关于监狱体制改革的讲话。

副局长均由各类优秀专家组成，其处长均由具有高级职称的专业人员组成，其一般工作人员均是由具有本科以上学历的各类专业人员组成。两级领导机关均是智能化的领导机关，另一个重要条件是如果部监狱局经国务院批准通过改革，将部研究所、部监狱学会、部属高等院校与其结为一体，使部监狱局能把这几个部门的专家与局本身的专家一起组成监狱系统自己的智囊团和智库，为部监狱局的决策和战略部署提供智力支持。同时结为一体之后使科研工作能更好地为实践服务，科研成果能更快地转化和更好地推广应用；能使高等院校的人才培养类型、专业设置和课程结构等教学工作更贴近本系统的实际，其专业培训的针对性更强，能够更好地为罪犯改造社会实践服务。可见结为一体之后，科研部门和教育部门的科研和教学工作都能得到强化，其科研和教育质量都能得到提高，使监狱系统的智力支持的质量和力度都得到提升。同样，省（市、自治区）监狱局通过强化内设的科研、政研部门和监狱协会的工作，同时与部研究所和部属高校联网，与其共享科研成果，并依托当地相关高校及科研院所组建自己的智囊团和智库，为决策和重大部署提供智力支持，使监狱局的科学决策和管理教育水平都得到明显提升。如能实现上述构想，监狱系统两级领导机关都将成为智能化的领导机关，其领导指挥的科学性和权威都将得到显著提升。

2. 能提升监狱的执行力、创新力和改造工作效率

智能化、现代化的监狱具有两大特征，其一，这样的监狱其人员构成实现了智能化，领导班子成员均是由各类专家组成，专业科室及监区的正职均由高级职称的专业人员担任，其专业科室一般成员及一线民警均是由具有大专以上学历并经过一年以上专业培训的人员构成。其二，这样的监狱都有自己的智力支持系统和监狱指导理论及罪犯矫正技术的研发、推广应用系统。这样的监狱由于具备上述两个特征，其执行力、创新力和改造工作效率都将得到显著提升。

3. 监狱系统将增强凝聚力、号召力、协调力和战斗力

由于监狱领导机关实现了智能化组织指挥和科学化决策，增强了凝聚力、号召力和协调力，基层监狱实现智能化组织建设和健全智力支持系统之后，增强了其执行力、创新力，使整个监狱系统真正能做到政令畅通、

令行禁止、工作协调、配合有力，增强整个系统的战斗力和工作效率。

实行科研、应用、培训三位一体的智能化的组织领导体制，能为罪犯改造三要素一体性、高效性良性互动提供强大的智力支持，提高罪犯人身危险性诊断技术、罪犯改造指导理论、罪犯矫正技术、心理咨询心理矫治技术的科学性、精准性和有效性，能更好地实现改造好罪犯的根本要求，因而这种智能化的组织领导体制是实现罪犯改造三要素指向性、一体性、高效性良性运行态势的重要体制保障之一。为了提高监狱系统科研、应用、培训三位一体智能化水平和工作水平，应该结合后备干部的培养计划，在高校、科研部门、监狱三个部门之间按计划组织好各个层次人员交流和岗位轮换。这样做，可以使科研、教学人员更好地面向实际，提高其理论水平和解决实际问题的能力，使监狱工作人员提高其理论修养，成为学者型、专家型的实际工作者。

（三）形成由多种版块构成的综合性运行模式

为了适应构建罪犯改造三要素指向性、高效性、一体性运行格局的需要，要形成以下几个版块构成的综合性运行模式：

1. 以惩罚改造模式为基本的改造手段和途径

惩罚改造模式依然是新运行模式的基础，经过长期积淀和发展的教育改造、劳动改造、监管改造、感化改造、心理矫治、文化改造等改造手段和途径，依然是罪犯改造新运行模式的基本手段和途径。

2. 以办学模式为基本的教育方式方法

办学模式是以"守德树人"为宗旨，既传播知识又教导受教育者怎样做人、怎样做事，是培养造就人才的重要渠道。其课堂化、教材化、系统化、科学化教学和教育方式方法，因人施教等方面都有许多独到之处。借鉴社会办学模式创办监狱特殊学校，在我国已有多年实践，总的效果是好的。为了巩固、发展前一阶段的办学成果，笔者认为，有些特色监所可采用典型的办学方式办学，如未成年犯管教所、出监监狱、短刑犯监狱可办成职业技校型的特殊学校；女犯监狱可一分为二，对女少年犯、女短刑犯可办成女子职业技术特殊学校，对女长刑犯仍采用通常的监狱办学形式。男长刑犯仍采用通常的监狱办学形式。采用通常的监狱办学形式的监狱，要采用课堂化、教材化、系统化、现代化教学方式方法教学，努力提高办学效果，使办学形式长盛不衰。

3. 以医院医疗流程模式为参考的新型罪犯矫正流程

医疗模式的门诊—住院—康复的医疗流程设计比较科学，充分反映了医疗过程的系统性和阶段性特点。其门诊部有诊断，有治疗，以诊断为主；其住院部有诊断，有治疗，以治疗为主；其康复部有治疗，有康复性的功能训练，以康复性的功能训练为主。监狱借鉴医疗模式不是原封不动地把其整个管理模式照搬过来，而是着重借鉴其医疗流程，使我们的改造罪犯流程形象化地变为诊断式矫正—治本式矫正—康复式矫正。在诊断式矫正阶段，以对罪犯开展适应监狱生活教育和改造前途教育为主，着重转化罪犯的改造态度，确诊罪犯人身危险性和人身不安全性。人身危险性专指罪犯重新犯罪的可能性，即罪犯致犯的因素和人格品质缺陷因素；人身不安全性专指有逃脱、行凶、自杀自残等危险性。这些问题未解决的罪犯不得进入下一个流程。在治本式矫正阶段，以激发罪犯自我改造的积极性，以促其成为自我改造主体为契机，以指导罪犯认真矫正其重新犯罪的可能性，消除其人身危险性为着重点，教育罪犯自己主宰自己的命运，是指导罪犯自我改造的重要阶段。康复式矫正阶段，以矫正补课教育和社会适应性教育、训练为主。最好采用办职业技术特殊学校的形式办学，无力独立办学的，也要采取多种形式开办生活技能、职业技术培训班，为其回归社会做好充分准备。这是罪犯改造“收口”的重要阶段，时间短了不行。

综上所述，罪犯改造三要素指向性、高效性、一体性运行格局的运行模式是以惩罚改造模式作为基本改造手段和途径，以办学模式为基本的教育方式方法；以医疗模式作为新型矫正程序和流程。简称：惩罚改造模式+办学模式+医疗流程模式的综合运行模式。

这种综合运行模式具有以下几个特点。

一是其将各种模式的运行方式优势整合为一体，使整体运行方式更具优势。即使原有的教育方式方法得到改造和强化，使原有的罪犯矫正流程得到改善和强化，使原有罪犯出监教育变得更有效、更适应，更使原有的罪犯改造手段和基本途径运行更科学、更有效。因而这种综合运行模式是对传统的单一运行模式的改造和创新，使其运行更科学、更有效。

二是这种运行模式，罪犯改造客体能较早地得到确认，使其能更准确地进入罪犯矫正流程。这种运行模式的诊断式矫正阶段，以转化罪犯的改造态度、确诊罪犯的改造客体为阶段性罪犯改造目标，以教育罪犯认罪悔罪为重点矫正项目，以罪犯改造客体是否确诊和重点矫正项目评估结果为阶段性改造成果检验标准，不达标的罪犯不能进入下一改造流程；已经进入下一流程的罪犯，如罪犯改造态度有较大反复的或罪犯改造客体的诊断罪犯本人不认可的，均需返回原矫正阶段。这些特点使传统的入监教育得到改造和强化，使其提升为一个重要的矫正程序，成为罪犯改造的一个重要阶段。

三是这种运行模式能使罪犯改造三要素实现紧密结合、高效互动。这种运行模式的治本式矫正阶段，作为外因性罪犯改造主体的监狱民警积极引导罪犯逐步成为其自我改造的主体，认真指导罪犯制订、实施其自我改造规划及实施方案；罪犯在制订和实施自我改造规划及实施方案过程中遇到困难和问题时，能及时寻求监狱民警的指导帮助。监狱民警对罪犯在实施自我改造方案过程中的进步表现能及时鼓励，对其不足能及时给予指导帮助；罪犯对监狱民警的鼓励和帮助及时反馈给监狱民警。使罪犯改造外因性主体的警察与罪犯改造内因性主体的罪犯能紧密结合、良性互动。同时在这一改造阶段监狱能因人而异地综合运用各种改造手段和矫正技术推动罪犯分类改造和个体化改造。对将要推广应用的先进矫正技术能及时对监狱民警及相关罪犯进行集中培训，并在培训中认真听取监狱民警及相关罪犯的意见和建议，使监狱民警能熟练掌握先进矫正技术，使相关罪犯能认清有关先进矫正技术的作用和效果，对监狱民警和相关的罪犯不认可的技术，或经过检验并不先进的技术则不予推广应用。使先进矫正技术能与两类改造主体紧密结合、良性互动。在这一重要的罪犯矫正阶段，由于监狱民警与相关罪犯对先进矫正技术均享有评价权、选择权和使用权等权利，相关罪犯并能将相关先进矫正技术的使用情况和效果及时进行反馈，使罪犯改造主体与罪犯改造客体能紧密结合、精准发力，形成良性互动。

这种综合运行模式由于具有各种特点，能推动罪犯改造三要素向一体性、高效性、协调性整体运行方向发展，推动罪犯改造工作不断深化，实现罪犯观的基本要求。

(四) 形成罪犯改造三要素指向性、高效性、一体性运行机制

为了适应构建罪犯改造三要素指向性、高效性、一体性运行格局的需要，要形成如下机制。

1. 形成激发罪犯自我改造积极性机制

在诊断式矫正阶段，通过开展认清犯罪危害性教育，引导罪犯与自己的犯罪行为彻底决裂，与自己的不认罪不悔罪的态度彻底决裂，与自己的犯罪意识、犯罪心理彻底决裂；帮助罪犯认真总结取得的改造成果，教育罪犯认清自身存在的自我改造的积极因素和消极因素，鼓励罪犯与旧我彻底决裂，激发罪犯自我改造的积极性。

2. 形成引导罪犯成为自我改造主体机制

在罪犯治本式矫正阶段，通过开展发动罪犯结合犯罪动机和犯罪恶果自查自找个体犯罪原因和根源，找准藏于灵魂深处的自我改造客体活动。在这一活动过程中监狱民警要依据对罪犯人身危险性测评结果帮助罪犯找准自我改造客体；同时指导罪犯依据其自我改造客体的实际情况制订自我改造规划及实施方案，并指导监督罪犯实施自我改造规划及实施方案，引导罪犯成为其自我改造的主体。

3. 形成罪犯改造主体与罪犯矫正技术紧密结合机制

通过建立有一线民警参与并尊重其选择权的罪犯矫正技术筛选制度；建立罪犯对矫正技术享有选择权、评议权和使用权的罪犯矫正技术使用制度；建立罪犯定期反馈矫正技术使用效果等制度建设，形成罪犯改造主体与罪犯校正技术紧密结合机制。

4. 形成罪犯改造主体与罪犯改造客体紧密结合、精准发力的良性互动机制

通过建立心理测验与罪犯自我诊断相结合，以综合诊断为主，并保留罪犯享有选择权的罪犯改造客体诊断制度；建立罪犯自主选择矫正项目和矫正技术，监狱民警规范使用罪犯校正技术制度；建立罪犯矫正技术使用效果评估制度等系列制度建设，形成罪犯改造主体与罪犯改造客体紧密结合的良性互动机制。

当然，实现罪犯改造三要素指向性、高效性、一体性运行格局，不仅要有体制、机制保障，还要有改造条件、氛围保障。这些保障条件主要有

监狱改造硬件条件、监狱改造的政策环境、监狱人民警察素质、监狱改造的人际关系及氛围状况、监狱改造的文化条件和环境条件等。

## 第四节 罪犯观的改造罪犯根本方法

改造罪犯的方法有很多种，那么罪犯观指出的改造罪犯的根本方法到底是什么？这个根本方法的实践要求又是什么？

本节将通过研究分析以下几个问题，从中找出答案。

### 一、罪犯观揭示的改造罪犯的根本方法综述

前文我们已经讨论过罪犯改造有两类改造主体，一类是以监狱民警为主导的外因性罪犯改造主体，他们是罪犯改造的指导、监督主体；另一类是内因性罪犯改造主体，指罪犯个体是其自我改造的主体；而且我们还讨论过罪犯观的核心是认识、改造罪犯的人身危险性。而改造罪犯的人身危险性说到底就是在罪犯改造实践活动中要把罪犯的人身危险性作为罪犯改造客体。可见，罪犯观的核心实质就是罪犯改造主体认识、改造罪犯改造客体。展开来说，罪犯观的核心就是罪犯改造外因性主体引导罪犯成为自我改造主体，推动罪犯积极进行自我改造。因此，罪犯观所要求的改造罪犯的根本方法就是，罪犯改造外因性主体引导罪犯成为自我改造主体，推动罪犯积极进行自我改造的方法。简言之，就是引导罪犯成为自我改造主体，推动罪犯积极进行自我改造的方法。这种罪犯改造的根本方法具有以下几个特性。

（一）根本性

毛泽东在《矛盾论》中指出“外因是变化的条件，内因是变化的根据”。可见，内因的变化是事物的根本变化。引导罪犯成为自我改造主体，推动罪犯积极进行自我改造的方法，是推动内因变化的方法，因而是罪犯改造的根本方法。罪犯改造的一般方法，如说服教育的方法、政策感化的方法，给出路有奔头的方法、帮助的方法、批评的方法、劳动改造的方法等具体改造方法，都是为调动罪犯的积极性，引导罪犯成为自我改造主

体，推动罪犯积极进行自我改造的根本方法服务的，是附属性的方法。

（二）唤醒性

引导罪犯成为自我改造主体，推动罪犯积极进行自我改造的方法，是启发罪犯的觉悟，激发罪犯改造积极性、自觉性，唤醒罪犯良知的方法，唤醒罪犯坚定地走悔过自新之路的方法。比其他罪犯改造方法更具唤醒性、引导性。其理论根据是大多数罪犯的人性并没有完全泯灭，只要我们积极唤醒，总会燃起希望之光的。

（三）理论性

引导罪犯成为自我改造主体，推动罪犯积极进行自我改造的方法，其理论根据很充分，既有“外因是发展变化的条件，内因是发展变化的根据”为总的指导理论，又有毛泽东论罪犯改造方法的具体指导为支撑。特别是毛泽东关于“要启发人的觉悟，发挥他的积极性”“做好人的工作，使他们觉得有个奔头，能够愿意改造”“要他们自觉改造，不能只靠强迫、压服”的论述，是指导罪犯进行自我改造，推动罪犯积极进行自我改造方法的具体指导理论，这些理论使我们茅塞顿开，豁然开朗。

（四）强制性

罪犯由于深陷犯罪泥坑而不能自拔，因此罪犯改造必须经过强制改造阶段，然后才能进入自觉改造阶段。监狱改造罪犯的强制性主要表现为“监狱对罪犯应当依法监管，根据改造罪犯的需要，组织罪犯从事生产劳动，对罪犯进行思想教育、文化教育、技术教育”“罪犯必须严格遵守法律、法规和监规纪律，服从管理，接受教育，参加劳动”。监狱的这些活动要求都是带有强制性的，彰显的是刑罚的惩罚性，没有这种公正的惩罚性，监狱就不称其为监狱。但是在中国监狱除了具有惩罚性的一面之外，还具有改造罪犯的一面，而且改造罪犯是监狱的根本职能。罪犯由于长时期过着放荡不羁的生活，入狱后在很长一段里面对服刑生活感到不适应，处于被动接受改造状态，没有自我改造的自觉性。只有在监狱民警的不断教育帮助和引导之下，罪犯才能逐步将监狱的要求内化为自身的改造需要，成为自我改造的主体。因此，引导罪犯成为自我改造主体，推动罪犯积极进行自我改造是改造罪犯的根本方法，同样要以执行刑罚的强制性为前提。只靠强制，没有说服引导不行。反之，只有说服引导，没有执行刑罚的强制性也不行。

## 二、罪犯观揭示的改造罪犯根本方法的实践要求

罪犯观揭示的改造罪犯根本方法的实践要求，概括起来主要有以下几点。

### （一）监狱人民警察要成为罪犯改造的指导监督主体

监狱民警要成为罪犯改造指导监督主体，要认真解决好以下几个问题。

#### 1. 对监狱民警的主体地位及相关问题要准确定位

现在，一般认为监狱民警是改造罪犯的主体。这种定位虽然不能说是不正确的，但这种定位显然是不准确的。这样定位容易使人误解为监狱民警是改造罪犯主体，而罪犯则是被改造对象，即罪犯是改造客体。而实际上，罪犯改造客体是罪犯身上存在的再犯因素及再犯根源，罪犯只是罪犯改造客体的载体，而不是罪犯改造客体。还有一种说法是罪犯既是罪犯改造主体，又是罪犯改造客体。这种说法容易使人感到困惑，弄不清罪犯到底是罪犯改造的主体还是客体。我们认为应该依据《矛盾论》中内因和外因作用理论来界定谁是罪犯改造主体。据此，我们认为，监狱民警是罪犯改造的外因性主体，是指导、监督罪犯改造的主体，是罪犯改造的外因，是罪犯改造的条件。而罪犯则是罪犯“自我改造的主体”，是内因性的主体，是罪犯发展变化的根据。

#### 2. 要深度了解认识罪犯

监狱民警要想当好指导、监督罪犯改造的主体，就要深度了解认识罪犯，一般的了解认识不行。其要点有以下几点。

（1）了解罪犯的犯罪史。重点是犯罪动机、犯罪后果、犯罪手段和犯罪原因。

（2）要了解罪犯的人格特点是什么。重点是罪犯信奉什么样的人生观、价值观、道德观，有什么样的人生需求；罪犯性格特点是什么，有什么弱点，有什么优点；罪犯的智力状况、认知水平等。

(3) 要了解罪犯的现实表现，并查明现实表现原因。

(4) 要了解罪犯特殊的习俗、特殊的忌讳及其他有别于他犯的特殊点等。

(5) 了解罪犯的现实心理需求，要深入了解罪犯改造需要哪些帮助、指导等。

3. 要与罪犯形成相互信任的良好氛围

这种良好的相互信任氛围，是监狱民警做好指导、监督罪犯改造的重要前提。建立这种相互信任的关键在监狱民警，不在罪犯。监狱民警为了取得罪犯信任，要认真做到以下几点。

(1) 能够客观地了解认识罪犯，能够公正公平地处理罪犯改造中发生的各种问题，真正做到以事实为依据，以法律为准绳，避免主观性和片面性；

(2) 监狱民警自身必须清正廉洁，在人品上堪为罪犯学习的榜样，就像当年我国战犯管理所的民警那样；

(3) 监狱民警对待罪犯，要像父母对待犯了错的孩子、医生对待病人、老师对待学生那样，做耐心细致的教育、感化、挽救工作。

只要监狱民警坚持按照这些基本要求去做，最终都能获得罪犯的信任。

### (二) 要不断鼓励罪犯改造的积极性、自觉性，引导罪犯成为其自我改造的主体

鼓励罪犯改造的积极性、自觉性，引导罪犯成为其自我改造主体是一个实践过程。在这个过程中，监狱民警要坚持做好以下几项工作。

(1) 要形成激发罪犯成为其自我改造主体的机制，形成强大的内驱力。

(2) 要鼓励罪犯改造的积极性和自觉性，依靠外驱力强化其内驱力。主要形成系统的激励制度，如目标激励制度、奖惩激励制度，强化其内驱力。

(3) 要对罪犯改造的积极性、自觉性，定期开展评估。依靠评估促进罪犯总结自我改造的经验教训，挖掘自我改造的潜能，增强其自我改造的信心。这种罪犯改造积极性、自觉性评估包括罪犯自我评估、他犯互评、监狱

综合评估等评估活动，以此巩固罪犯自我改造成果，增强其改造信心。

（4）要发现和培养罪犯身边的自我改造先进典型，使罪犯学有榜样，赶有目标。在罪犯中形成自我改造的比学赶帮活动，形成罪犯自我改造常态化氛围。

（三）要建立、健全罪犯改造社会支持系统

美国著名犯罪学家弗朗西斯·卡伦在深入分析社会控制理论局限性的基础上，结合社会支持理论提出了犯罪学社会支持理论。该理论假设："人既有自私和犯罪的动机，因此需要控制；人又有利他及接受和给予支持的潜力，因此需要帮助其发挥潜力。当这种给予并接受支持的潜力得以实现时，犯罪的危险性就会降低。社会支持对预防和减少犯罪能起到直接的作用，也可以通过影响其他变量对预防和减少犯罪产生间接性的影响。"① 我国对罪犯开展的社会帮教和家属帮教的实践也证明，这种社会支持，对罪犯的悔过自新有很大推动作用。

根据社会支持理论和我国对罪犯开展的社会帮教实践，社会支持主体包括参与社会支持行动或发生社会支持行为的一切社会组织和个人。社会组织包括政府、企业事业单位、社会团体、家庭、个人的社会关系网络等。根据我国对罪犯开展的社会帮教实践证明，影响力较大的是以下主体：罪犯居住地政府、社会学家心理学家、家属和具有专业知识的社会志愿者，我们要依据我国国情进一步建立健全对罪犯帮教的社会支持系统，并在深入总结我国对罪犯开展的社会帮教经验的基础上强化社会支持系统工作。

① 山东省监狱管理局课题组：《罪犯矫正社会支持系统研究》（上），载《中国监狱学刊》2015年第6期，第12-13页。

# 第六章　罪犯观的价值及应用

## 第一节　罪犯观揭示了罪犯改造原理和规律

罪犯改造原理和罪犯改造规律是广大监狱人民警察最为关注的重要理论问题，也是监狱理论界最为关注的热点问题之一。本章将在初步归纳和分析罪犯观内容的基础上，探讨关于罪犯改造的原理和规律。

### 一、罪犯观揭示的罪犯改造原理

#### （一）罪犯改造原理学术研究动态

原理，一般是指探求阐发客观规律的观点、命题和理论。原理有比较深刻的，也有相对粗浅的；有基本原理，也有特殊原理。每门科学都由一系列原理构成。[①] 罪犯改造原理，是指揭示认识、改造罪犯规律的观点和理论。关于罪犯改造原理的专著目前还没有，但在很多教材和有关学术论文中都有专题论述。有论述基本原理的，也有论述特殊原理的。目前已经达成共识的是大家一致认为“罪犯是可以改造的”的理论观点是罪犯改造原理。在夏宗素教授主编的《监狱学基础理论》中用了一节的篇幅作了专题论述。在贾洛川教授主编的《罪犯教育学》中对罪犯教育的可能性也作了专题论述。

#### （二）罪犯观揭示的罪犯改造原理

罪犯观的内容及其基本内涵所揭示的罪犯改造原理，主要有以下

① 冯锲：《哲学大辞典》，上海辞书出版社 2007 年版。

几点。

1. 罪犯是人

这个理论说明罪犯具有人的一般属性，其观点在罪犯观内容中已有论述。该理论认为，罪犯是人，不是物，不是牲畜，更不是魔鬼。指明罪犯是什么，不是什么，是对罪犯身份的正确界定。

罪犯是人的内涵是指罪犯是现实的具体的人，是生物人和社会人的统一，既具有生物人所有的生理生物特点，同时又具有社会人所有的社会性特点，如都生活在一定的社会文化之中，生活在一定的社会关系之中，不是孤立存在的人。从而揭示了罪犯是既具有生物属性又具有社会属性的人。

罪犯是人的政治含义是指罪犯是国家公民，罪犯的人格尊严不受侵犯，罪犯依法享有未被法律剥夺的一切公民权利，同时履行法定义务。

这种理论观点是认识、改造罪犯的逻辑起点，是罪犯能否改造、罪犯改造什么、罪犯怎样改造以及罪犯的改造主体、客体是什么等命题的理论基础，是制定罪犯改造方针、政策的根据。

2. 罪犯需要改造

这个理论说明罪犯具有需要改造性，其观点在罪犯观内容中已有论述。该理论认为，罪犯具有人身危险性。人身危险性在我国一般将其界定为再犯的可能性。罪犯的人身危险性是指在罪犯的个人情况中所包含的再犯主要因素及相关因素。罪犯需要改造理论进一步指出，罪犯需要改造性特征是罪犯的本质特征，是罪犯与社会普通公民的本质区别。因此，罪犯需要改造理论揭示了认识罪犯应该认识什么，改造罪犯应该改造什么，是认识和改造罪犯的指导理论。

3. 罪犯可以改造

这种理论观点在罪犯观内容部分有详细论述。罪犯到底能不能改造这一问题存在两种根本对立的观点，这种理论观点旗帜鲜明地认为罪犯是可以改造的，不是不可以改造的。

这种理论观点指出，可以改造的内涵是指把罪犯由消极因素转变为积极因素，由破坏因素转变为有利因素，由有罪之人转变为新人，使罪犯发生质变；指出可以改造的外延是大多数罪犯，认为大多数罪犯是可以改造好的，改造不好的罪犯只是极少数。既界定了“可以改造”概念的内涵，又界定了“可以改造”概念的外延，与形形色色的不可改造论彻底划清了界限。

这种理论观点指出罪犯可以改造是有条件的。可以改造的外部条件是指监狱作为刑罚执行主体，要有好的政策、方法；可以改造的内部条件是指罪犯作为自我改造主体，有可以改造的主动性和积极性。因此罪犯改造要积极创造这两个必要条件，并使其紧密结合。

这种观点指出罪犯可以改造又不容易改造。这种辩证的观点是认为罪犯发展变化的总趋势是向好的方面发展变化的，是可以改造的；同时认为罪犯发展变化过程、道路又是曲折的，是波浪式前进的。这种观点明确地指出罪犯可以改造，也不容易改造，改造的时间要长。这就避免了两种极端的认识，要么认为罪犯不可以改造，要么认为罪犯很容易改造。前一种极端容易丧失改造罪犯的信心，后一种极端容易忽视改造的难点和找不准改造的着力点，容易犯急性病。

上述这些观点说明，罪犯可以改造的理论，不是对可以改造问题的只言片语，而是对改造问题认识的理论体系，它既指明了罪犯可以改造的内涵和外延，指明了可以改造的必要条件，可以改造的政策方法，又指明了可以改造的不容易性，是对可以改造理论的系统阐发和深刻的论述。是罪犯改造问题重要的理论基础。只要可以改造这个命题确定了，其他改造问题，如罪犯改造什么，谁是罪犯改造主体，罪犯怎样改造等问题，才有进一步研究的必要；如果这个命题不确定，其他问题就失去了存在的基础。可见罪犯可以改造理论是罪犯改造理论整体的基石，是指导罪犯改造实践的基础理论。

### （三）罪犯观揭示的罪犯改造原理的主要特性

#### 1. 视角的差异性

罪犯观所揭示的罪犯改造原理均以罪犯改造活动为视角，包括教育改造、劳动改造、管理改造、心理矫治、文化改造、社会适应性训练等项改造活动。这种罪犯改造原理的研究范畴要比教育改造原理研究范畴宽，比监狱工作原理的研究范畴窄，不像监狱工作原理那么宽泛。

2. 系统性

人的社会实践是一个不断延续的历史过程，人们对社会实践的认识也是一个不断深化的过程。原理是在实践的基础上随着人们对客观规律认识的发展而不断发展的。每门学科都要由一系列原理构成。罪犯观所揭示的罪犯改造原理也是由一系列原理构成的，是一个系统性的理论体系。我们所总结出的罪犯观原理只是这个理论系统中的几个。这几个原理是在长期实践的基础上对罪犯改造规律的总结，今后随着罪犯改造社会实践的发展还会发现新的罪犯改造原理。实践证明，罪犯改造原理是一个不断发展变化的开放系统。

3. 指导性

罪犯改造原理是阐发如何进行罪犯改造的理论，因而对罪犯改造社会实践具有重要的指导作用，是罪犯改造活动的重要指导理论。这种重要原理的指导作用主要体现在两个方面，一是在罪犯改造活动中要尊重客观规律，坚决不做违背客观规律的事，用一句古话来说，就是不冒犯天规、不违犯天规；二是指自觉地运用罪犯改造原理指导罪犯改造社会实践，创新发展罪犯改造的手段、路径、措施和方法，创新发展罪犯改造管理体制、机制，创新发展罪犯改造的软硬件条件，使之更适合罪犯改造规律。同时也用这些罪犯改造原理指导监狱队伍建设、思想建设和业务建设，提高监狱警察的政治素质、专业素质和作风素质，适应罪犯改造工作需要。

4. 局限性

任何原理都是有条件的，比如，我们在中学时代学化学时知道水可以分解为 2 个氢原子和 1 个氧原子的原理，它的存在条件就是高温高压下水才能分解，在常温常压下水永远是分子水。罪犯改造原理也同样是有条件的，罪犯可以改造的原理是有条件的，已为我们所熟知，这里不再赘述。下面我们着重分析罪犯需要改造原理也是有条件的。这个条件是罪犯的再犯因素和再犯根源没有消除之前罪犯就存在人身危险性，再犯的因素和根源都消除了，罪犯的人身危险性就不存在了。其他罪犯改造原理也是有条件的，我们就不一一分析了。认识罪犯改造原理是有条件限制的，我们认识任何原理都有其局限性，都有其适用的范围，这个范围既不能扩大，也不能缩小。

## 二、罪犯观揭示的罪犯改造规律

辩证唯物主义认为规律是事物、现象之间普遍的、本质的联系，决定着事物发展的方向和趋势。规律具有稳定性、重复性的特点。事物发展的动力来源于事物内部矛盾，矛盾规律是事物存在和发展的根本法则。罪犯改造规律是指罪犯改造过程中某些现象之间普遍的、本质的联系和发展趋势。为了探求罪犯改造规律，我们将分别研究讨论以下几个问题。

### （一）罪犯改造规律学术研究动态

在监狱学研究领域，罪犯改造规律的专论很少见到，但与罪犯改造规律相关的学术研究却不少。其中影响比较大的是王明迪主编的《中华人民共和国监狱史》（第二次送审稿）中指出，新中国监狱工作的主要特色有以下几点。

第一，将监狱改造罪犯工作纳入无产阶级的历史使命之中。

第二，不搞单纯的惩罚，将改造罪犯作为监狱工作的出发点和归宿。

第三，综合运用教育、劳动、管理三大手段；全面促进罪犯的改造。

第四，把保障罪犯权利落实到“将罪犯改造成为守法公民”的最终成果上。

该书稿同时指出，监狱工作规律主要有以下几点。

第一，监狱工作与党的路线、党和国家重大决策相一致的规律。

第二，监狱工作与国家的经济、社会建设紧密相连、协调发展的规律。

第三，坚信“人是可以改造的”与运用正确的政策方法相结合推进改造工作规律。

第四，罪犯改造工作与社会犯罪态势和罪犯构成变化相适应的规律。

杨殿升、张金桑主编的《中国特色监狱制度研究》指出，中国监狱制度的特色有以下几点。

第一，以改造人为宗旨。

第二，把监狱办成特殊学校。

第三，注重思想教育。

第四，通过劳动改造罪犯。

第五，发挥狱政管理的矫治、养成作用。

第六，激励罪犯在希望中改造。

第七，对罪犯实行人道主义。

第八，运用社会力量改造罪犯。

第九，重视监狱人民警察队伍建设。

第十，保护刑满释放人员的公民权利。

贾洛川主编的《罪犯教育学》（第二版）中指出，罪犯教育的具体规律有以下几点。

第一，由强制教育到自觉改造规律。

第二，在罪犯教育活动中，警察的主导与罪犯的主动作用相统一的规律。

第三，罪犯教育的整体运行规律。

第四，调控各种影响因素，形成正向合力的规律。

这些重要的研究成果，有的给出了监狱工作一般规律，有的则没有给出罪犯改造规律的具体答案，都为罪犯改造规律的研究探索指明了方向、路径和方法，有不少可资借鉴之处。

### （二）罪犯观揭示的罪犯改造规律

#### 1. 强制改造向自觉改造转化的规律

罪犯观的罪犯需要改造理论及相关理论认为罪犯具有人身危险性，罪犯个体中存在着再犯的主要因素和相关因素，具有犯罪倾向，犯罪恶习较深。这些理论揭示，罪犯改造不会自发地进行，需要从强制改造开始，通过强制性教育、管理、疏导，提高其觉悟，使其与犯罪行为、犯罪道路决裂，认罪悔罪，端正服刑改造态度。经过这样一个强制改造阶段才能进入自觉改造阶段。

罪犯观的“罪犯是人”的理论揭示，罪犯不只是被动的受教育者、受改造者，而是有头脑会思维、有自我意识、有改恶从善需求、有主观能动性的现实中的人。在国家正确的改造方针、政策的感召下，在监狱民警坚持不懈的教育、引导之下，罪犯改造的积极性和自觉性会不断提升，经过努力能够将被动接受改造转变为自觉进行改造，通过强制改造实现自觉改造。

综上所述，强制改造向自觉改造转化的罪犯改造规律，是指罪犯的强制改造是必需的步骤，没有强制改造，罪犯的自觉改造就无从谈起。但罪犯改造没有罪犯的自觉改造更不行，没有罪犯的自觉改造，罪犯改造将不能深化，将不能消除其人身危险性，使其不再违法犯罪。正确的选择是将强制改造转化为罪犯的自觉改造。转化不是任意的，必须具备一定的条件。推动罪犯改造转化的外部条件是监狱要认真贯彻执行国家的罪犯改造方针、政策并积极营造有利于罪犯改造的一切外部条件，监狱民警要积极做好罪犯的教育、引导工作，提高罪犯改造的积极性和自觉性。推动罪犯改造转化的内部条件，如上所述，是罪犯在监狱民警的教育帮助下，与犯罪行为、犯罪道路决裂，真诚认罪悔罪，端正服刑改造态度，由被动接受改造转化为自觉进行改造的自我改造主体，积极进行自我改造。

2. 罪犯改造三要素运行规律

罪犯观的基本要求揭示，实现罪犯改造目标改造好罪犯，罪犯改造三要素要形成良性运行格局。具体内容已在第五章有了详细论述，不再重复。罪犯改造三要素良性运行的主要特征是形成罪犯改造三要素指向性、一体性、高效性运行格局，其中，指向性特性是方向性特性，是指罪犯改造三要素在运行中要始终把罪犯改造活动的方向指向罪犯改造客体，是反映罪犯改造三要素运行方向的要求。高效性特性是效果性特性，是指罪犯改造三要素在运行中要有好的效果，是反映罪犯改造三要素运行效果的要求。一体性特性是关系性特性，是指罪犯改造三要素在运行中要协调统一、形成相互依存、相互适应、相互推动的对立统一整体，是反映罪犯改造三要素运行不仅各要素要充分发挥作用，而且要发挥二要素的合力效应和三要素的整体效应，是对运行质量的要求。可见，罪犯改造三要素指向性、一体性、高效性运行格局，既反映了罪犯改造运行的方向维度的要求、质量维度的要求，又反映了效果维度的要求，罪犯改造三要素这种三维架构格局揭示了罪犯改造三要素运行的总的趋势，揭示了罪犯改造三要素的运行规律。

3. 监内改造与社会改造同步规律

罪犯观“罪犯有社会致罪因素”的观点指出，根据犯罪学的研究，整体犯罪现象原因，除了犯罪个体原因之外，还有犯罪的自然原因、文化原因和社会原因；具体犯罪行为原因除了犯罪个体因素之外，还有学校教育、家庭教育、社会传媒的影响等社会因素。罪犯在监内服刑改造，只能消除或减少个体致罪因素，不能消除罪犯致罪的社会因素。而根除阻碍社会发展的种种弊端，消除犯罪的经济根源和社会根源则是有计划的社会变迁的任务，即有计划的社会改造的任务。罪犯观揭示罪犯改造应与社会改造同步；同时揭示，如果不通过社会改造消除或者有效控制这些社会致罪因素，有些罪犯刑满回归社会以后，在这些社会致罪因素刺激之下还可能重新犯罪。即使这些人不重新犯罪，在这些诱发犯罪的社会因素刺激之下，社会上其他人还可能犯罪，预防犯罪的特殊预防和一般预防都不能取得预期效果。从而揭示罪犯改造与社会改造同步是罪犯改造、社会发展的必然趋势，是罪犯改造的一个发展规律。

4. 监内改造与社会帮教相结合规律

在前文我们提出了罪犯改造需要监内改造与社会帮教相结合的观点，认为监狱教育改造罪犯具有系统教育优势、科学管理优势、专业人才优势、改造手段方法等优势。但监狱受其职能的局限和地域的局限，对一些因社会因素引起的罪犯心理障碍和思想障碍问题，对一些有罪不认长期闹申诉的问题和罪犯改造期间家庭出现的新情况、新问题等实际问题，解决起来颇有些力不从心。而以地方政府为主导的社会帮教组织，解决这些问题却比较容易。通过开展社会帮教，能帮助罪犯进行认罪悔罪；能帮助罪犯排忧解难，解决后顾之忧；能广泛开展为罪犯送温暖活动，向罪犯表达社会关爱；能为罪犯搭建情感交流平台，满足罪犯归属感和亲情关爱的需求。

这个理论观点揭示。

（1）实行狱内改造与社会帮教相结合，能使双方各展其长，各补其短，充分体现加法效应。

（2）实行狱内改造与社会帮教相结合，既能满足罪犯改造需要，满足社会各界帮助、教育罪犯的需要，又能满足监狱期盼社会参与的需要，具有旺盛的生命力。

（3）实行狱内改造与社会帮教相结合，符合监狱实现法制化、科学化、社会化建设的“三化”要求，是监狱改造建设的发展趋势。

由此可见，实行狱内改造与社会帮教相结合，揭示的是罪犯改造的发展趋势，是罪犯改造的规律。

5. 罪犯矫正技术综合使用、择优使用规律

罪犯观内容中“罪犯是有犯罪倾向之人”的观点指出，投入监狱改造的罪犯罪行严重、犯罪的倾向性较大、改造难度较大。单一改造手段和措施很难奏效，需要多种矫正技术综合使用。同时指出，目前矫正技术正处在创新发展期，国内外矫正技术市场良莠不齐，需要精心筛选，择优使用。

罪犯矫正技术综合使用观点揭示，投入监内改造的罪犯罪行严重、犯罪倾向性较大、改造难度较大，是监内罪犯改造的常态，是总的发展趋势，因而罪犯矫正技术综合使用也将是常态，是总的发展趋势，是罪犯矫正技术应用规律。

罪犯矫正技术择优使用观点揭示，目前罪犯矫正技术正处在创新发展期，国内外罪犯矫正技术市场良莠不齐的现象也是一种常态，是一种必然趋势，因而罪犯矫正技术择优使用也将是常态，是必然发展趋势，是罪犯矫正技术使用的规律。

6. 罪犯改造的对立统一规律

对立统一规律，又叫矛盾规律，矛盾规律是事物存在和发展的根本法则。为了做好罪犯改造工作，我们必须分析研究罪犯改造中特有的矛盾规律，用以指导实践。在构建罪犯观科学体系过程中，根据对立统一规律，我们要着重厘清以下几个问题。

(1) 罪犯内在的主要矛盾。

罪犯内在的矛盾是多方面的，有一般人的多种矛盾，也有罪犯特有的多种矛盾。除了罪犯本身的内在矛盾，还有与外部联系中发生的多种矛盾(与社会、家属、监狱工作人员、其他罪犯等)。在多种矛盾中，与罪犯改造相联系的矛盾，应该是罪犯的主要矛盾。在上篇里我们已经讨论过，这个与改造目标联系紧密的矛盾，就是从入监直到刑满释放始终都存在的走重新做人的道路还是走继续犯罪道路的矛盾，即重新做人的积极因素与继续犯罪倾向的消极因素的矛盾，简称为重新做人倾向与继续犯罪倾向的矛盾。矛盾的两个方面都体现在人生观、价值观、道德观、法制观、人格品

质、个性心理等问题上。积极因素是贡献第一、需求第二的人生观、价值观，有道德意识、法制观念，有健全的人格和健康的心理。消极因素是极端利己主义、享乐至上的人生观、价值观，道德、法制观念缺失，人格品质缺陷，不良性格，不健康心理。我们对罪犯的教育改造工作，就是要不断激发罪犯的积极因素，教育、引导罪犯用积极因素战胜消极因素，鼓励罪犯弃恶扬善，破旧立新。

（2）罪犯内在矛盾的同一性与斗争性。

对立统一规律告诉我们，矛盾的同一性是指一切矛盾着的东西，互相联系着，不但在一定条件下共处于一个统一体之中，而且在一定条件下互相转化。矛盾的斗争是指“互相排斥的对立的斗争”，即“一切过程都有始有终，一切过程都转化为它们的对立物。一切过程的常住性是相对的，但是一种过程转化为他种过程的这种变动性则是绝对的”。[①] 应用这个理论认识罪犯内部的矛盾性，认为罪犯内在矛盾的同一性是指罪犯主要矛盾的两个方面，即罪犯重新做人的积极因素与罪犯继续犯罪倾向的消极因素，简称罪犯重新做人倾向和继续犯罪倾向，共处一体，都存在于罪犯身上，并在一定条件下互相转化。罪犯内在矛盾的斗争性是指罪犯重新做人倾向和继续犯罪倾向的斗争是绝对的，在一定条件下相互转化的过程也是绝对的。认清罪犯内在矛盾的同一性和斗争性，监狱及其民警就要更加自觉地做好罪犯改造的两个方面的工作，一方面要认清罪犯身上存在的继续犯罪倾向问题，认清罪犯犯罪倾向形成的原因，并采取针对性的矫正技术，指导、帮助罪犯进行认真矫正；另一方面要启发罪犯的觉悟，激发罪犯身上存在的重新做人的积极因素，并指导、帮助罪犯用其自身的积极因素战胜其继续犯罪倾向的“犯因性需求”问题，积极创造条件推动罪犯进行自我改造。这两方面的工作都很重要，都要认真做好，要两手抓两手都要硬，不要只做好一个方面的工作，不做好另一个方面的工作。

（3）罪犯改造要坚持“两点论”和“重点论”的统一。

“两点论”就是既要看到主要矛盾和矛盾的主要方面，又不要忽视次要矛盾和矛盾的次要方面，否则就要犯片面性的错误。“重点论”就是善

---

① 毛泽东：《矛盾论》，人民出版社 1975 年版。

于抓住和集中力量解决事物中的主要矛盾和矛盾的主要方面，不要平均使用力量。坚持“两点论”和“重点论”的统一，就是统筹兼顾，抓住中心，以中心带动其他。

①统筹主要矛盾和次要矛盾。罪犯破旧立新的矛盾，是罪犯改造的主要矛盾，在罪犯改造的诸多矛盾中处于支配地位，起主导、决定作用；其他矛盾则处于次要、非主导、从属地位。全力抓住和解决这个主要矛盾，就能带动其他矛盾的解决。同时也要认真解决好其他矛盾，不仅要防止其他矛盾干扰主要矛盾的解决，而且要解决好其他矛盾，发挥它们的同步、配合作用，促进罪犯内在主要矛盾的解决。

②破旧和立新同时抓。罪犯内在的积极因素和消极因素两个方面的发展始终是不平衡的，因此在罪犯改造过程中由于矛盾双方的主、次地位的相互转化，会出现前进和倒退两种趋势。为了防止倒退，保持前进的趋势，必须破旧和立新同时抓。特别是在改造初期，消极因素大于积极因素，成为矛盾的主要方面，形成改造工作的阻力，因此必须重点抓好对消极因素的清除；要破中有立，要在清除消极因素的同时，扩大积极因素。要使积极因素逐步成为矛盾的主要方面，主导罪犯向适应社会发展潮流的方向发展。

③注重抓好主流，也不忽视支流。罪犯改造过程中有主流也有支流，重点抓好罪犯积极因素的成长壮大，同时也不能忽视支流问题，要抓好支流向主流转化，继续保持前进的趋势。矛盾的双方始终是对立的统一，罪犯改造过程中主流和支流始终是相互排斥、相互限制、相互否定。因此，罪犯的破旧立新不会一帆风顺，有反复是正常的，其过程是一个曲折发展的过程。

（4）罪犯改造工作要处理好内部矛盾和外部矛盾的关系。

矛盾是事物发展变化的原因，作为自我改造主体的罪犯，其内部矛盾是其发展变化的动力，决定着其发展变化的方向和性质。这就是罪犯必须进行自我改造的根据，同时，罪犯的内部矛盾不是孤立的，罪犯与外界联系中形成的外部矛盾是其发展变化的必要条件。作为罪犯改造外因主导主体的监狱及其民警对罪犯改造要实行监督和管理，推动罪犯由强制改造转变为自觉改造。社会有关部门及罪犯家属等也要参与罪犯改造，做到同步、有效。罪犯改造外因的积极作用主要表现在，通过加强或削弱罪犯内部矛盾的某一方面，从而影响和推动罪犯改造，推动罪犯转化成为新人。

（三）罪犯观揭示的罪犯改造规律主要特性

1. 视角的差异性

罪犯观所揭示的罪犯改造规律是以罪犯改造活动过程为视角，揭示的是罪犯改造活动过程规律，这一研究范畴比监狱工作规律要窄，监狱工作除罪犯改造工作外，还有监狱政治工作、监狱后勤保障等工作。这一研究范畴比教育改造规律的范畴要宽，除罪犯教育改造之外，还有劳动改造、监管改造、文化改造等活动，构成罪犯改造活动的整体。而教育改造只是罪犯改造活动的一部分。这是指罪犯改造规律与监狱工作规律及罪犯教育改造规律的区别，当然这三者之间也有一些共同点或相似点，有一定的关联性，不是各自孤立存在的。

2. 稳定性

规律决定着事物发展的方向和趋势，具有稳定性的特点。罪犯改造规律揭示的是罪犯改造发展的方向和趋势，同样具有稳定性的特点。其稳定性在时间维度上，不是罪犯改造某个阶段有，某个阶段没有，而是整个改造过程始终存在；其稳定性在空间维度上不是只在某地有，在别的地区没有，而是在中国每个罪犯改造地区都存在。如我们上面指出的“强制改造向自觉改造转化规律”，在我国改造日本战犯时期体现了这个规律，在改造反革命犯时期体现了这个规律，在现阶段改造各类刑事犯的过程中也体现了这个规律，而且这个规律在全国各地都能体现，其稳定性特点极其明显。

3. 条件性

规律是有条件的，只要是具体必要的条件，合乎规律的现象就必然存在。物理学上的作用力与反作用力规律是作用力相等，方向相反。这个规律存在的条件是一个物体作用于另一个物体，物体之间没有这种作用，作用力与反作力规律就不存在。罪犯改造规律的存在也都是有条件的。只要具备了这些必要条件，这些合乎规律的现象就必然存在，不具备这些必要条件合乎规律的现象就不会存在。如上面揭示的罪犯矫正技术综合使用、择优使用规律。综合使用规律形成的必要前提就是投入监狱改造的罪犯罪行严重、犯罪倾向性较大，而且犯罪倾向性的因素是多元的，改造难度较大，只要这个必要前提存在，罪犯矫正技术综合使用规律就存在，不存在这个必要条件，罪犯矫正技术综合使用规律就不存在。同理，罪犯矫正技术择优使用规律也是有其必要条件的，即存在其必要条件，择优使用规律就存在，不存在这个必要条件，择优使用的规律就不存在。

4. 实用性

辩证唯物主义认为，规律是人们从必然向自由飞跃的客观基础，人在客观规律面前并不是完全消极被动的。认为人们在实践中，可以认识或发现客观规律，并利用这种认识指导实践，即应用客观规律来改造自然、改造社会。我们揭示罪犯改造规律不是把它当摆设放在那里让人觉得好看，而是要运用这些规律指导罪犯改造社会实践，使罪犯改造社会实践取得更好的效果。如我们所揭示的“强制改造向自觉改造转化的规律”，是为了在罪犯改造的社会实践中积极创造由强制改造向自觉改造转化的条件，即监狱及其民警积极教育引导罪犯成为其自我改造主体，鼓励、指导、监督罪犯积极进行自我改造。如果我们在罪犯改造社会实践中能积极创造这个必要条件，按照这个规律办事，那么我们的罪犯改造社会实践就将取得事半功倍的良好效果。可见罪犯改造规律具有很强的指导性和实用性。

## 第二节　罪犯观指明了罪犯分类方向

罪犯分类是指按照一定的标准和方法，根据其相似性特征，将其划分为不同的类型。如按照性别，将罪犯划分为男犯和女犯，按照年龄将罪犯划分为成年犯和未成年犯等。罪犯分类是现代各国监狱的通常做法，各国都按照自己的社会制度和国情采用一定的标准对罪犯进行分类。本节重点研究按照罪犯观指明的罪犯分类方向，我们应该怎样构建我国的罪犯分类制度。为了扩大研究的视野，我们首先需要回顾罪犯分类发展历史，了解其发展趋势，在借鉴历史的基础上再研究怎么构建我国的罪犯分类制度。

## 一、西方国家罪犯分类发展历史综述

### （一）西方国家罪犯分类发展历程

据史殿国教授、冯昆英副教授等学者研究，西方国家罪犯分类制度产生于16世纪末，经历了三个重要历史发展时期。

1. 初创时期

16世纪末至18世纪末为罪犯分类制度的初创阶段。16世纪中期英国建立了矫正院、感化院，是罪犯分类制度的萌芽；1595年、1597年荷兰建立的男犯监狱和女犯监狱，对罪犯实行分类监禁，标志着罪犯分类制度的产生。1773年美国建成沃尔特街监狱，根据囚犯的性质对囚犯分别关押是罪犯分类制度初创时期的典型。

2. 形成时期

19世纪伴随资产阶级革命的成功，先进的刑罚思想空前活跃，影响了监狱制度，影响了罪犯的分类监禁，西方国家罪犯分类制度进入了形成时期。在此时期诞生于美国的“独居制”和“沉默制”被公认为世界监狱制度改革的里程碑。“独居制”最早实行于美国宾夕法尼亚州的费城监狱，又称“宾夕法尼亚制”或“宾州制”。当时的“独居制”分为严格独居制和缓和独居制两种类型。严格的独居制要求罪犯不许出监房，罪犯之间不许随意互进监房，也不许参加劳动。缓和独居制则要求罪犯在日间劳动时仍独居，但在运动、娱乐、教诲时可与其他罪犯在一起。西方监狱学理论认为：罪犯的改恶从善，必须在严格独居下才能成功。认为独居制的优点在于：使罪犯在独居的环境下，认识到刑罚的严厉；促使其悔过向善，同时避免相互之间的犯罪感染。“沉默制”要求罪犯夜间分房监禁，白天杂居劳动作业，但要保持绝对沉默，严禁罪犯之间交谈，避免发生相互争斗、预谋犯罪等。西方监狱学理论认为，沉默制的优点在于：禁止罪犯任意交谈，可避免罪犯相互之间犯罪感染。罪犯共同劳动作业可使罪犯社会适应力增强。这两种理论和实践对世界罪犯分类产生了广泛影响。在此期间，英国、德国、日本等国家也都大力推进以罪犯分类制度为主要内容的监狱制度改良。在此期间，从1846年起，国际监狱会议在罪犯分类制度中起了积极的推动作用。

3. 创新发展时期

从20世纪初开始西方国家罪犯分类制度进入创新发展时期。在20世纪前50年里，罪犯分类制度创造了诸如矫正模式、康复模式等多种创新模式。第二次世界大战后，罪犯分类制度进入快速发展期，罪犯分类方法、体系、理论得到全面创新。①

（二）西方国家罪犯分类现状

1. 西方国家罪犯分类制度

根据我国著名学者，我国西方犯罪学学科主要创建人吴宗宪研究员的研究，罪犯分类已经在很多国家普遍实行，成为科学管理监狱和有效矫正罪犯的重要手段，罪犯分类已经成为监狱工作人员最重要的日常工作之一。

根据伊迪斯·弗林的论述，有效的罪犯分类制度应当符合下列标准：

（1）必须清楚地说明分类制度的功能和目的；

（2）分类制度应当是动态的和有理论基础的，以便增强分类制度的预测能力、成功地减少累犯行为；

（3）分类制度所依据的假设必须是明确的；

（4）划分出的类型的关键变量必须是明确的，以便能够利用经验性方法检验这种分类制度；

（5）分类制度应当是有用的和灵活的，以便能够促进有效的管理和对资源的恰当利用。②

目前一些国家的罪犯分类制度，就是按照这个方向发展的。尽管各国和各地犯罪分类制度的具体内容可能有所不同，但它们都有一些共同点，如在对罪犯进行分类时，要根据具体的行为或者心理维度或者危险程度，划分出不同的类型；要求对从事罪犯分类的工作人员进行一定的训练等。

下面以英国监狱的罪犯分类制度为例说明这些共同点。

英国监狱通常分为A、B、C、D四种类型，其中A类型监狱关押最危

① 史殿国、冯昆英、任希全、王远红：《监狱学学科发展专题研究》，法律出版社2014年版，第42-43页。

② 吴宗宪：《国外犯罪心理矫治》，中国轻工业出版社2004年版，第126页。

险的犯人（目前有13所A类监狱），所有地方监狱和候押中心属于B类监狱，所有开放式监狱或者重新安置中心属于D类监狱，其余监狱属于C类监狱。

原则上，女犯和青少年犯罪人（指15~21岁的犯罪人）不参与正常的分类（如果被认为是最危险的犯罪人，这样的女犯和青少年犯罪人就会被关押到A类监狱）。这两类犯人有单独的监狱，即女犯监狱和青少年犯罪人矫正所；这两类监狱按照警戒度大体上分为两类：封闭式监狱和开放式监狱。

同时，对未决犯也不进行分类工作，民事犯人和拖欠罚金者一般被分到D类监狱。

①对成年男犯的最初分类。

对判决的成年男性犯罪人有可能被分到下列4类监狱中的一种。

第一，A类。

被分为A类的犯人，是那些最危险的犯人，他们逃脱之后会对公众、警察和国家的安全造成极大的威胁或者损害。只要犯人具有这样的可能性，那么，所有这样的犯人都有可能分为A类。

A类监狱由英国监狱管理局伦敦总部直接管理，关押到这类监狱的犯人，也是由该局下属的观察、分类与安置处直接评价和分类的。当监狱最初收押了被指控或者判断犯有一些严重罪行的犯人时，监狱就会向伦敦总部的观察、分类与安置处提交报告，要求进行分类。这类犯人可能会被观察、分类与安置处临时分为A类，并且会被送到相应的监狱监禁。

对于那些被分为A类的犯人，会进一步确定他们的逃跑危险等级。这种逃跑危险等级有三种：

一是标准逃跑危险。这类犯人被认为是那些没有特殊的条件和技能可以帮助摆脱限制他们行动的安全警戒措施的人。当时也没有获得信息表明，这类犯人有帮助他们计划和实施逃跑的朋友或资源。这类犯人也没有过逃跑的历史或者确切的逃跑计划。监狱管理局根据这样的信息认为，这类犯人有可能利用一切机会逃跑，对公众、警察和国家安全有很严重的威胁。大多数A类犯人都会被分为这种等级。

二是高度逃跑危险。这类犯人的历史和背景表明，他们有能够计划和实施逃跑行为的能力和决心；当时获得的信息表明，他们具有可以用来计划和实施逃跑行为的朋友和资源；也有信息表明，这样的犯人和其朋友能够接触武器或者爆炸物，并且有可能利用它们实施犯罪和避免被抓获。一小部分犯人被分为这种等级。被分为这种等级的犯人，很有可能是重大犯罪人。例如，隶属于某个组织的恐怖分子、武装抢劫犯、使用武力和暴力帮助进行犯罪活动的重大贩毒犯。

三是特别逃跑危险。这类犯人除了具有高度逃跑危险犯人所具有的特征之外，他们还具有这样一些特征。例如，对公众有特别严重的危险，是被他们组织或者集团认为有极大价值的成员。这些犯人有强烈的逃跑动机，必须采取最严格的安全措施。只有极少部分犯人被分为这种等级。

第二，D 类。

根据英国《监狱管理局令 2200》（PS 02200）的规定，在对成年男犯开始进行分类时，要考虑下列各类：

在进行最初的分类时，必须认为所有犯人都适合于 D 类，但是，有下列情况的除外。

一是因为暴力犯罪而被判处 12 个月以上的监禁刑；

二是被判决犯有除最轻微的性犯罪之外的任何犯罪；

三是以前因为暴力犯罪或者性犯罪而被判处过 12 个月以上的监禁刑，并且没有在开放式监狱服过这些刑的；

四是本次或者以前的判决涉及纵火或者任何与输入或销售毒品有关的犯罪；

五是近年来有过逃跑或者潜逃的历史。

这意味着，任何被处 12 个月以下监禁刑的成年男性犯罪人，都可以被分为 D 类，随后就可以安置到 D 类监狱之中，但是，有上述 5 种情形的成年男性犯罪人除外。

第三，C 类。

如果一名成年男性犯罪人具有上述 5 种情形，那么，就可以将这名犯罪人分为 C 类（在监管方面比 D 类更加严格的一级），但是，有下列情形的除外。

一是因为暴力犯罪或者性犯罪而被判处 7 年以上监禁刑；

二是以前因为暴力犯罪或者性犯罪而被判处过7年以上的监禁刑，并且没有成功地在C类监犯服过刑；

三是本次判决中有一项判决判处的刑罚超过10年；

四是近年来有过从封闭式监管中逃跑的历史，或者有重要的、可以用来帮助逃跑的外部资源。

一般情况下，那些因为非暴力性犯罪而被判刑的犯人，那些被判处短期刑和中等长度刑期的犯人，至多被分为C类，以后被安置到C类监狱服刑。

第四，B类。

那些因为严重犯罪、暴力犯罪、性犯罪和毒品犯罪而被处监禁刑罚的犯罪人会被划分为B类，以后会被送到B类监狱服刑。

对犯人的最初分类由监狱中的观察、分类和安置科进行，一般包括两个阶段。第一个阶段是书面分类阶段，即分类人员使用初始分类与安置表格进行分类，这份表格中包含了进行分类决定的必要信息和如何确定临时类型的计算方法。第二个阶段是面谈阶段，即通过与犯人的直接面谈，补充和验证第一个阶段中使用的信息是否准确，分类决定是否恰当。

经过最初分类或者初始分类，只有10%的犯人被分为A类；19%的犯人被分为B类；48%的犯人被分为C类；17%的犯人被分为D类。在正常情况下，大约有15%的犯人在等待分类；未决犯一般被分为B类或者按照B类监狱的要求进行管理，除非被认为需要按照A类监狱的要求进行管理。

②重新分类。

与美国相类似，在英国监狱系统中，也有对服刑犯人进行重新分类的问题。

当犯人按照最初分类服刑一段时间之后，他们的行为和心理倾向可能会发生变化。因此，根据这些变化对犯人重新分类，调整他们的监管等级和监狱类型，就显得很有必要。根据英国的规定，当一名犯人成功地服刑一定时间之后，就必须考虑他们是否需要被分为D类。一般情况下，除了刑期低于12个月的犯人之外，对其他所有的犯人都必须进行这样的重新分类。

根据英国《监狱管理局2200》的规定，重新分类的时间间隔分为2种：

第一，对于被判刑12个月到4年的犯人，至少每6个月就要进行一次重新分类审核；

第二，对于被处4年或者更长刑期的犯人，至少每12个月就要进行一次重新分类审核。

重新分类的程序类似于初次分类，不过，大多数监狱长都将这类事务交给监狱的一些部门进行。①

2. 西方国家罪犯分类原则

加拿大心理学家、犯罪学家唐·安德鲁斯和詹姆斯·邦塔从20世纪90年代以来，深入研究如何为了进行有效的矫正治疗而对罪犯进行分类的原则问题。根据他们的论述，为了提高罪犯矫治的效果，遵循下列原则。

（1）危险性原则。

危险性原则包括两个方面的内容。

①犯罪行为是可以预测的。一些证据表明，犯罪行为确实是可以预测的，这是无可争议的。

②矫治服务的等级与犯罪人的危险性程度相匹配。这一点可以将评估与有效的矫治联系起来。更确切地说，要想显著降低重新犯罪的可能性，就要对高危险犯罪人提供更深入、广泛的矫治服务；同样，对于低危险犯罪人，仅仅提供低度干预就足够了，甚至可以不进行干预。如果对高危险犯罪人提供低度干预服务，就不可能降低他们的重新犯罪倾向，相反，如果向低危险犯罪人提供深度干预服务，就有可能产生很小的效果，甚至可能产生消极效果。

帕特里夏·范沃勒斯等人认为，危险性原则的矫治意义在于。

一是识别高危险犯罪人、中等危险犯罪人和低危险犯罪人。

二是对高危险犯罪人进行直接深入的矫治（而不仅仅是严格的监管）。

三是仔细考虑是否对低危险犯罪人进行深度的矫正机构安置（例如，安排在矫正训练营）或者深度的治疗干预。

① 吴忠宪：《当代西方监狱学》，法律出版社2005年版，第222-226页。

（2）需要原则。

需要原则的主要含义是要尽力满足罪犯的基本需要。

许多犯罪人，特别是高危险犯罪人，有多种需要。例如，需要生活和工作的地方，需要解除毒瘾，需要增强自尊，需要治疗慢性疾病，需要提高文化水平，需要改善家庭关系和其他人际关系等。

不过，唐·安德鲁斯等人将犯罪人的需要划分为两类：

①犯因性需要。这是指一类促进和引起犯罪心理和犯罪行为的需要。这类需要是犯罪人危险性程度的一个子系统，他们对犯罪人具有动力性质：当这类需要发生变化时，犯罪人重新犯罪的可能性也会发生变化。根据他们的研究，犯因性需要包括：反社会态度，反社会行为的历史，技能缺陷。例如，问题解决技能缺陷，自我管理技能缺陷或者自我效能问题，冲动性，自我控制差，不负责任等。

②非犯因性需要。这是指与罪犯心理与犯罪行为的产生没有关系的需要。这类需要也具有动力性质，并且是可以变化的，但是，这些变化并不必然地与重新犯罪的可能性联系在一起。

根据这种划分，如果对犯罪人进行矫治的目的是降低重新犯罪的可能性，那么就必须努力改变犯因性需要因素。改变非犯因性需要的努力，可以使犯罪人的感觉更好一些，尽管这是很重要和有价值的，但是这种努力并不能必然地降低重新犯罪的可能性。

（3）回应性原则。回应性原则是指矫治计划的类型和模式要与犯罪人的能力和学习类型相一致。

一般的回应性是非常简单明了的。它意味着，罪犯是人，影响犯罪人的最有力的策略就是行为策略、社会学习策略和认知行为策略。因此，要提供具有行为、社会学习和认知行为特点的服务。

此外，还要考虑更多的回应性问题。通常来讲，犯罪人的一些特征，如人际敏感性、人际焦虑、言语智力、认知成熟等，就预示了什么类型和模式的矫治服务是适当的。根据回应性原则，通过利用多种心理学方法评估犯罪人，识别他们的人格和认知类型，就可以更好地做到因人施治。

（4）专业人员自行处理原则。专业人员自行处理原则是指专业人员根据自己的判断做出独特罪犯分类的原则。

专业人员进行自行处置，是公平和公正的罪犯分类制度的一个重要组成部分。对罪犯活动的预测，往往是自行处置决定的核心内容。研究表明，危险性原则、需要原则和回应性原则都不能得出有关犯罪人评估的最终结论。尽管这些原则可以提供犯罪人评估的经验基础，但是总会有一些个别案件不符合这些原则。因此，就需要专业人员作出判断，在一些独特的案件中否决这些原则，由专业人员作出自己的分类决定。①

3．西方国家罪犯分类的评估方法

从一些国家的情况来看，罪犯分类中使用的评估方法，主要有下列类型。

（1）自我报告表格。在罪犯入监时，监狱管理部门要询问罪犯一些情况，填写罪犯自我报告表格。通过这种表格获取的信息，可以为监狱管理部分的罪犯分类和罪犯矫正提供重要的依据。这类表格所收集的信息，大多数是一般性的客观信息。

（2）量表测验。为了更多、更深入地了解罪犯的有关信息，人们已经发展一些在罪犯分类中使用的量表，利用这些量表来收集信息。这类量表既可以收集客观信息（如罪犯的年龄），也可以收集主观信息（如罪犯对某些问题的态度和看法等）。

20 世纪 70 年代末 80 年代初，美国发展起了一些客观性的犯人分类工具，帮助分类人员更好地对犯人进行分类，其中最经常使用的有两种：一种是美国全国矫正研究所设计的分类工具（被 12 个监狱系统采用）；另一种是联邦监狱局设计的分类工具（被 9 个监狱系统采用）。下面介绍美国全国矫正研究所的分类工具。

1982 年，美国司法部所属的全国矫正研究所发展了一种分类系统，其主要目的是为矫正管理部门提供一种犯人分类工具。根据这套分类系统，首先根据犯人的监管需要对犯人进行分类，然后再把具有不同监管需要的犯人安置到相应警戒等级的矫正机构中。

（3）面谈。在罪犯分类中，除了使用测量方法之外，还广泛使用面谈方法，以便获得更加广泛、更加深入的信息。这种面谈往往主要是由心理

① 吴忠宪：《国外罪犯心理矫治》，中国轻工业出版社 2004 年版，第 130-131 页。

学家进行的。面谈既可以是正式的，也可以是非正式的，它是为了实行因人施治目标而从事的主要工作之一，对于提高心理矫治的成效有很重要的作用。面谈的很多方面与罪犯评估的情况类似。

（4）观察。观察就是对罪犯在不同情境中的行为表现的观察和了解活动。在测量和面谈中，受当时环境的影响，罪犯可能会有意识地隐瞒一些信息，采取各种措施掩盖自己的真实想法，因此就有必要通过多种观察了解罪犯的表现，从而认识罪犯的真实想法，因为罪犯不可能在任何时候都会进行有意识地掩饰活动。特别是在罪犯从事别的活动的时候所进行的自然观察等，都有助于了解罪犯的真实情况。

量表测试系统使用两个量表对犯罪人进行分类。

①初始量表。初始量表的主要目的是确定在监狱系统中对犯人的初始安置，它重视使用与过去的犯罪和在监狱中的服刑有关的因素。

根据这个系统中的初始量表，一个新判刑犯人被安置到哪种警戒度的监狱中，主要是由犯人过去的行为决定的。在确定犯人的监管等级方面，使用了一种 8 个项目的分类量表。这 8 个项目如下。

一是在矫正机构内进行暴力行为的历史。这是指在此次进入矫正机构之前的 5 年内，在看守所或者监狱进行过严重暴力行为的历史。具体评定标准如下。

a. 没有进行过这类行为，为 0 分。

b. 进行了伤害和殴打行为但没有使用武器或者没有造成严重伤害的，为 3 分。

c. 使用武器进行了伤害和殴打行为或造成了重伤或者死亡的，为 7 分。

二是目前犯罪的严重性。如果犯罪人实行了多起犯罪，就以最严重的犯罪为标准进行衡量，具体评定标准如下。

a. 严重性低，为 0 分。

b. 较低，为 1 分。

c. 中等，为 2 分。

d. 很严重，为 4 分。

e. 最严重，为 6 分。

三是以前伤害犯罪的历史。根据犯罪人曾经进行过的最严重的伤害犯罪进行评定。具体标准如下。

a. 无、低或较低，为0分。

b. 中等，为2分。

c. 严重，为4分。

d. 最严重，为6分。

四是逃跑历史。这是指过去3年中从矫正机构中逃跑的历史。具体评定标准如下。

a. 无逃跑历史，有逃跑未遂历史或者没有被监禁过，为0分。

b. 在1年前从最低监管等级或者社区监管等级下逃跑过一次或者逃跑未遂一次，没有使用暴力或者以暴力相威胁，为1分。

c. 在1年前从中等或者更高监管等级下逃跑过一次或者逃跑未遂一次，或者从最低等级或社区监管等级下逃跑过一次，并且使用了暴力行为或者以暴力相威胁，为5分。

d. 在过去1年内从中等或者更高监管等级下逃跑过一次或者逃跑未遂一次，或者从最低等级或社区监管等级下逃跑过一次，并且使用了暴力行为或者以暴力相威胁，为7分。

五是酗酒或药物滥用问题。具体评定标准如下。

a. 无，为0分。

b. 酗酒或滥用药物引起暂时性法律和社会适应问题的，为1分。

c. 大量滥用药物，导致身心功能严重受损的，为3分。

六是目前被拘留者，具体评定标准如下。

a. 因轻罪被拘留者，为1分。

b. 最初由于轻罪而被引渡的，为3分。

c. 因重罪被拘留者，为4分。

d. 最初由于重罪而被引渡的，为6分。

七是以前的重罪判决。目前评定标准如下。

a. 无，为0分。

b. 一次，为2分。

c. 两次或者更多次，为4分。

八是稳定性因素。具体评定标准如下。

a. 年龄为26岁或者更大，为-2分。

b. 有中学文凭或者普通同等学历证书的，为-2分。

c. 在逮捕时就业或者上学（包括全日制的和部分时间的）6个月或者更长时间的，为-1分。

经过使用前4个项目的评定，如果犯人的分数为10分或者更多，那么，就建议要将犯人评定为封闭式监管等级；如果犯人的分数为9分或者更少，那么就用后4个项目作进一步的评定，然后将前4项的得分和后4项的得分加起来之后，如果总分为7分，就评定为中等监管等级；如果总分为6分或者更少，就评定为最低监管等级。

②后续量表。后续量表的主要目的是根据犯人目前在监狱中的表现，对其进行重新分配，在量表因素的设置中强调目前的行为表现。

这个后续量表的项目设置和分数与初始量表基本相同。

一是在矫正机构内进行暴力行为的历史记录；

二是目前犯罪的严重性；

三是以前的伤害犯罪历史（对于没有被监禁过的人使用）；

四是在评定日期前6个月内发生的伤害行为。

如果犯人在这4个项目上分数为15分或者过多，那么就定为最严监管等级；分数为10~14分，就定为封闭式监管等级；分数在9分或者以下，就根据其他因素做进一步评价。按照进一步评价的结果，犯人可能会被分为从封闭式监管等级到社区监管等级等不同的监管等级中。

当然，在罪犯分类中，也广泛使用一般性的心理量表。例如，明尼苏达多项人格测试（MMPT）、16种人格因素问卷（16PI）和加州心理量表（CPI）等。[①]

### （三）西方国家矫正分类存在的问题和发展方向

#### 1. 矫正分类中存在的问题

美国当代犯罪学家克莱门斯认为，成人矫正机构中的罪犯分类存在着下列问题。

---

① 吴忠宪：《国外犯罪心理矫治》，中国轻工业出版社2004年版，第126-130页。

（1）优先考虑如何安排床位或者保障监管安全，而不是优先考虑适当地安置罪犯；

（2）监狱管理人员不能雇用足够数量的合格心理学家和精神病学家制订和实施适当的罪犯分类计划；

（3）由于存在着相互冲突的矫正目的，使得监狱管理人员很难决定他们究竟要从罪犯分类过程中实现哪些目标；

（4）整个分类过程目前受到批评，因为矫正机构中的不同的矫正计划的指导观念，正在受到很多民权诉讼的挑战。

2. 矫正分类的发展方向

根据帕特里夏·范沃勒斯等人的研究，矫正分类正在朝着两个新的方向发展。

（1）更多关注犯因性需要。对罪犯开展心理矫治的最终目的，就是转变罪犯，降低罪犯重新犯罪的可能性。为了实现这个目的，就必须更多地关注罪犯的犯因性需要，因为这类需要的状况与重新犯罪的可能性密切相关。因此，在罪犯矫治中需要关注下列方面。

①使用评估工具识别和评价罪犯的犯因性需要。

②围绕罪犯的犯因性需要组织心理矫治活动和其他矫治活动。

③在结束矫治计划之前，要再次对犯罪人进行评估，以便确定矫正计划是否改善了犯罪人的情况。

为了更准确地识别和评价罪犯的犯因性需要，应当继续研究和编制标准化的犯因性需要评估工具。

更多关注犯因性需要的一个例子，是美国当代临床心理学家、犯罪学家阿诺德·戈尔茨坦等人对攻击行为的替代训练。他们认为，攻击行为是由个人与环境之间的一种互动，而攻击事件的发生有个人沟通技能差；公开地或者微妙地奖赏攻击行为的环境；缺乏非攻击性的问题解决技能；个人具有支持攻击行为的价值体系等6种组成成分。

我们可以把上述的每种特征都看成是一种犯因性需求。阿诺德·戈尔茨坦的矫治模式涉及两个方面：评估犯罪人的这些需求，然后矫治这些需求。因此，他的矫治计划提供愤怒管理、技能发展和道德发展方面的矫治计划。

（2）将分类项目整合到管理信息系统。罪犯分类方法方面最近的一种发展趋势，就是将罪犯分类工具中的项目整合到一个大型的数据库或者分类数据库中。这种数据库像一个大型的管理信息系统，从中可以获得有关罪犯在刑事司法系统不同阶段的所有信息。这种数据库包括一些关键变量，如关键日期、犯罪严重性、矫正机构行为、以前的记录、人口统计学特征等。例如，加拿大联邦矫正局发展的一个罪犯分类数据库中，包含了大量的心理矫治信息。在美国，也已经进行了这方面的研究。这样的信息数据库可以提高罪犯分类的效率和准确性，可以帮助个案管理员、咨询员等更加有效地开展工作，也可以更好地对罪犯的行为进行动态预测。①

## 二、我国罪犯分类发展历史综述

### （一）我国罪犯分类制度的发展历程

据史殿国教授、冯昆英副教授等学者研究，我国罪犯分类制度起步较晚，19世纪，当西方各国罪犯分类制已进入形成期时，我国监狱制度陈旧落后，仍然“沿用唐律”。直至清朝光绪二十八年（1902年），山西巡抚赵尔巽奏准各处通设罪犯习艺所，收军流徒等犯罪人习艺所习艺，依罪行轻重，而定时间长短。1903年，遣、军、流、徒便改称“收容所习艺”，中国近代的徒刑从此诞生。由此可以认为，清末光绪年间，中国监狱制度中的罪犯分类有了初步萌芽。

清末宣统二年（1910年），中国第一部监狱法典草案——《大清监狱律草案》，在时任修订法律大臣沈家本主持下完成。草案的内容充分吸收当时西方先进的法学理论与制度，对罪犯的分类提出了明确而具体的规定。草案注重了罪犯的性别、年龄、罪质以及个人特点，由此，把监狱分为男监、女监，依据自由刑的种类设置徒刑监、拘留场、留置所，实行分房制，开辟“特设监狱”拘禁18岁以下的刑期满2月以上的少年犯。同时草案要求对接收的囚犯必须“调查其身格及个人关系”，即调查囚犯的相貌、年龄、出生、职业、经历、性格以及社会关系等，从而确定对囚犯行刑处遇的标准。草案对犯人的教诲也体现了教育刑个别化原则。如根据

① 吴忠宪：《国外罪犯心理矫治》，中国轻工业出版社2004年版，第137-138页。

囚犯的表现，分别给予增加接见次数、自备文具和阅读自带书籍等奖赏或斥责、禁止接见、停止运动等惩罚。虽然其后由于清政府的覆灭，该草案未能颁布实施，但对中国近代监狱制度产生了重大影响。[①] 例如，1913 年 12 月 1 日北洋政府司法部颁布的《“中华民国”监狱规则》，就是以《大清监狱律草案》为蓝本制定的。其总则部分，除个别条款与《大清监狱律草案》有所不同外，其他条款基本相同。《“中华民国”监狱规则》的分则部分与《大清监狱律草案》相比只是某些章的标题有所改动，顺序有些调整，而内容基本上抄自《大清监狱律草案》。《“中华民国”监狱规则》是我国颁布的第一部比较完备的监狱法典，有一定的历史意义。这部法规对罪犯分类制度作了明确规定。其第 2 条规定：“监狱为监禁被处徒刑及拘役者之所。”将看守所与监狱分离开来。第 3 条规定：“未满十八岁者监禁于幼年监，但满十八岁三个月内刑期即可终结者，其残刑期间仍得继续监禁之。”第 4 条规定：“妇女监禁于女监。”第 5 条规定：“各监设在同一区域内者严行分界。”这里说的设在同一区域内的“各监”是指徒刑监与拘役监、成年监与幼年监、男监与女监等各种监狱。

《“中华民国”监狱规则》又被国民党政府所承袭，一直沿用到新中国成立之前。[②]

中华人民共和国成立后，中央人民政府非常重视罪犯的分押、分管、分教工作。1954 年政务院颁布的《中华人民共和国劳动改造条例》（现已废除）第 3 条规定：“犯人的劳动改造，对已判决的犯人应当按照犯罪性质和罪行轻重，分设监狱、劳动改造管教队给以不同的监管。对没有判决的犯人应当设置看守所给以监管。对少年犯应当设置少年犯管教所进行教育改造。”[③] 第 38 条规定：“收押犯人，应当根据实际情况，设混合监、单人监、女监、病监等分别监管。女犯由女看守员监管。”1956 年 12 月，公安部十一局在《关于对犯人实行分类分押制度中的几个问题的通知》中也明确提出：“对犯人实行从严、一般、从宽三种不同管理制度。”1962 年，

① 史殿国、冯昆英、仁希全、王运红：《监狱学学科发展专题研究》，法律出版社 2014 年版，第 43-44 页。

② 杨习梅：《中国监狱史》，法律出版社 2016 年版，第 192-193 页。

③ 注：1983 年 5 月，中共中央、国务院决定，劳动改造工作由司法行政机关领导管理。

在公安部制定的《劳动改造管教队工作细则（试行）》第12条规定：“劳改队应当根据以下原则对各类不同犯人实行分别编队，分别管押，区别对待。”第27条规定：“对不同性质的罪犯，要分别地、各有轻重地进行政治教育。”至此，新中国监狱已实现监狱与看守所、拘留所分设，监狱又按照犯罪性质和罪行轻重分设监狱与劳改队，并按照年龄由各省、市单独设置少年犯管教所；按照性别，各省、市将女犯分别编队，由女看守人员监管，分押分管制度已见雏形。后由于“文革”，全国监狱系统罪犯分类制度被迫中断。1991年，司法部在总结部分监狱罪犯分类工作的基础上出台《对罪犯实行分押、分管、分教的实行意见（修改稿）》，将“横向分类、纵向分级、分级处遇、分级施教”确定为罪犯分类原则。1994年颁布的《中华人民共和国监狱法》第39条规定：“监狱对成年男犯、女犯和未成年犯实行分开关押和管理，对未成年犯和女犯的改造，应当照顾其生理、心理特点。监狱根据罪犯的犯罪类型、刑罚种类、刑期、改造表现等情况，对罪犯实行分别关押，采取不同方式管理。”全国大部分监狱从此按照“暴力型”“财产型”“淫欲型”等分类对罪犯实行分别编队。

进入21世纪，我国不少监狱又进一步详细划分了罪犯分押的级别。如根据罪犯的犯罪史、犯罪性质、原判刑期、服刑时间和现实改造表现等综合情况，将罪犯区分为“一级严管”“二级严管”“普管”和“一级宽管”“二级宽管”五个等级，并在拨打亲情电话、离监探亲、与亲属团聚、减刑幅度等方面给予不同等级罪犯不同待遇。同时一些省、市根据罪犯入监、常规、出监教育三阶段的不同特点，增设了入监监狱、出监监狱，为以满足改造需要为核心对罪犯进行科学分类奠定了坚实的基础。[①]

（二）我国现行的罪犯分类标准和罪犯主要类型

根据吴宗宪教授的研究，中国常见的罪犯分类标准包括下列种类和方面。

1. 人口统计学标准

（1）性别，据此可以划分出男犯和女犯。

---

① 史殿国、冯昆英、任希全、王运红：《监狱学科发展专题研究》，法律出版社2014年版，第43-45页。

（2）年龄，据此可以划分出未成年犯和成年犯；在一些文献中，还进一步在成年犯中划分出青年犯、中年犯和老年犯。

（3）婚姻状况，根据罪犯的婚姻状态，可以划分出单身犯（未婚或者离婚的罪犯）、已婚犯（有配偶的罪犯）和丧偶犯（失去配偶的罪犯）。

（4）国籍，据此可以划分出本国犯（具有本国国籍的罪犯）和外籍犯（具有外国国籍或者无国籍的罪犯）。

2. 犯罪相关标准

（1）犯罪时的心理状态。据此可以划分出故意犯和过失犯，或者划分为理性犯和冲动犯、预谋犯和情境犯等。

（2）犯罪类型。据此可以划分出杀人犯、伤害犯、强奸犯、抢劫犯、盗窃犯、贩毒犯、诈骗犯等。

（3）犯罪经历。据此可以划分出初犯和累犯，在一些文献中还使用了偶犯和惯犯的术语。

（4）犯罪动机。据此可以划分出贪利型罪犯、淫欲型罪犯、权欲型罪犯等。

（5）犯罪对象。据此可以划分出人身型罪犯和财产型罪犯。

（6）犯罪手段。据此可以划分出暴力犯、智能犯等。

（7）犯罪时人数。据此可以划分出个体犯和团伙犯等。

（8）犯罪前身份。据此可以将罪犯划分出普通犯和职务犯（在犯罪前担任公共职务的罪犯）等。

3. 刑法相关标准

（1）被判处的刑罚种类。据此可以划分出拘役犯、有期徒刑犯、无期徒刑犯、死缓犯和死刑犯等。

（2）刑罚的轻重。据此可以划分出轻刑犯和重刑犯，在一些文献中，还使用了短刑犯和长刑犯的概念。

4. 监管改造标准

（1）管理和改造的难易度。据此可以划分出顽固型罪犯（简称“顽固犯”）和危险型罪犯（简称“危险犯”），在一些文献中将顽固犯和危险犯合称为“顽危犯”。

（2）罪犯的身体健康状况。据此可以划分出健康罪犯和病残罪犯；在病残罪犯中，又可以进一步区分出具体的类型，如残疾罪犯、艾滋病犯等。

(3) 罪犯的心理健康状况。据此可以划分出精神正常犯和精神障碍犯，在精神障碍犯中，又可以进一步区分出具体的类型，如性变态罪犯、吸毒罪犯等。

(4) 户籍所在地。据此可以划分出农村犯、城市犯、外省籍犯等。

(5) 狱中工作。根据罪犯在监狱中从事的工作的情况，可以划分出一般犯和事务犯（在监狱中协助监狱工作者从事辅助性管理工作的罪犯，如执勤员、统计员、监区和分监区的门卫员、罪犯教员等）。

(6) 服刑场所。根据罪犯服刑的具体场所，可以划分出在押罪犯（在监狱中服刑的罪犯）和监外犯（在监狱外服刑的罪犯，包括保外就医犯、假释犯等）。[①]

尽管根据犯罪分类标准可以区分出很多的犯罪类型，不过在监狱工作实践中常见的犯罪类型主要如下。

第一，按人口统计学标准，划分为男犯、女犯、未成年犯、老年犯等；

第二，按身体健康状况标准，划分为健康犯、一般病犯、传染病犯、精神病犯等；

第三，按管理和改造的难易度标准，划分为顽固犯、危险犯或顽危犯等；

第四，按户籍所在地标准，划分为本地犯、外地犯等；

第五，按犯罪前身份标准，划分为普通犯和职务犯等；

第六，按犯罪类型标准，划分为杀人犯、伤害犯、强奸犯、抢劫犯、盗窃犯、贩毒犯、诈骗犯等；

第七，按犯罪动机标准，划分为贪利型犯、淫欲型犯、权欲型犯等。

## 三、罪犯观指明的罪犯分类方向

我们已经研究过，罪犯观的核心是要认识和改造罪犯的人身危险性，即认识和改造罪犯要以认识和转变罪犯重新犯罪的可能性为核心。因此罪

① 吴宗宪：《监狱学导论》，法律出版社 2012 年版，第 254-255 页。

犯分类要为“认识和转变罪犯重新犯罪的可能性”这个核心服务。

根据唐·安德鲁斯等学者的研究，认为犯罪人重新犯罪的可能性与犯罪人犯因性需要有关。犯因性需要是指促进和引起犯罪心理和犯罪行为的一类需要。当这类需要发生变化时，犯罪人重新犯罪的可能性也会发生变化。[①] 这就是说，当犯罪人犯因性需要受到遏止逐渐变小时，犯罪人重新犯罪的可能性也将随之变小；而当犯罪人犯因性需要没有受到遏止逐渐增大时，犯罪人重新犯罪的可能性也将随之增大；可见，犯罪人犯因性需要是犯罪人重新犯罪可能性的决定因素。因而，认识和转变罪犯重新犯罪的可能性应该进一步深化为认识和转变罪犯犯因性需要，罪犯分类就转化为要以认识和转变罪犯犯因性需要这个核心服务。按照这个基本方向，罪犯分类要坚持以下的分类原则、标准和主要类型。

（一）分类原则

监狱学罪犯分类总的原则是为认识和改造罪犯服务，其具体原则如下。

1. 有利于认识罪犯原则

认识罪犯是改造罪犯的基础和前提，改造罪犯离不开认识罪犯。但认识罪犯有个方法问题，如果认识罪犯是从认识罪犯个体开始，但由于罪犯数量庞大，罪犯个体又千差万别，不容易认清罪犯。但如果我们将具有某种或某些类似特征的罪犯划分为若干种类型，就可以认识多种类型罪犯继而轻易找出共同点，认识到罪犯整体，然后再根据罪犯类别或整体的共同点去认识某罪犯个体，这样全面认识罪犯就比较容易。可见，对罪犯进行分类，是认识罪犯的重要方法，认识罪犯要依靠罪犯分类。对罪犯进行分类，都要有利于认识罪犯，不利于认识罪犯标准不能正确地对罪犯进行分类。这是罪犯分类的发展方向，也是罪犯分类的重要原则。

2. 适应改造罪犯需要原则

监狱的根本职能是实现罪犯改造目标，改造好罪犯。罪犯分类要适应罪犯改造需要，是监狱学罪犯分类的重要原则，也是监狱学和其他学科对犯罪人分类的重要区别。适应罪犯改造需要是指罪犯分类要根据罪犯改造

---

① 吴宗宪：《国外罪犯心理矫治》，中国轻工业出版社2004年版，第131页。

的需求来进行，罪犯改造需要按什么标准进行分类就按什么标准进行分类，要与改造罪犯的需要相适应。比如，罪犯改造需要逐步消除或转化罪犯犯因性需要，那么，罪犯分类就应该以罪犯犯因性需要为标准来进行分类，使罪犯的分类适应罪犯改造需要。

3. 适应监狱安全稳定需要原则

维护监狱安全稳定是监狱的首要任务，罪犯分类必须以适应监狱安全稳定需要为原则，即某些分类要以监狱安全稳定需要为分类标准。如为了维护监狱安全稳定，监狱需要加强对罪犯进行分类管理、分类处遇，罪犯分类就要以危害监狱安全稳定为标准对罪犯进行分类，以适应维护监狱安全稳定的需要。

（二）分类标准

由于罪犯管理、教育、改造的需要是多元的，不是单一的，按照这些需要的标准对罪犯进行的分类也是多元的，不是单一的。因而，罪犯分类是综合性的，既有静态分类，也有动态分类，不是只有某一种或某几种分类，而排斥其他分类。但是，监狱学作为一门独立的学科应该有独具学科特点的分类标准，这些标准主要有以下几种。

1. 监狱安全危险性标准

目前学界对“罪犯人身危险性”的概念在使用上有些混乱，有时使用“罪犯人身危险性”是指罪犯再犯的可能性，有时使用“罪犯人身危险性”是指“罪犯服刑期间危害监狱安全的可能性”。笔者认为这样不妥，使用“罪犯人身危险性”概念，同使用其他概念一样，应保持概念的同一性。尤其是“罪犯人身危险性”的概念是引用西方的一个学术概念，更应保持其同一性。笔者主张使用“监狱安全危险性”的新概念，与“罪犯人身危险性”相对应，专指“罪犯服刑期间危害监狱安全的可能性”。

按监狱安全危险性标准对罪犯进行分类，先将罪犯划分为有逃脱可能性、有施暴可能性、有自杀可能性、有暴狱可能性等类型，然后再按照其危险程度将各类罪犯划分为不同的危险等级，如逃脱可能性 1 级、逃脱可能性 2 级、逃脱可能性 3 级等危险等级，并按照危险等级将罪犯分配到不同警戒度的监狱或监区，在不同警戒度监狱内再将罪犯按照其类别分配到不同的监区或分监区进行分类改造。

这种分类也称初始分类，是对新入监犯进行的分类，这种分类通常是在监狱分类中心或者入监监狱进行的。但我国目前的罪犯初始分类是基础性分类，主要是根据罪犯犯罪性质、犯罪轻重进行的分类，除了试点省份之外的多数省份依然没有按照监狱安全危险性标准对罪犯进行分类。但这并不意味着我们的监狱对监狱安全危险性分类不重视。相反，多年来我国的监狱对依据危害监狱安全的可能性标准对罪犯进行分类是非常重视的，而且这种分类向来是动态的，一年内要进行多次，更为可喜的是不仅重视“危险犯”“顽固犯”的管理工作，而且更为重视这些罪犯的转化工作，全国大多数监狱这类罪犯的转化率都很高，一般都在90%以上。只不过按照监狱安全危险性标准进行的分类不是在监狱分类中心进行的，而是在罪犯分配到监狱之后进行的。因此，按照监狱安全危险性标准对罪犯进行分类，无论在分类的形式、内容上，还是分类效果上，就其总体水平而言，中国监狱并不比西方国家监狱落后，但是也有落后的方面，主要是我们的分类方法还比较落后，除试点省（区、市）之外，主要是经验型的方法，没有把心理学的方法、行为学的方法、社会学的方法等现代先进方法综合运用。

2. 犯因性需要标准

根据唐·安德鲁斯等人的研究，犯因性需要是指促进引起犯罪心理和犯罪行为的一类需要。当这类需要发生变化时，犯罪人重新犯罪的可能性也会发生变化。根据他们的研究，犯因性需要包括：反社会态度；反社会交往；反社会行为的历史；技能缺陷。例如，问题解决能力缺陷，自我管理技能缺陷或者自我效能问题，冲动性，自我控制差，不负责任等。①

根据我国犯罪学对个体犯罪原因的研究，结合唐·安德鲁斯等人的研究，笔者认为罪犯犯因性需要应按下列标准进行分类。

（1）个性倾向性因素。

①理想、信念偏差性因素，如邪教性质犯、危害国家安全犯等。

②观念形态扭曲性因素，如贪利型罪犯、权欲型罪犯、淫欲型罪犯；道德观扭曲型罪犯、法律意识淡薄型罪犯等。

---

① 吴忠宪：《国外罪犯心理矫治》，中国轻工业出版社2004年版，第131页。

③畸形需要性因素，如强奸犯、抢劫犯等。

（2）个性心理特征因素。

①性格因素：如冲动性、进攻性、寻求轰动效应性、叛逆性性格型罪犯等。

②气质因素：胆汁质型罪犯，如激情犯、暴力犯；多血质型罪犯，如诈骗犯；黏液质罪犯，如贪污犯、盗窃犯；抑郁质型罪犯，如攻击行为罪犯等。

③能力因素：如智能型犯、智力低下型犯。

（3）自我意识缺陷因素。

①自我管理技能缺陷：如激情犯。

②自我控制能力缺陷。

③自我知觉缺陷。

（4）非人格因素。

①生物生理因素。

②认知因素。

③情感意志因素，如激情犯、过失犯等。

④技能缺陷：如生活技能缺陷、职业技能缺陷等。

3. 监狱管理教育标准

（1）管理改造难易度标准，划分为普通犯、顽固犯、危险犯等。

（2）管理处遇等级标准，划分为普通犯、一级严管犯、二级严管犯、一级宽管犯、二级宽管犯等。

（3）分类施教标准，将罪犯划分为财产型犯、性犯罪犯、暴力犯、职务犯等。

（4）身体健康状况标准，划分为健康犯、精神病犯、传染病犯、艾滋病犯、老残犯等。

（5）劳务性质标准，划分为普通劳役犯、事务犯（如统计员、执勤员、罪犯教员等）。

如此等等，不再详述。

### （三）罪犯分类的主要类型

监狱学罪犯分类类型主要应包括下列方面和种类。

1. 基础性分类

（1）按人口统计学标准进行的分类，男犯、女犯、未成年犯、老年犯等。

（2）按犯罪相关标准进行的分类，如按犯罪类型划分为杀人犯、伤害犯、强奸犯、抢劫犯、盗窃犯、贩毒犯、诈骗犯等；按犯罪经历划分初犯、累犯、惯犯等；按犯罪手段划分为暴力犯、智能犯等。

（3）按刑罚相关标准进行的分类，如按刑罚种类划分为拘役犯、有期徒刑犯、无期徒刑犯、死缓犯等；按罪行轻重划分为轻刑犯、重刑犯等。

2. 重点分类

第一，按罪犯犯因性需求进行的分类，是监狱学罪犯分类的重点，主要有以下类型。

（1）按个性倾向性因素标准划分为理想、信念扭曲型；观念扭曲型；畸形需要型等。

（2）按个性心理特征因素标准划分为性格异常型、气质异常型、能力分化型等。

（3）按自我意识缺陷因素标准划分为自我知觉缺陷型、自我管理技能缺陷型、自我控制能力缺陷型等。

（4）按非人格因素标准划分为生物生理性因素型、认知因素型、情感意志缺陷型、技能缺陷型等。

第二，按监狱安全危险性标准对罪犯进行分类，也是监狱学罪犯分类的重点，主要有以下几种类型。

（1）有逃脱可能性进行的分类，按脱逃危险程度划分为无脱逃危险、一级脱逃危险、二级脱逃危险、三级脱逃危险等。

（2）有施暴可能性进行的分类，按施暴危险程度划分为0级、1级、2级和3级四个等级。

（3）有自杀可能性进行的分类，按自杀危险程度划分为0级、1级、2级和3级四个等级。

3. 辅助分类

应把监狱管理教育一般标准的分类，作为监狱学的辅助分类，主要有按管理改造的难易程度标准、处遇等级标准、分类施教标准进行的分类等。

在上述分类中，基础性分类属于静态分类，重点分类和辅助性分类属于动态分类。静态分类通常是初始分类，一次即可完成，重点分类和辅助性分类一年之内要多次进行。

## 第三节 罪犯观集中体现了中国特色的罪犯改造理论

特色是事物的独特色彩、风格等。中国特色罪犯改造理论就是具有中国独特色彩和风格的罪犯改造理论。为了研究并不断完善罪犯观理论用以指导我国改造罪犯工作实践，应该在总结实践经验的基础上，使我们的罪犯观能集中体现出中国特色罪犯改造理论高度。为此，本节着重讨论以下几个问题。

### 一、中国特色的罪犯改造实践

罪犯改造不是中国监狱独有的工作，在西方国家的监狱同样有罪犯改造工作。中国的罪犯改造与西方国家相比有如下一些特色。

#### （一）以改造人为宗旨的刑罚理念特色

刑罚哲学是指与对待犯罪人有关的一系列观念和实践，西方的刑罚哲学或矫正理念是不断变化的，在不同历史阶段有不同的矫正理念。在 20 世纪 30 年代到 70 年代的历史阶段，西方刑罚哲学以改造为主，强调通过医学模式将犯罪人改造成为正常的守法公民。医学模式认为，犯罪与疾病（特别是精神疾病）具有相似之处，强调要像医生治疗病人那样对犯罪人进行诊断和治疗。所采取的改造措施与医生治病的措施极为相似，监狱似乎也变成了另外一种医院。此种模式实践一段时间以后，效果争论很大，有否定论，也有肯定论。

自 20 世纪 70 年代到今天的历史阶段是西方刑罚哲学的报应时代，在这个阶段里，刑罚执行强调对犯罪人的威慑、剥夺犯罪能力和报应。

在新中国则用马克思主义的认识论和辩证法分析认识罪犯，高屋建瓴地认为罪犯是人，罪犯是可以改造的。自 1951 年至今的各个历史阶段，中国监狱的所有刑罚理念，都是注重改造，强调以改造人为宗旨。监狱工作创造时期实行“三个为了”方针；1954年以后实行“惩罚管制与思想改造相结合、劳动生产与政治教育相结合”的方针；1964年以后实行“改造与生产相结合，改造第一，生产第二”的方针；1995年2月至今实行“惩罚与改造相结合，以改造人为宗旨”的方针。尽管各个历史时期的罪犯改造方针的表述有所不同，对刑罚执行的要求也各有侧重，但是以改造人为宗旨却是一贯的、贯彻始终的。说明中国监狱的刑罚理念是以改造人为宗旨的，而且这个理念具有专一性和连续性的特征。这是中国刑罚理念与西方国家刑罚理念的重要区别，具有鲜明的中国特色。

（二）罪犯改造模式的中国特色

中国监狱罪犯改造既未采取西方国家于20世纪30年代至70年代实行的医学模式，也未采取西方国家于20世纪70年代至今实行的报应模式，而是采取惩罚与改造相结合，以改造人为宗旨的综合改造模式。这一模式的要点如下。

1. 注重转变罪犯的改造态度

无论是改造日本战犯、国内战犯、反革命犯，还是改造一般刑事犯，中国监狱都非常重视转变罪犯的改造态度。监狱每个月都定期举行犯情分析例会，有脱逃、自杀、行凶危险或其他危害监管安全危险的罪犯和顽固抗拒改造的罪犯将被筛查出来，划分为危险犯或顽固犯，并按其风险等级将其划分为一、二、三、四类。对被划分为有四类风险等级的危险犯和顽固犯要制订个体化改造方案，指定有改造罪犯经验的民警专门负责面对面的个别教育，指导罪犯按照个体化改造方案进行改造。并成立专案组对个体化改造方案执行情况进行检查、评估和指导。监狱对转变改造态度、改造效果较好的罪犯及时兑现政策，鼓励罪犯转变改造态度，改恶从善，重新做人。

中国改造罪犯的经验证明，教育罪犯认罪悔罪是彻底转变罪犯改造态度，引导罪犯成为自我改造主体，积极进行自我改造的关键。改造日本战犯的经验、改造反革命犯的经验和改造一般刑事犯的经验，都证明了这一点。中国监狱对罪犯进行认罪悔罪教育通常采取专题教育和个别教育相结合的方法。在专题教育中着重对罪犯进行法制教育、政策形势和改造前途教育，教育罪犯深刻认识自己所犯罪行的危害性、受惩罚的该当性和认真悔改争取光明改造前途的重要性。个别教育对象是认罪悔罪态度不好的罪犯采取个别教育法。个别教育方法主要是教育疏导的方法，一些有经验的民警通常会结合运用心理学的内省法和换位思考法等方法，对罪犯进行思想疏导和心理疏导，引导罪犯深刻认识自己所犯罪行对社会、对被害者所造成的严重危害，对自己家庭所造成的严重伤害，对自己所造成的严重损害，教育他们与自己所犯罪行彻底决裂，认罪悔罪，积极进行自我改造，早日实现“成为自食其力的守法公民”的改造目标。

2. 注重转变罪犯的犯罪思想

中国传统文化，无论是儒学文化还是世俗文化，都重视人的思想作用，认为人的行为是由思想支配的，所谓行为的对与错乃是“一念之差”。而且中国信仰马克思主义，马克思主义哲学指明，思想是指人的观念，是指作为社会意识一部分的观念和观念形态。认为人们的社会存在决定人们的思想，任何思想都是由社会物质生活条件决定并随着它的改变而改变的。思想具有相对独立性，对社会存在有反作用。正确的、先进的思想对社会进步起促进作用；落后的、反动思想对社会进步起阻碍作用。中国依据传统文化和马克思主义哲学，认为罪犯的犯罪行为是由罪犯的思想、意识支配的，所以中国监狱在改造罪犯社会实践中注重转变罪犯的犯罪思想，注重对罪犯进行政治思想教育，注重启发罪犯的觉悟，对其晓之以理、动之以情，教育引导罪犯转变极端个人主义的世界观、人生观和价值观，教育其与自己的犯罪思想和犯罪道路彻底决裂，教育其重塑“新我”，重新做人。同时，中国监狱注重转变罪犯的犯罪思想，不仅不排斥矫正罪犯心理，而且积极倡导对罪犯开展心理矫治活动，既充分发挥政治思想教育的主导作用，又充分发挥心理矫治的独特作用。这与一些西方国家的监狱只注重矫正罪犯的犯罪行为和犯罪心理，而不提倡转变罪犯的犯罪思想是截然不同的。他们认为矫正罪犯的犯罪思想是侵犯罪犯的人权，而我们则认为转变罪犯的犯罪思想是恢复罪犯的人性，使其重新做人不再违法犯罪，不是侵犯罪犯的人权，而是帮助罪犯恢复他们的人权。这就是改造罪犯鲜明的中国特色，鲜明的文化特色。

3. 注重矫正罪犯的恶习

中国改造罪犯模式不是一元的，而是多元的。不是只注重转变罪犯的犯罪思想，不矫正罪犯的犯罪行为，即罪犯的犯罪恶习；而是也很注重矫正罪犯的恶习，实行多种手段、方法矫正罪犯恶习。

（1）法制教育方法。实行专题教育与个别教育相结合的方法，对罪犯进行法律和监规监纪教育，增强其守法守规意识，组织纪律意识。

（2）劳动改造方法。通过组织罪犯参加集体生产劳动方法，矫正其不劳而获的思想观念，培养劳动习惯；增强组织纪律观念，培养集体主义精神；通过劳动培训其职业技能，学会一技之长。

（3）军事训练方法。通过多种科目的军事训练，矫正其行为懒散、作风拖拉的恶习，培养集体主义精神和爱国主义精神。

（4）行为养成训练方法。通过日常的严格管理、依法管理、文明管理和科学管理，训练、矫正其不良的行为习惯，培养其遵规守纪、举止文明、遵守社会公德和社会秩序的良好习惯。

（5）行为约束方法。监狱严格贯彻执行部颁《犯人守则》《罪犯改造行为规范》，用法规制度严格约束罪犯日常改造行为，明确要求罪犯不应当做什么、应当做什么和应当怎样做，使罪犯做有规范、改有方向。

（6）处遇激励方法。中国监狱普遍推行罪犯分类管理方法，按照罪犯改造表现评估将罪犯管理划分普管、一级严管、二级严管、一级宽管、二级宽管。而且这个管理等级系统是动态的，表现好的可以升级，表现不好的可以降级。处于不同等级的罪犯给予不同的处遇，激励其遵规守纪、改恶向善。

4. 注重罪犯社会适应能力的教育培训

中国中央政府非常重视刑释人员的重新犯罪率问题，把它作为衡量监狱好坏的评价标准。各地监狱根据中央政府要求，都强化了罪犯改造工作，都非常重视对即将出狱的罪犯进行社会适应能力的教育和训练工作，采取多种有力措施加大教育、培训力度。

（1）开展形势、政策、前途专题教育。向罪犯全面宣讲改革开放以来中国现代化建设取得的重要成果，面临的挑战，当前社会就业形势以及社会治安状况，提示罪犯回归社会后可能遇到的问题和应该怎样去应对即将刑满罪犯所关心和关注的问题。

(2) 开展人际关系和人际交往技能培训。根据有不少罪犯与人交流、与人沟通、与人相处能力较差的特点，聘请社会心理学家或生活经验丰富的民警按照心理学的方法对即将刑满释放罪犯进行人际关系和人际交往培训，提高其人际交往能力和与人相处能力。

(3) 开展抗挫折、抗腐蚀教育培训。针对刑释人员回归社会后时常遇到的社会歧视、不公平对待、找工作难和昔日同伴劝其重操旧业等难题，进行专题教育培训，增强其社会适应能力。

(4) 开展生活技能培训。监狱针对一些即将刑释人员生活技能欠缺，很难适应社会生活的实际情况，根据缺什么训什么的原则进行专题培训。例如，如何安排自己的衣食住行问题，如何勤俭持家问题，如何处理婚姻家庭问题，如何遵守社会公德和行为准则等，提升他们的生活技能，丰富他们的社会生活能力。

(5) 开展职业技能培训。一些省（区、市）为了更好地开展即将刑释人员的社会适应能力和职业技能培训，专门成立了出监监狱。多数省（区、市）在监狱中设立了出监监区。出监监狱或出监监区都非常重视罪犯的职业培训，有条件的省（区、市）采取与社会上的职业技术学校联合办学的形式，在监内办职业技能培训班，无联合办学条件的就自办职业技术培训班。各类职业技术培训班都按罪犯自报的专业和工种安排培训，使每名受训人员都学会一门至两门专业技术，受到即将刑释人员及其家属的好评。

### （三）行刑政策的中国特色

相比较而言，西方国家矫正罪犯侧重矫正计划的制订和矫正技术的运用，而中国则侧重于改造政策的制定和执行。毛泽东多次强调指出，“人是可以改造的，就是政策和方法要正确才行”。我们认为，好的行刑政策是促使罪犯转化、改造好罪犯的必要条件，没有好的行刑政策就不具备改造好罪犯的必要条件，就不能改造好罪犯。所以非常重视制定好的罪犯行刑政策。中国的行刑政策有以下几个特性。

#### 1. 系统性

中国的行刑政策是一个大的系统，既有宏观层面的总政策，还有中观层面的重要政策和微观层面的具体政策。各项政策相互配套、相互支撑、相互补充，是一个体系、一个系统，而不是只有某一项政策。

2. 感召性

中国的行刑政策具有很强的感召力，既有动之以情、晓之以理的人道主义政策、教育感化政策，又有指引方向的给出路政策、给希望政策，还有宽严相济、惩恶扬善的鼓励罪犯积极改造的激励政策，因而能够充分发挥行刑政策的导向功能、教育感化功能、激励功能，增强行刑政策的感召力和影响力，实现改造效益最大化，取得良好的改造效果。

3. 开放性

中国行刑政策体系是一个开放的系统，无论是宏观层面的总政策，还是中观层面的重要政策、微观层面的具体政策，都要随着罪犯改造形势的发展变化而发展变化，如我国的罪犯改造方针，新中国成立以来就进行过多次调整；罪犯刑满就业政策也进行过几次调整。

### （四）罪犯矫正技术的中国特色

中国罪犯改造不仅注重制定正确的政策，而且很注重罪犯改造的方式方法。自新中国成立以来，创立和发展了监管改造、教育改造和劳动改造的通称三大改造的基本改造手段和方法。而今三大改造的手段方法已走向成熟，是我国罪犯改造的基本手段和主要方法，虽然近几年来又相继开展了心理矫治、文化改造等活动，但以三大改造为基本手段和方法的总格局并没有改变。中国的教育改造手段、方法与西方的宗教型改造、教育型改造、心理型改造等方法的根本区别是，西方的这些方法都不搞思想教育，他们监狱公开宣称尊重罪犯的价值观念，他们的心理型改造方法也只是用心理学的方法矫正罪犯的犯罪心理，并不矫正罪犯的犯罪思想，他们的教育型改造方法也只是对罪犯进行文化教育和职业技能培训，不包括对罪犯的思想教育。而我国的教育改造手段、方法，是以政治思想教育为核心，以文化教育为基础，以技术教育为重点。而政治思想教育的内容和形式又极其丰富多彩，彼此相互联结、相互补充，已形成一个体系。部监狱局将其概括为以马列主义、毛泽东思想、邓小平理论和中国特色社会主义思想为主要内容的基础教育；以深挖犯罪根源、矫正犯罪思想和恶习为主要要求的分类教育；以清除思想障碍、心理障碍，转变改造态度为主要目的的个别教育；以开展健康有益、丰富多彩、寓教于乐为主要形式的辅助教育；以克服好逸恶劳思想、培养劳动习惯为主要任务的劳动教育；以矫正不良习气、培养良好纪律和行为习惯为主要要求的养成教育；以民警模范执法形象、言传身教为主要方式的示范教育。中国监狱注重对罪犯进行思想教育，注重矫正罪犯犯罪思想、犯罪恶习，同时也积极开展罪犯心理矫治活动，注重教育改造、突出教育改造的特色非常鲜明。

中国监狱的监管改造的手段方法已逐步实现规范化、现代化，充分发挥管理的约束功能、惩戒功能、引导功能、养成功能、矫治功能和激励功能，加大了监管改造手段方法的改造因素。中国的劳动改造手段方法与西方国家的罪犯劳动最大的不同，是中国注重劳动的矫正功能。随着监狱财政保障体制的落实，在组织罪犯生产劳动中，克服以往存在的单纯追求经济效益的偏向，充分发挥劳动的矫正功能、养成功能和技能培训功能。中国监狱的监管改造、劳动改造的手段方法都具有中国特色。

（五）罪犯改造主体的中国特色

1. 外因性罪犯改造主体的广泛性和组织性

该主体包括主导和辅助两个部分，主导外因主体是监狱及其民警，是指导、监督罪犯改造的主体。其基本职责是对罪犯改造实施教育、引导、管理、服务和监督。其他政法机关，如公安、法院、检察院等是罪犯改造辅助性外因主体，其基本职责是为罪犯改造服务、监督、支持。辅助性外因主体还包括广泛的社会支持系统，如罪犯居住地政府及其综合治理办、妇联、共青团、工会等组织；社会志愿者；社会心理学家；精神病专家；社会工作者；原单位领导、教师、同学、朋友及其家属等，是社会帮教主体，其基本职责是对罪犯进行帮教、救济、辅导、送温暖等。主导性外因主体与辅助性外因主体密切配合、优势互补。中国监狱罪犯改造主体的特色，一是其外因性辅助主体成员的广泛性，几乎涵盖了社会各界各阶层的志愿者；二是其辅助外因主体不完全是自发的，其成员是由各级政府的社会治安综合治理办公室牵头组织的，有组织、有计划地安排活动，活动之前要做好准备，使各项帮教活动更有针对性，效果更好。

2. 内因性罪犯改造主体的确定性和主观能动性

在21世纪初期监狱系统理论界已经形成共识，认为罪犯是其自我改造的主体，而不只是“积极参与”罪犯改造实践。所谓“积极参与”的地位仍是被矫正者的地位，而不是主体地位。而且极为可贵的是在新中国早期的罪犯改造社会实践中，比如在改造日本战犯时期，当日本战犯真诚地认罪悔罪之后，抚顺战犯管理所就及时组织罪犯制订自我改造规划，并定期检查指导罪犯自我改造规划的执行情况，实际上已经把罪犯当作自我改造主体了。改造反革命犯和改造一般刑事犯时期，在改造顽危犯的个案矫正工作中，当罪犯真正转变了改造态度之后，实际上也已经把罪犯当作自我改造主体了。只是当时对“罪犯自我改造主体”只是感性认识，还没有上升到理性认识，还没有使用“罪犯自我改造”这个概念。当21世纪初，我国监狱学界确认罪犯是其自我改造主体之后，在一些省（区、市）的监狱已经自觉地把罪犯当作自我改造的主体，已经用“罪犯是其自我改造主体”这个概念指导实践了，把“监狱要罪犯改造”转化为“罪犯自己要改造”，提升了罪犯改造的主观能动性和自觉性。可见，内因性改造主体的确定性和主观能动性是中国罪犯改造的重要特色。

## 二、辩证唯物主义罪犯观要点综述

在上篇里我们详细地论述了罪犯观内容，在下篇里我们具体地分析罪犯观的内容及其结构，在这一部分我们要把这两方面综合起来，研究找出辩证唯物主义罪犯观的要点。其要点归纳起来，主要有以下几点。

### （一）认为罪犯是人，应当把罪犯当人对待

罪犯观这个要点是回答罪犯是什么。综合起来分析，毛泽东给出的答案是罪犯是人，是有“犯罪本质”的罪人。毛泽东指出的罪犯是人，着重强调的是把罪犯当人对待。从毛泽东改造罪犯思想体系分析，在如何对待罪犯这个问题上，应该包括三个层次：第一层次是要尊重罪犯的人格，保障、维护罪犯未被依法剥夺的人权；第二个层次是对待罪犯要有好的政策方法；第三个层次是要把罪犯从有罪之人转化为新人。因此，毛泽东提出的“罪犯是人，要把罪犯当人对待”的论断是罪犯观的理论基础，是我们党我们国家制定“以改造人为宗旨”的罪犯改造方针和各项政策的理论基础。

### （二）罪犯的本质特征是其需要改造性

罪犯观的这个要点，是对罪犯“质”的规定，是罪犯区别于普通人的

内在规定性。只有消除这个本质特征，罪犯才能转化为新人，才能彻底改变罪犯的身份。只要罪犯还具有这个特征，那么，他仍然是罪犯，就必须进行脱胎换骨的改造。

（三）罪犯是可以认识、可以改造的

罪犯观的这个论断，是指罪犯的本质特性是可以认识、可以改造的，大多数罪犯是可以改造好的。这个论断是辩证唯物主义罪犯观与形而上学唯心主义罪犯观的检验标准与“试金石”，否定这个论断就是坚持形而上学唯心主义的罪犯观。这个论断是罪犯改造什么和怎样改造等命题的重要理论根据和实践指南。

（四）认识和改造罪犯的核心是认识和改造罪犯的人身危险性

罪犯观的这个要点是指认识罪犯包括许多方面但其核心是认识罪犯的人身危险性；改造罪犯亦包括许多侧面，但其核心却是改造罪犯的人身危险性。近年来一些西方学者的研究认为罪犯的人身危险性与其“犯因性需求”密切相关，按这种理论观点，罪犯观这个要点还可以表述为认识、改造罪犯的核心是认识、改造罪犯的犯因性需求。罪犯观的这个要点为认识罪犯、改造罪犯指明了方向。因此罪犯观这一要点的论断是认识罪犯、改造罪犯指导理论的核心，是认识罪犯、改造罪犯的核心指导理论，是认识、改造罪犯实践的核心指南。

（五）罪犯的改造客体是一个体系

罪犯观的这个要点是指罪犯改造客体是一个包括罪犯服刑改造态度、认罪悔罪态度、犯因性需求、社会适应能力缺陷等多元要素构成、以犯因性需求为核心的体系。这个罪犯改造客体是一个破旧立新的统一体，既要破除其犯因性需求的消极因素，又要培育其重新做人的积极因素，要破旧和立新同步进行，互相促进。只搞破旧不搞立新，破旧就没有根基，破旧的成果就不能巩固；只搞立新不搞破旧，旧的没有根除，新的也立不起来。因此，罪犯观这个要点的论断为罪犯改造指明破旧的方向，也指明了立新的方向，是罪犯弃恶扬善的指导理论。

（六）罪犯改造主体由外因性、内因性两类主体组成

这个要点指出，监狱及其民警是罪犯改造的指导、监督主体，是外因性

主导主体，是教育改造罪犯的骨干力量。社会帮教系统和社会支持系统是社会帮教主体，是外因性辅助主体，是罪犯改造重要的社会支持力量。罪犯改造既要充分发挥监狱及其民警的积极性，又要充分发挥社会帮教系统、社会支持系统等外因性帮教主体的积极性。外因性帮教系统人才济济，既有社会心理学家、精神疾病专家、教育工作者、社会志愿者、善做思想工作的政工人员，还有罪犯家属、亲朋好友、社会明星等。他们很多人具有专业知识、知识渊博、人生阅历丰富、善于与人交流沟通；有一些人很有爱心，并有一定知名度；还有一些是对罪犯有深度了解，和罪犯有一定感情能取得罪犯信任的人。这些人对罪犯进行帮教容易消除罪犯的思想障碍和心理障碍，帮助罪犯解决改造当中的热点问题和难点问题，使罪犯获得与社会交流的机会，感受社会关爱，获得情感支持，增强改造信心。

罪犯观这个要点指出，罪犯是其自我改造的主体，是罪犯改造内因性主体。确认罪犯是内因性改造主体，能使罪犯从“要我改造”转化为“我要改造”，从“接受改造者”转化为“改造实践的承担者”，增强其改造的主体性和自觉性，提升改造的活力和生命力。从这种意义上讲，罪犯观确认罪犯是罪犯改造的内因性主体；确认监狱及其民警是罪犯改造外因性主导主体，确认社会帮教系统、社会支持系统是外因性帮教主体。以上多个主体都是罪犯改造的动力。因此，这个要点的论断是建立罪犯改造动力系统的指导理论。

### （七）罪犯改造三要素形成指向性、一体性、高效性运行格局，是改造好罪犯的必要条件

罪犯改造三要素形成指向性、一体性、高效性运行的含义如第五章所述，其指向性运行是保障罪犯改造活动方向，一体性运行是保障罪犯改造活动质量，高效性运行是保障罪犯改造活动效率。所以，罪犯改造三要素指向性、一体性、高效性，是改造好罪犯的必要条件，那一项运行不到位都不能取得良好的改造效果。所以说，罪犯观关于罪犯改造三要素形成指向性、一体性、高效性运行格局，是改造好罪犯必要条件的论断是揭示罪犯改造运行规律的重要理论，是罪犯改造实践活动的重要指南。

（八）罪犯改造的根本方法是启发罪犯觉悟，教育引导罪犯成为自我改造主体

这个要点是指罪犯改造方法有很多种，但根本的方法是启发罪犯的觉悟，增强其主体意识，确认其主体地位，提高其自我改造的积极性和自觉性。因此，这个根本方法，是启发罪犯觉悟，构建罪犯改造内在动力系统的方法。罪犯观关于这个方法的论断，是指导罪犯成为自我改造主体，积极进行自我改造的重要理论。

（九）揭示罪犯改造规律

罪犯是可以认识、可以改造的，但在罪犯改造实践中必须运用辩证唯物主义探索其客观规律，按照客观规律办事。罪犯改造规律已如上文所述，如强制改造转化为自觉改造规律，监狱改造罪犯与社会改造罪犯同步规律，罪犯矫正技术综合运用、择优运用规律等。事实证明，罪犯改造活动是有规律可循的，而且罪犯改造活动规律，不只是一个两个，而是一个系列，是一个开放系统。随着罪犯改造实践活动的深入开展，更深层次的罪犯改造规律也将被逐步揭示出来。我们将遵循这些罪犯改造规律，并创造性地运用这些规律指导罪犯改造实践，使罪犯改造活动更活跃、更有成效。

在归纳分析罪犯观要点之后，我们还要深入思考一个问题，这就是，辩证唯物主义罪犯观在中国是怎样形成和发展起来的。通过本书中篇对中国各重要历史时期罪犯改造的回顾，我们可以清晰地看到以下事实：一是中国改造罪犯各个重要历史时期罪犯的重新犯罪率都比较低，反革命犯为2.3%，20世纪90年代改造的一般刑事犯大多数省份控制在4%～6%，90年代至今，改造一般刑事犯大多数省份控制在8%～10%，这些数据证明，罪犯是可以改造的，大多数罪犯是可以改造好的。二是在中国罪犯改造的不同历史时期，尽管罪犯的犯罪类型不尽相同，但大体上都经过相类似的改造过程。即在入监初期主要对罪犯进行政策前途教育，着重转变罪犯消极改造和抗拒改造态度，教育罪犯安心改造，争取光明前途。在解决服刑改造态度之后，对罪犯进行认罪悔罪教育，着重解决罪犯不认罪不悔罪问题。在罪犯深入改造初期对罪犯进行法制教育，教育罪犯认清犯罪危害，

自查犯罪原因，深挖犯罪根源，找准改造方向。在罪犯深入改造中期，结合罪犯查找的犯罪原因，着重对罪犯进行世界观、人生观、价值观教育，教育罪犯转变世界观、人生观、价值观，认真悔改，重新做人。在罪犯深入改造后期，结合形势政策教育，引导罪犯深入改造犯罪思想、犯罪意识，彻底弃恶扬善，悔过自新。在临近出监期，对罪犯进行社会形势教育、政策前途教育，着重解决罪犯如何融入社会、如何适应社会生活问题。这些系列活动着重解决罪犯改造什么，重点改造什么。三是在罪犯改造的各个历史时期都非常注重对罪犯的监管改造、教育改造、劳动改造三大改造，并积极开展罪犯心理矫治，积极探索文化改造等其他改造手段方法，而今三大改造手段已走向成熟，其他改造手段、方法都在蓬勃发展之中，都是在探索用什么手段、方法改造罪犯，什么手段、方法最适合中国国情，什么手段、方法最有效。四是中国监狱认真执行党和国家改造罪犯的方针政策等，用正确的方针、政策教育感化罪犯，为罪犯改造营造良好的政策环境，促进罪犯弃恶扬善，重新做人。五是中国监狱在罪犯改造过程中注重调动罪犯改造的积极性，积极创造条件，促进罪犯由强迫改造转化为自觉改造。六是中国监狱充分发挥监狱民警教育改造罪犯的主导作用，实行从严治警和从优待警相结合的政策，不断提高其政治素质、业务素质和专业素质，激励监狱民警努力工作、甘于奉献，充分发挥其改造罪犯的主导作用。这些情况说明，我们所研究的罪犯观是以中国改造罪犯的实践为基础的。

通过以上对罪犯改造内容的介绍和对罪犯观内涵的深入剖析，充分说明毛泽东罪犯改造理论是研究罪犯观的指导理论。这些情况说明我们所研究的罪犯观既有深厚的实践基础，又有坚实的理论基础，是毛泽东改造罪犯理论与中国改造罪犯的实践相结合的产物，从而形成了辩证唯物主义的罪犯观。

## 三、结论

通过以上两节的论述以及本书全篇的论述，我们现在可以得出以下几个结论。

（一）我们论证的罪犯观是从中国特色罪犯改造实践中系统总结出来的

本书在中篇里用了两章的篇幅对新中国各个重要历史时期的罪犯改造实践及其改革创新情况作了详细的回顾，并在本节第一部分对罪犯改造实践的中国特色作了系统的归纳。这些归纳出来的内容都包含在罪犯观要点之中，如以改造人为宗旨的刑罚理念特色就包含在罪犯观的“罪犯是人，应当把罪犯当人对待”的论断之中，罪犯改造模式的中国特色，包含在罪犯观的“罪犯改造客体是一个系统”的论断之中，如此等等，中国特色的罪犯改造实践的具体内容都可以在罪犯观的论断中找到答案，说明我们论证的罪犯观是从中国特色罪犯改造经验中系统总结出来的，是对中国特色的罪犯改造实践的理性认识。这个理性认识来源于实践，又高于实践，并能够指导实践。

（二）我们论证的罪犯观是以毛泽东罪犯改造理论为指导，同时吸纳其他学科的科研成果研究中国罪犯改造实践的理论成果

笔者研究罪犯观问题，是以毛泽东罪犯改造理论和集中体现辩证唯物主义思想的“实践论”“矛盾论”的理论观点为指导，对中国罪犯改造活动一些重点和难点问题进行了系统地梳理，进而展开对罪犯观理论的探索。对罪犯观有些问题的研究是直接引用毛泽东改造罪犯理论得出的结论，如对罪犯是人的问题的研究；罪犯可不可改造问题的研究等。有些问题，如到底什么是罪犯改造客体，罪犯改造客体的核心是什么，罪犯到底是不是自我改造主体以及怎样才能使罪犯成为自我改造主体等问题，则是以毛泽东罪犯改造理论为主导理论，同时结合运用犯罪学、刑法学、心理学等学科最新研究成果进行研究从而找到答案得出的结论。没有毛泽东罪犯改造理论作指导，没有其他学科有关研究成果为支撑，罪犯观研究就得不出正确结论。所以，笔者研究罪犯观得出的一些初步结论，是应用毛泽东罪犯改造理论及吸纳其他学科有关研究成果分析总结我国改造罪犯经验之后所取得的研究成果。

（三）辩证唯物主义罪犯观是中国特色罪犯改造理论的集中体现

毛泽东罪犯改造理论是马列主义原理与中国罪犯改造实践相结合的产物，是马列主义中国化的重要理论成果，而我们所研究的辩证唯物主义的

罪犯观又是以毛泽东罪犯改造理论为指导，吸纳其他学科有关科研成果总结中国罪犯改造实践（包括最新实践）所取得的理论成果，具有鲜明的中国特色。所以，辩证唯物主义罪犯观是中国特色罪犯改造理论的集中体现。当然，笔者研究罪犯观所得出的初步结论，还不能等同于完整的辩证唯物主义罪犯观。但是笔者认为，这些研究成果基本厘清了辩证唯物主义罪犯观的理论体系。这个理论体系是一个严密、完整、系统的理论体系，它由以下三个理论体系（子系统）组成。

1. 认识罪犯理论系统

此系统揭示了认识罪犯的理论和方法，主要包括：罪犯具有人的一般属性，罪犯是人的理论，是罪犯观立论的基础；罪犯的本质属性是罪犯的人身危险性，罪犯的本质属性在一定条件下是可以改造的；认识罪犯的根本方法是辩证唯物主义方法，在科学认识罪犯的基础上，才能科学评价罪犯和正确对待罪犯。

2. 罪犯改造理论系统

此系统揭示了罪犯改造的基本理论和方法，主要包括：罪犯改造是由罪犯改造主体、罪犯改造客体和罪犯改造矫正技术三个要素构成的；罪犯改造的核心是改造罪犯的人身危险性；罪犯改造的根本要求是实现罪犯改造三要素良性互动格局，提高罪犯改好率；罪犯改造的根本方法是启发罪犯的觉悟，教育引导罪犯成为自我改造主体。

3. 罪犯回归社会理论系统

此系统揭示了罪犯回归社会目标和实现目标的主要措施，包括：罪犯回归社会的目标是顺利融入社会，不再违法犯罪；实现回归目标的主要措施是加强社会适应能力和抗腐蚀、抗挫折能力的教育培训。

党的十九大明确指出，习近平新时代中国特色社会主义思想，是对马克思列宁主义、毛泽东思想、邓小平理论、“三个代表”重要思想、科学发展观的继承和发展，是马克思主义中国化的最新成果，是党和人民实践经验和集体智慧的结晶，是中国特色社会主义理论体系的重要组成部分，是全党全国人民为实现中华民族伟大复兴而奋斗的行动指南，必须长期坚持并不断发展。大会强调，在新时代要坚定文化自信、推动社会主义文化繁荣兴盛，牢牢掌握意识形态工作领导权，培养和践行社会主义核心价值观，加强思想道德建设，繁荣发展社会主义文化。学习贯彻十九大精神，理论工作者要自觉践行习近平新时代中国特色社会主义思想，在理论研究工作中，坚持马克思主义基本原理与中国具体实践相结合，突击中国特色和时代特色，不断取得具有科学性和实用性的研究成果，为推动我国各项事业的发展和创新做出贡献。

所以，我们中国监狱系统理论研究的一个重要任务就是要不断丰富和发展辩证唯物主义罪犯观。对辩证唯物主义罪犯观要有理论自信，要坚持辩证唯物主义的立场、观点和方法，坚定地用中国特色的罪犯改造理论体系，用辩证唯物主义罪犯观指导中国罪犯改造实践。笔者发现，自 21 世纪初以来无论是在官方的文件里或者学者们的研究报告里，很少有人再用“罪犯改造工作要以毛泽东罪犯改造理论为指导”的提法。出现这种现象有多种原因，有的可能受“多元化思潮”的影响，对我们国家自己的罪犯改造理论与实践不那么自信，不敢再提了；有的可能由于对毛泽东罪犯改造理论缺乏深入研究所致。不言而喻，毛泽东罪犯改造理论是马克思主义与中国改造罪犯实践相结合的产物，有其鲜明的时代特征。但并没有过时，其所阐述的罪犯改造原理和改造罪犯的根本方法及其所揭示的罪犯改造的基本规律，至今仍然闪耀着真理的光芒，现在乃至今后也必然是罪犯改造的重要理论，需要我们继承和发扬。当然这一理论也不是凝固、封闭的，也需要在罪犯改造实践中发展、创新。继承性和发展性的辩证统一是这一理论的优良品格。我们应当理直气壮地继承和发扬这一马克思主义罪犯改造理论，并在继承中发展创新。

我们监狱系统，要紧密团结在以习近平为核心的党中央周围，高举中国特色社会主义伟大旗帜，增强“四个意识”和“四个自信”，以习近平新时代中国特色社会主义思想为指导，坚持辩证唯物主义罪犯观，贯彻落实党的监狱工作方针、践行监狱工作宗旨和使命担当，改革罪犯改造工作体制机构，全面提高罪犯改造质量，使罪犯的本质得到根本改造，使刑满释放人员以不违法犯罪的合格社会成员的面貌回归社会，为落实全面以法治国基本方略和国家总体安全观，维持社会和谐稳定做出新贡献。

# 后 记

笔者的这个科研课题经过几年的艰苦努力，现在终于完稿了，很快就要出版发行和广大读者见面了，我本可以松口气、睡个安稳觉了。但总觉得书稿虽然完成了，但我的使命还没有全部完成，还有一些话要说给我可爱的读者，向他们做个交代。要说的话主要有以下几点：

一是我的这本书的内容是对辩证唯物主义罪犯观的要义做了个较为系统的归纳，指出罪犯是什么，罪犯有哪些特点，罪犯为什么会犯罪，罪犯犯罪之后能不能改造，监狱和整个社会应该做哪些教育改造工作，对罪犯的教育改造工作怎样才能做得更好、更有成效。希望我的青年读者，特别是学生读者朋友，由于好奇心，读了本书之后能集中思考一个问题，我们到底应当做一个什么样的人，怎样才能做一个对社会有用的，有益于人民大众的人，能够脱离低级趣味成为有理想有抱负有作为的一代新人。如果社会普通公民有机会读到这本书，我希望读者集中思考一下人为什么会犯罪，他们不幸犯了罪，特别是受到法律制裁之后，我们应该怎样对待他们，怎样引导他们对社会有利，对国家有利，对他们重新做人有利。如果罪犯的家属和亲朋好友有机会读到本书，这些人也是我的重要读者，请他们读后要想清楚一个问题，那就是他们的这些孩子或朋友的犯罪是否和自己的某些影响有关，他们犯罪之后我们应当怎样关心他们，怎样和监狱民警一道教育挽救他们，使他们重新走上健康的人生道路，光明的人生道路。

二是我写这本书的初衷是想要使我们的监狱民警，特别是工作在改造一线的民警能掌握好教育改造罪犯的基础理论和最根本的方式方法。我想他们读过本书会发出很多感慨，我非常理解，因为我曾经是他们当中的一员。但我希望他们读过本书后能认真思考的一个重要问题，就是我们的教育改造工作怎样才能做得更好、更有成效。辩证唯物主义罪犯观给出的总的方案，是我们的监狱民警要把我们工作的重心放在千方百计地启发罪犯的觉悟，充分调动罪犯改造的积极性和自觉性，使他们尽快完成从“强制改造转化为自觉改造”，成为其自我改造的主体，自觉进行自我改造。我们监狱人民警察重点做好罪犯改造的指导、监督工作，而不是像目前这样，民警整天想的和做的，都是围绕着要罪犯怎样改造、要求他们要做什么和不要做什么，整天像个幼儿园的保育员那样忙碌着、担心着。如果我们换个思路、换个做法，改用辩证唯物主义罪犯观指出的上述的根本方法，只要我们千方百计地启发罪犯的觉悟，把罪犯推向“自我改造主体”的地位上，就能使目前的“要罪犯改造”转化为“罪犯要改造”，完成罪犯改造格局的根本性转换。这样，我们的罪犯改造工作就可能做得更好些，还可能更轻松些。

三是这本书的作者虽然署我的名字，但这不是我一个人的研究成果，而是凝聚了很多人的智慧和心血。本书除了大量引用毛泽东的罪犯改造理论及有关著作外，还大量引用了国内著名专家学者和监狱系统近些年涌现出来的优秀理论研究新秀的研究资料，没有这些作者的卓越奉献，我是写不出这部书的。同时在我完成本书第一稿之后，特聘请本人非常敬重的专家、学者：监狱学会王明迪常务副会长、夏宗素教授、兰洁教授为本书的学术顾问，他们都提出了很好的修改意见。王明迪副会长不仅提出了宝贵的修改意见，还认真做了具体修改。本书第二稿完成后，又请王明迪副会长、兰洁教授和李成义厅长帮我修改把关。一稿完成后我还认真征求了辽宁监狱系统管教战线经验丰富的老同志，辽宁省监狱管理局教育处老处长孙德海、原凌源分局教育处处长郭英，原瓦房店监狱的监狱长崔忠礼等同志的意见，他们都提出了一些很好的修改意见。特别是在一、二稿的写作过程中，始终得到我的好朋友原辽宁省监狱管理局办公室主任孙平安同志的帮助，他始终一丝不苟地帮我核稿、改稿，甚至连一个标点符号都仔细进行斟酌。在本书定稿之前还请我的好朋友王臣斌、杨福余在文字上帮我把关。这些事使我很受教育，也很受感动。使我越发感到我这本书的研究成果不是我一个人的，而是我们大家的。在此书即将问世的时候，我必须郑重地声明这一点，否则我的心里会很不安。为此，向帮助我完成这部书稿的专家、学者、老领导和所有的同志、朋友，致以衷心的感谢！

四是我还有一种感受要告诉我的读者朋友们。我的文化知识和专业知识，有些是从书本上学的，但大部分专业知识是在实践中学得的，是从身边的老同志身上和我们监狱系统广大警察身上学来的。从总体上来说，对于我们这些受过高等教育又经过长期实践锻炼的人来说，我们的学识的基础是党和国家培养教育出来的，但我们的大部分有用的知识却是从实践中获得的，是在实践中从广大人民群众中学来的。因此，当我们在专业上多少有点建树，有了自己的一些学术观点之后，应尽快地把我们的这些知识奉还给人民群众，奉还给我们的国家。我很幸运，在我的有生之年，我还有这样的机会，把我对罪犯观的认识写成书稿，把这个书稿作为一个珍贵的礼品奉还给人民大众，奉献给我的广大读者。

由于本人理论水平和实践经验所限，这部书稿还不是很成熟，有些问题的提法可能还不够准确，疏漏、谬误等不当之处在所难免，敬请理论界专家学者和广大读者批评、指正。

**孟庆丰**

**2017 年 10 月 25 日于沈阳**

# 参考文献

1. 王利器：《盐铁论校注》，中华书局1992年版。

2. 邵名正：《罪犯论》，中国政法大学出版社1989年版。

3. 杨习梅：《中国监狱史》，法律出版社2016年版。

4. 中华人民共和国国务院新闻办公室：《中国改造罪犯的状况》，外文出版社1992年版。

5. 夏宗素：《监狱学基础理论》，法律出版社1998年版。

6. 陈兴良：《刑法哲学》，中国政法大学出版社1997年版。

7. 贾洛川：《罪犯劳动改造学》，法律出版社2014年版。

8. 王思斌：《社会学教程》（简明版），北京大学出版社2012年版。

9. 吴忠宪：《监狱学导论》，法律出版社2012年版。

10. 许章润：《犯罪学》（第二版），法律出版社2004年版。

11. 中国监狱学会：《中国监狱学会20年》，法律出版社2006年版。

12. 魏平雄、赵宝成、王顺安：《犯罪学教科书》（第二版），中国政法大学出版社2008年版。

13. 李顺德：《价值论》，中国人民大学出版社1987年版。

14. 王怀远：《沿着中国特色社会主义道路前进》，中共中央党校出版社2012年版。

15. 相世光、许恒笑：《刑满释放人员回归社会问题专论》，社会科学文献出版社1995年版。

16. 吴忠宪：《国外犯罪心理矫治》，中国轻工业出版社2004年版。

17. 罗大华、马皑：《犯罪心理学》，中国人民大学出版社2012年版。

18. 欧顺军：《人学概论》，岳麓书社2011年版。

19. 战犯管理所：《十四年教育改造日本战犯工作基本总结》，属内部资料。

20. 金源：《奇迹写春秋——回忆对日本战犯的改造》，属内部资料。

21. 刘家常、铁汉：《战犯改造纪实》，春风文艺出版社 1993 年版。

22.《公安工作大事要览》。

23. 王明迪、郭建安：《岁月铭记——新中国监狱工作 50 年》，法律出版社 2000 年版。

24. 马克昌：《近代西方刑法学说史略》，中国检察出版社 1999 年版。

25. ［意］贝卡利亚：《论犯罪与刑罚》，黄风译，法律出版社 2005 年版。

26. 李明琪：《西方犯罪学概论》，中国人民公安大学出版社 2010 年版。

27. ［意］切萨雷·龙勃罗梭：《犯罪人论》，黄风译，中国法制出版社 2005 年版。

28. 吴宗宪：《当代西方犯罪学》，法律出版社 2005 年版。

29. ［德］弗兰茨·冯·李斯特：《德国刑法教科书》，徐久生译，法律出版社 2000 年版。

30. 夏宗素：《现代监狱制度催生现代监狱学》，法律出版社 2013 年版。

31. 罗大华、何为民：《犯罪心理学》，中国政法大学出版社 2007 年版。

32. 邵雷：《中英监狱管理交流手册》，吉林人民出版社 2014 年版。

33. 中国现代史资料编辑委员会：《苏维埃中国》，中国现代史资料编辑委员会 1957 年版。

34. 史殿国、冯昆英、任希全、王运红：《监狱学学科发展专题研究》，法律出版社 2014 年版。

35. 王志亮、黄新明：《中国监狱行刑政策原理》，法律出版社 2015 年版。

36. 于爱荣等：《矫正质量评估》，法律出版社 2008 年版。

37. 王明迪等：《中华人民共和国监狱史》（第二次送审稿），待出版。

38. 康树华、张小虎：《犯罪学》（第四版），北京大学出版社 2016 年版。

39. 梅传强：《犯罪心理学》，法律出版社 2014 年版。

# 附　　录

# 附录一 《监狱学总论》有关罪犯的论述（节录）*

## 罪犯本论

### 一、罪犯的概念

罪犯的概念与犯罪的概念，都产生于同一历史时期，即人类进入阶级社会之后。罪犯的概念与犯罪的概念，有区别也有联系。有区别，是指前者是经过法院依照法律处以刑罚，判决生效的犯罪分子，后者是指犯罪分子的一种犯罪行为构成。有联系，是前者和后者都是统治阶级以自己阶级的意志，用法律形式认定社会上出现的某种现象及其行为人为犯罪行为和犯罪分子。有联系，还有一层意义，就是犯罪行为与犯罪分子的重合性，没有犯罪行为就构不成犯罪分子，构成犯罪分子必定有犯罪行为。由是观之，研究罪犯的概念，应该首先了解犯罪的概念。

犯罪的概念，即犯罪的本质属性。因不属本学科研究范围，故不展开论述，何况古今中外，众说纷纭，只是到马克思手里，才解决了这个问题。他说，“犯罪——孤立的个人反对统治关系的斗争”，又说，“蔑视社会秩序的最明显最极端的表现就是犯罪”，马克思第一次科学地阐明了犯罪的阶级实质。就是说，任何犯罪，都是对统治阶级意志的反对，只是不同的统治阶级法律上有不同的犯罪构成标准罢了。罪犯，作为犯罪的行为人，即犯罪行为的载体，在不同阶级统治的国家里，自然也就不同了。

罪犯的概念可分为广义和狭义的两种。广义的概念，是指经国家法院

---

* 金鉴：《监狱学总论》，法律出版社 1997 年版，第 413-434 页。

依照法律处以刑罚判决生效的刑事犯罪分子；狭义的概念，是指经国家法院依照法律处以刑罚判决生效送交监狱执行刑罚的刑事犯罪分子。在我国，广义的罪犯的概念，是指经人民法院以行为人的犯罪事实、犯罪性质、犯罪情节及犯罪危害性为依据，以刑法条文为准绳，依照刑事诉讼法规定的程序，处以死刑（包括死刑缓期2年执行）、无期徒刑、有期徒刑、拘役和管制等主刑和罚金、剥夺政治权利、没收财产等附加刑刑罚的犯罪分子，即经人民法院依法处以死刑缓期2年执行和无期徒刑、有期徒刑及剥夺政治权利判决生效交付监狱执行刑罚的犯罪分子，也就是监狱学意义上的罪犯的概念。

明确监狱学意义上的罪犯的概念，目的在于研究监狱学意义上的罪犯构成、变化及其规律，罪犯行刑过程中的一般特点和罪犯的反社会性表现及再社会化依据，从而提高执行刑罚和改造罪犯的质量。

## 二、罪犯在服刑期间的一般特点

罪犯在服刑期间的特点处于变动状态，各种罪犯有不同的特点，甚至每个罪犯在服刑的不同阶段，都会表现出不同的特点。现就罪犯总体上在服刑期间各个阶段所出现的不同特点，归纳其主要者。

### （一）服刑初期的一般特点

除少数累犯外，一般罪犯入狱，法律地位和生活环境突然改变，都会心生震撼，产生对现实的恐惧和抵触，对前途的悲观和绝望，怕刑期难熬，怕劳动艰苦，怕纪律严格，怕送往边疆，怕家庭变故等，于是反复思虑，想从判决书上做文章，总觉得判得太重，判得不当，坦白吃亏，考虑申诉。这一阶段，罪犯表现出的一般特点是：

①烦躁不安。

②情绪紊乱。

③思维逆向。

### （二）服刑中期的一般特点

罪犯在这一阶段，思想极其矛盾，在监狱改造机制的作用力影响下，一般罪犯都会产生改过自新和坚持罪错两种动机的斗争，而且反反复复，十分矛盾。

①产生悔罪自新愿望，尚无改恶向善决心。

②已有接受改造需求，尚无坚持经受考验的信心。

③有了进步趋势，容易动摇反复。

(三) 服刑后期的一般特点

服刑后期是指罪犯的剩余刑期在半年左右。在服刑的后期阶段，罪犯的特点表现为：

①心情浮躁。

②心理矛盾。

③期盼出狱。

# 罪犯的反社会性和再社会化

## 一、罪犯反社会性的表现

罪犯的反社会性，是指罪犯的犯罪思想和恶习的反社会属性。这种反社会性是罪犯在犯罪实践中形成的，不会因为经过侦查、审判阶段而消失，而是要在监狱服刑期间继续表现出来，成为监狱的工作对象。人们向来认为对罪犯的改造是改造罪犯个体，如同执行刑罚一样是罚其人，改造罪犯是改其人。其实，罪犯服刑是犯罪人的服刑；而改造罪犯，则是改造罪犯的犯罪思想和犯罪行为习惯，即改造其反社会性。又因为罪犯是犯罪思想和犯罪行为习惯的载体，罪犯与其犯罪思想和犯罪行为习惯具有重合性，所以，提改造罪犯，也是对的。

罪犯的反社会性表现，可归纳为五个主要方面。

①犯罪心理的顽固性。

②怨恨心理的偏执性。

③侥幸心理的反复性。

④犯罪定式的劣根性。

⑤不良需要心理的盲目性。

## 二、罪犯的再社会化

罪犯的反社会性心理和行为，是后天长期生活在不良的社会环境里逐渐养成的，经过良好的社会环境的影响，是可以改变原来的反社会性而再社会化的。毛泽东同志说过，“牛可以教育它耕田，马可以教育它耕田、打仗，为什么人不可以教育他有所进步呢？问题是方针政策问题，还有方法问题”。可见罪犯反社会性是可以再社会化的。

### （一）罪犯再社会化的内在原因

罪犯再社会化的内在原因主要有四个方面。

①原受社会主义主文化教育影响的不泯性。

②实现自尊愿望的企盼性。

③正常心态的复苏性。

④犯罪动型的可变性。

### （二）罪犯再社会化的外部条件

罪犯再社会化的外部条件，对于罪犯再社会化具有重要作用。外部条件主要是四个方面。

①社会主义制度是罪犯再社会化的根本条件。

②监狱环境的改造力。

③法律和道德的强大影响力。

④家人亲友和社会有关人士的帮教力。

罪犯具有反社会性，并不是不可能再社会化，而是说罪犯的犯罪心理和动型在长期的犯罪生活实践中形成，再社会化需要正确的方针、政策、时间和方法。只有认识罪犯的反社会性，监狱民警才能对罪犯保持清醒的认识，着力抓好罪犯立场观点的转变；才能对罪犯的表面顺从保持应有的警惕，掌握主控权，避免造成损失；才能对罪犯的再社会化的长期性和艰巨性有思想准备，坚持不懈地从管理到教育环环紧扣，达到预期改造目标。罪犯具有再社会化的内在原因，是指罪犯是可以改造过来的，但并不是指罪犯能够自觉改造自己，自动再社会化。恰恰相反，要靠监狱民警的外在力量去改造他们，去推动他们再社会化。

# 附录二　《监狱学导论》有关罪犯观的论述（节录）*

## 一、概述

罪犯观是指对罪犯的基本看法。在监狱学领域中谈论罪犯观时，特别指对于在监狱中服刑的罪犯的基本看法。

树立科学罪犯观具有重要的意义。所谓“科学罪犯观”，就是从目前的认识水平来看比较合理的对罪犯的基本看法。首先，有助于恰当认识罪犯。科学罪犯观中的重要内容，就是对于在监狱中服刑的罪犯乃至所有罪犯的基本看法，这种基本看法可以帮助人们确立对于罪犯的恰当认识。其次，有助于合理管理罪犯。监狱中对于罪犯的管理，往往是以监狱工作者对于罪犯的基本认识为基础的，如果对罪犯有一个恰当的基本认识，就能够采取合理的态度和方法管理罪犯，否则，就有可能采取偏颇的态度和不合理的方法管理罪犯。最后，有助于科学改造罪犯。改造罪犯是一种促使罪犯发生符合社会要求的积极变化的过程，这是一项迄今为止人类社会最为复杂的工作和最为艰巨的任务。尽管人类在很多领域取得了极其伟大的成就，甚至进行了超出地球范围的卓越的科学探索，但是，仍然没有解决科学改造罪犯的问题。因此，要想科学地改造罪犯，提高罪犯改造质量，必须以科学罪犯观为指导。

## 二、科学罪犯观的基本内容

科学罪犯观应当包括下列六个方面的基本内容。

---

* 吴宗宪：《监狱学导论》，法律出版社 2012 年版，第 273-279 页。

1. 罪犯是人

这个观点包含下列方面。

第一，罪犯是普通人。这意味着，罪犯尽管进行了犯罪行为，但是，他们也是人，是人类社会的组成部分，而不是低于人类的低等动物。在犯罪学历史上，曾经有学者认为，一些罪犯是生来犯罪人，是低等动物。但是，这种观点没有得到人们的普遍支持，在当代社会中已经被抛弃。当代犯罪学的普遍观点认为，犯罪人也是人，是与大多数人相类似的普通人。在中国，罪犯是人这种观点，也有很久的历史渊源。例如，在 1949 年以前共产党控制的根据地中，就已经有很明确的这类观点。

第二，罪犯具有与普通人类似的很多特性。既然罪犯是普通人，那么，他们中的大多数人应该具有与普通人类似的情感和情绪，有与普通人类似的物质和精神需要。

因此，在监狱管理和罪犯改造等活动中，要树立罪犯的普通人的观念，要认真对待罪犯的情绪和情感，恰当满足罪犯的正当需要。

2. 罪犯是公民

罪犯虽然犯了罪，但是，他们也是公民。公民就是具有一国国籍并根据该国宪法和法律规定享有权利和承担义务的人。在我国，公民国籍的取得主要采取血统原则，即父母双方或者一方为中国公民，子女不论出生在中国或者是外国，都具有中国国籍。对于绝大多数中国人来说，国籍是与生俱来的。同时，在我国《刑法》中，没有规定剥夺罪犯国籍的刑罚，不管罪犯实施了什么样的犯罪，也不管罪犯被判处了什么样的刑罚，都不能剥夺罪犯的国籍，自然也就不能改变罪犯的公民身份。因此，在中国监狱中，除了少量罪犯是外国人和无国籍人之外，绝大多数罪犯都是中国公民。

在监狱服刑期间，对于仅仅被判处监禁刑的罪犯来说，除了剥夺他们的人身自由权，限制那些为了剥夺他们的人身自由而必须限制的其他权利（也就是为了保障监狱的监管安全所必须限制的权利）之外，罪犯的其他合法权利都应当得到保障。

3. 罪犯是犯了罪的公民

这个观点包含下列方面。

第一，罪犯是确实进行了犯罪行为的人。从逻辑上讲，真正的罪犯必须是那些确实进行了犯罪行为的人。那些虽然被定罪判刑并在监狱中服刑，但在实际上并没有实施犯罪行为的人，不是罪犯，而是冤假错案的受害人。对于认为判决可能有错误的被监禁人员，监狱工作者应当提请人民检察院或者人民法院处理他们的问题，避免在监狱中错误关押没有进行犯罪行为的人，预防或者及时纠正冤假错案。

第二，罪犯是具有犯因性缺陷的公民。罪犯之所以进行犯罪行为，是因为他们存在着犯因性缺陷。这是罪犯与其他守法公民的重要差别。所谓"犯因性缺陷"，就是罪犯存在的有助于犯罪心理产生和犯罪行为实施的因素。罪犯之所以实施犯罪行为，绝不是偶然的，犯罪行为也不是自发产生的。犯罪学、犯罪心理学等学科的研究发现，很多人之所以实施犯罪行为，是因为他们存在一些差异或者缺陷：极少数罪犯有生理方面的缺陷，大部分罪犯则有社会化、心理、行为等方面的缺陷，如道德缺陷、思维模式的缺陷、多种技能缺陷、不良行为习惯等。这些缺陷会促使个人产生犯罪心理和实施犯罪行为，因而具有犯因性作用。

"罪犯具有犯因性缺陷"的观点对于监狱工作的启发意义在于，罪犯的犯因性缺陷既是罪犯进行犯罪的重要原因，也是在监狱中需要改造的具体目标。改造罪犯并不是一种抽象的观念，也不是一种空洞的说教，而应该是实实在在的矫正罪犯缺陷的具体活动。可以说，改造罪犯就是努力缩小和消除罪犯具有的犯因性缺陷的活动。

4. 罪犯是被判刑的公民

这个观点包含下列方面的内容。

第一，罪犯是被法院判处刑罚的已决犯。犯罪嫌疑人或者刑事被告人只有在被法院确认有罪并且判处刑罚、判决生效的时候，才能被称为"罪犯"。在被判处刑罚的判决没有生效时，不得将任何人称为"罪犯"，也不得将任何人作为罪犯对待。

第二，罪犯要受到法律规定的惩罚。对罪犯规定和施加惩罚，既是人类社会中普遍正义的体现，也是现代法治国家的基本做法。因此，对罪犯进行惩罚是不容置疑的。法院判决具体载明了对于罪犯应当给予的法律惩罚，即在判决书中所判处的刑罚。

值得重视的问题是，要准确理解惩罚罪犯的含义。在现代法治国家中，对于罪犯的惩罚要依法进行，罪犯只能受到法律规定的惩罚，而不能遭受法外制裁。对于被判处剥夺自由的监禁刑的罪犯而言，他们所要承受的法律惩罚就是通过监禁方式剥夺他们的人身自由。监禁刑或者自由刑的惩罚性体现在剥夺自由上，也唯一体现在剥夺自由上。对于被判处剥夺自由刑的罪犯来说，剥夺他们的人身自由，就是刑罚对他们的惩罚，也是对他们唯一的惩罚；除此之外，不得对他们施加任何额外的惩罚，否则，就是违法的。

5. 罪犯是可改造的公民

这个观点包含下列方面的内容。

第一，罪犯是既有缺陷又有优点的人。既然罪犯是人，具有与普通人的相似性，同时，罪犯又是有犯因性缺陷的人，那么，这就意味着，罪犯是既有缺陷又有优点的人。罪犯虽然在一些方面有缺陷，但并不意味着他在所有方面都有缺陷。

监狱工作者要以科学的态度对待罪犯的缺陷和才能。监狱工作者既要看到罪犯存在的缺陷和不足，努力对其进行改变，又要看到罪犯所具有的突出才能，在监狱管理和罪犯改造中设法利用这些突出才能，引导罪犯把自己的才能用到正当的活动上，利用它们为社会作出贡献。监狱工作者决不能把所有罪犯都看得一无是处，不能认为所有罪犯都是“坏透了”的社会渣滓。

第二，绝大多数罪犯是可以改造的。理论研究和监狱实践都表明，存在改造罪犯的可能性，除了极少数罪犯之外，绝大多数罪犯都是可以改造的。从理论上讲，因为绝大多数罪犯并不是不可救药的人，他们身上既有缺陷也有优点，只要矫正缺陷，发展优点，就可以转变他们。对于绝大多数罪犯来说，既存在社会改造他们的可能性，也存在他们自身发生转化的可能性。这两种可能性的结合，表明了改造罪犯的现实可能性。

第三，改造罪犯的目标要通过科学的方法来实现。虽然存在改造罪犯的现实可能性，但如果不使用科学的方法组织改造工作、进行改造活动，不通过艰巨的努力，这种可能性是不会转化为现实的。实际上，对于这个问题，老一代国家领导人已经充分注意到了这个问题。例如，毛泽东 1964